高等职业教育船舶与海洋工程装备类专业教

船舶 PLC 应用技术项目教程

主　编　刘　伟

副主编　李佳宇　王　欣

参　编　王占文

主　审　王　宇

北京理工大学出版社

BEIJING INSTITUTE OF TECHNOLOGY PRESS

内 容 简 介

本书选择两种最具代表性、船舶工业上应用最广泛的 PLC（三菱 FX2N 为主，西门子 S7-200 为辅）为对象，通过对比学习，找到异同，举一反三，最终达到全面掌握 PLC 用法的目的。全书按照船舶 PLC 应用技术项目教程课程标准编写，根据船舶电气技术专业对应的岗位，将课程划分为七个项目：船舶 PLC 应用基础、船用电机的 PLC 基本控制、船舶 PLC 控制系统的设计方法、船舶信号与报警系统的 PLC 应用、船舶模拟量信号的 PLC 控制、现代船舶 PLC 系统的典型应用及船舶主机遥控系统的 PLC 控制。

本书可作为船舶电气技术、电气自动化技术等相关专业教材，也可供船员、造船工业职工自学参考。

图书在版编目（CIP）数据

船舶PLC应用技术项目教程 / 刘伟主编. -- 北京：
北京理工大学出版社，2021.10（2021.12重印）
　　ISBN 978-7-5763-0511-1

　　Ⅰ.①船…　Ⅱ.①刘…　Ⅲ.①船舶－PLC技术－教材
Ⅳ.①U665

中国版本图书馆CIP数据核字（2021）第211213号

出版发行 / 北京理工大学出版社有限责任公司
社　　址 / 北京市海淀区中关村南大街5号
邮　　编 / 100081
电　　话 / （010）68914775（总编室）
　　　　　（010）82562903（教材售后服务热线）
　　　　　（010）68944723（其他图书服务热线）
网　　址 / http://www.bitpress.com.cn
经　　销 / 全国各地新华书店
印　　刷 / 河北鑫彩博图印刷有限公司
开　　本 / 787毫米×1092毫米　1/16
印　　张 / 16　　　　　　　　　　　　　　　　　　责任编辑 / 阎少华
字　　数 / 388千字　　　　　　　　　　　　　　　文案编辑 / 阎少华
版　　次 / 2021年10月第1版　2021年12月第2次印刷　　责任校对 / 周瑞红
定　　价 / 45.00元　　　　　　　　　　　　　　　责任印制 / 边心超

图书出现印装质量问题，请拨打售后服务热线，本社负责调换

前 言

随着船舶工业的发展，可编程控制器（简称PLC）在船舶上的应用越来越广泛，船舶电气工程技术及其相关专业师生需要一本更贴近船舶工业专业岗位的PLC应用教材。本书是根据船舶电气工程技术的培养目标，结合教学改革和课程建设成果，按照工学结合、项目引导、任务驱动、"教学做"一体化的原则编写的。

全书突出实用，淡化理论，注重工艺性、实践性，以职业岗位群的需求为出发点，本着必需、够用的原则，精选教材内容。本书编写具有以下特点：

（1）创新教材编写模式。本书一改以往以单一类型PLC为研究对象的做法，选择两种最具代表性、应用最广泛的PLC一起对照讲解，以三菱FX2N为主、西门子S7-200为辅，通过对比学习，找出异同点，举一反三，最终达到全面掌握PLC用法的目的。

（2）理论够用，突出实践。本书编写采用项目式结构，内容的组织富有操作性，融理论于实践，从实践中获取知识。

（3）本书充分利用了混合课程建设资源，配备电子教案、教学课件、教学视频、习题及模拟试卷等资源。

（4）本书由校企合作共同编写，项目贴近生产实际。主编和参编在企业从事专业工作多年并长期承担该专业的理论和实训教学工作，具有丰富的实践教学经验。

（5）项目从硬件连接、参数设置到编程等都有清晰的图片和详细的步骤，只要按照给定的步骤进行操作，都可以实现工程的构建和调试，便于自学。

全书根据船舶电气技术专业对应的岗位，将课程划分为七个项目：船舶PLC应用基础、船用电机的PLC基本控制、船舶PLC控制系统的设计方法、船舶信号与报警系统的PLC应用、船舶模拟量信号的PLC控制、现代船舶PLC系统的典型应用及船舶主机遥控系统的PLC控制。每个项目由项目描述、知识点、技能点、任务、项目评价、思考与练习组成，每个任务包括任务描述、任务分析、知识准备、任务实施及任务小结。本书可作为船舶电气技术、电气自动化技术、智能控制、机电一体化等相关专业教材，也可供船员、造船工业职工自学参考。

本书由渤海船舶职业学院刘伟任主编，渤海船舶职业学院李佳宇与江苏工程职业技术学院王欣任副主编，渤海造船厂王占文参与编写。其中，项目1、项目5、项目6由刘伟编写，项目2、项目3由李佳宇编写，项目4由王欣编写，项目7及附录由王占文编写。本书的教学视频资源是由王欣、渤海船舶职业学院赵群等同志提供的。全书由刘伟策划、组织和统稿，渤海船舶职业学院王宇教授担任主审。

本书在编写过程中，参考了许多同行专家的论著，借鉴了他们许多宝贵的经验。渤海船舶职业学院张永平、孙艳秋为教材出版提供了大力支持并提出了许多宝贵建议，在此表示诚挚的谢意。

由于编者水平有限，且编写时间紧迫，书中难免存在一些错误和不足，希望广大读者批评指正。

编 者

目录 / Contents

01 项目 1　船舶 PLC 应用基础

项目描述

　　现代船舶自动化水平越来越高，可编程控制器（PLC）作为一种新型的自动化控制装置，正在改变船舶自动控制的面貌，它在传统技术改造、发展新型船舶工业上都发挥着越来越重要的作用。

　　本项目作为船舶 PLC 应用技术的入门项目，分为 6 个学习任务：

　　1. 认识 PLC。了解 PLC 的产生、特点及应用，掌握 PLC 的基本组成。

　　2. 让 PLC 点亮一盏灯。理解和掌握 PLC 的信号传递过程和工作原理。

　　3. 认识 FX2N PLC 外部连接及编程元件。了解 PLC 的型号和硬件配置，掌握 PLC 编程元件的功能和用法。

　　4. 使用三菱 PLC 编程器及编程软件。掌握 PLC 手持编程器的按键功能用法，掌握编程软件的编程和调试方法。

　　5. 认识 S7-200 系列 PLC 编程元件及外部连接。掌握 S7-200 系列 PLC 输入输出回路连接方法，理解与掌握 S7-200 系列 PLC 编程元件的含义和用法。

　　6. STEP-7 编程软件的使用。掌握西门子 PLC 编程方法。

知识点

1. 了解 PLC 的基本概念、基本特点及发展、应用。

2. 掌握 PLC 的基本结构及工作原理。

3. 了解 PLC 型号、模块性能及基本配置。

4. 掌握 PLC 的编程元件种类、功能。

5. 熟悉 FX-20P-E 编程器、GX Developer/STEP-7 编程软件的功能用法。

技能点

1. 能够根据任务要求正确选择 PLC 模块的规格型号。

2. 能够正确安装 PLC 模块并完成 PLC 的外部连接。

3. 能够进行 PLC 编程电缆的连接和通信测试。

4. 能够熟练使用 FX-20P-E 编程器及 GX Developer/STEP-7 编程软件。

5. 能够实现工程项目的创建和 PLC 程序的编写、下载与运行调试。

任务 1.1　认识 PLC

【任务描述】

　　走进 PLC 实训室，了解 PLC 模拟实验装置的各部分组成、功能、用法；认识三菱 FX 系列 PLC 实物，熟悉面板功能，检查 PLC 输入 / 输出端子及外部接口，加深对 PLC 基本组成结构的理解。查阅与搜集 PLC 资料，了解 PLC 的常用品牌，总结各技术流派的应用特点。

【任务分析】

　　认识 PLC，就要了解：什么是 PLC？它是在什么情况下产生的？它具有哪些特点？认识 PLC，还要了解它的基本组成，认识 PLC 实物，了解 PLC 的面板、输入 / 输出端子及外部接口的功能。通过查阅与搜集 PLC 资料，了解 PLC 的常用品牌及其技术特点，了解我国 PLC 的发展现状及在船舶工业上的应用情况。

【知识准备】

1.1.1　PLC 的产生、定义及特点

　　PLC 是可编程控制器（Programmable Logic Controller）的简称，是以微处理器为核心，将自动控制技术、计算机技术和通信技术融为一体的一种新型工业自动控制装置。图 1-1 所示为实物图。

(a)　　　　　　　　　　(b)

图 1-1　PLC 实物图
（a）三菱 FX 系列 PLC；（b）西门子 S7-300 系列 PLC

1. PLC 的产生

　　在 PLC 出现前，继电器控制在工业控制领域中占据主导地位，但复杂的继电器控制系统具有明显的缺点：设备体积大、可靠性低、故障查找和排除困难，严重地影响了生产。如果工艺要求发生变化，就得重新设计线路及安装接线，造成系统改造和设计的周期较长，不利于产品的更新换代。显然，需要寻求一种新的控制装置来取代传统的继电器控制系统，使电气控制系统的工作更可靠、更容易维护、更能适应经常变动的工艺条件。

1968年，美国通用汽车公司（GM）为了提高产品在市场的竞争力，满足不断更新的汽车型号的需要，率先提出了编程简单、维护方便、可靠性高等适用汽车生产线控制的10条要求，公开向制造商招标。

美国数字设备公司（DEC）根据以上要求，于1969年研制出了第一台可编程控制器——PDP-14，并在美国GM公司汽车生产线上试用成功，可编程控制器自此诞生，同时，也引起了世界的关注。

2．PLC 的定义

1987年2月，国际电工委员会（IEC）对PLC的定义：PLC是一种数字运算操作的电子系统，专为工业环境下应用而设计，它采用可编程序的存储器，用来在其内部存储并执行逻辑运算、顺序控制、定时、计数和算术运算等操作的指令，并通过数字式或模拟式的输入和输出，控制各类机械或生产过程。PLC及其相关设备，都应按易于与工业控制系统连接成一个整体、易于扩充功能的原则设计。由此可见，PLC实质上是一种面向用户的工业控制专用计算机。

3．PLC 的特点

（1）编程方法简单易学。梯形图是PLC使用最多的编程语言，其电路符号和表达方式与继电器电路原理图相似。梯形图语言形象直观，易学易懂，熟悉继电器电路图的电气技术人员只要花几天时间就可以熟悉梯形图语言，并用来编制用户程序。

（2）可靠性高，抗干扰能力强。传统的继电器控制系统中使用了大量的中间继电器和时间继电器，由于触点接触不良，容易出现故障。PLC使用软件代替大量的中间继电器和时间继电器，仅剩下与输入和输出有关的少量硬件，接线可减少到继电器控制系统的1/10～1/100，因触点接触不良造成的故障大为减少。另外，PLC采取了一系列硬件和软件抗干扰措施，具有很强的抗干扰能力。

（3）功能强，性价比高。一台小型PLC内有成百上千个可供用户使用的编程元件，可以实现非常复杂的控制功能。与相同功能的继电器控制系统相比，它具有很高的性价比。PLC还可以通过通信联网，实现分散控制与集中管理。

（4）硬件配套齐全，用户使用方便，适应性强。PLC产品已经标准化、系列化、模块化，配备品种齐全的各种硬件装置供用户选用，用户可灵活方便地进行配置，组成不同功能、不同规模的系统。PLC的安装接线方便，具有较强的带负载能力，可以直接驱动一般的电磁阀和交流接触器。硬件配置确定后，可以通过修改用户程序，方便快速地适应工艺条件的变化。

（5）系统的设计、安装、调试工作量少，维护方便。PLC使用软件功能取代了继电器控制系统中大量的继电器、时间继电器、计数器等器件，使控制柜的设计、安装、接线工作量大大减少。PLC的梯形图程序一般采用顺序控制设计法，对于复杂的控制系统，梯形图的设计时间比继电器系统电路图的设计时间要少得多。

PLC的故障率很低，且有完善的自诊断和显示功能。PLC或外部的输入装置和执行机构发生故障时，可以根据PLC上的发光二极管或编程器提供的信息迅速地查明产生故障的原因，采用更换模块的方法迅速地排除故障。

（6）体积小、质量轻、能耗低。对于复杂的控制系统，使用PLC后可以减少大量的中间继电器和时间继电器，小型PLC的体积仅相当于几个继电器的大小，因此，可将开关柜的体积缩小到原来的1/2～1/10。同时，整体质量减轻，能耗也大幅度降低。

1.1.2   PLC 的基本组成

PLC 实质上是一种工业专用的计算机，它的结构与计算机基本相同，也是由硬件系统和软件系统两大部分组成的。

PLC 的硬件系统由中央处理器单元（CPU）、存储器、输入/输出单元、电源、扩展设备及外部设备组成。扩展设备包括基本扩展设备和特殊扩展设备。基本扩展设备用来较经济地增加一定数量的 I/O 点；特殊扩展设备用来有目的地扩展一些功能，如模拟量功能等。外部设备包括编程器、人机接口（如 PT 触摸屏）、外存储器、打印机、EPROM 写入器等。

软件可分为系统程序和用户程序。系统程序是管理 PLC 的各种资源，控制各硬件的正常动作，协调硬件之间的关系的一组程序；用户程序则是使用者根据生产工艺要求编写的控制程序。

PLC 按组成结构可分为整体式、模块式和叠装式三类。

整体式 PLC 将 CPU、存储器、I/O 接口、电源等硬件都安装在一个机壳内，这是 PLC 的最小配置，也称作基本单元。整体式 PLC 的结构示意如图 1-2 所示。这种 PLC 结构紧凑、体积小、价格低，但不便维修，多用于微型或小型 PLC。

视频：PLC 组成原理

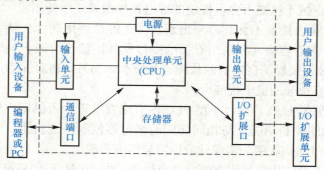

图 1-2   整体式 PLC 的结构示意

模块式 PLC 是将 PLC 的各部分分成若干个单独的模块，如将 CPU、存储器组成主控模块，将电源组成电源模块，将若干个输入点组成 I 模块，将若干个输出点组成 O 模块，将某项特定功能专门制成一定功能模块。这种 PLC 具有配置灵活、装配方便、便于扩展及维修等优点，多用于中、大型 PLC。模块式 PLC 的结构示意如图 1-3 所示。

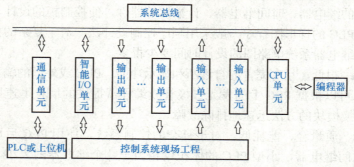

图 1-3   模块式 PLC 的结构示意

近期也出现了将整体式和模块式两者优点结合一体的 PLC 结构，即所谓的叠装式结构，它的 CPU、存储器、I/O 单元、电源等单元依然是各自独立的模块，但它们之间通过电缆进行连接，且可一层层叠装，既保留了模块式可灵活配置的优点，也体现了整体式体积小巧的优点。

1．中央处理器单元（Central Processing Unit，CPU）

CPU 是 PLC 的核心部件，是 PLC 的运算和控制中心，由它实现算术和逻辑运算，并控制所有其他部件的操作。CPU 的运行是按照系统程序所赋予的任务进行的，主要完成下列几项任务：

（1）在编程方式下，接收从编程器传送的用户程序和数据，并将它们存入预定的存储器。

（2）按扫描方式接收输入单元的状态或数据，并存入相应的数据存储区。

（3）执行监控程序和用户程序，完成数据和信息的逻辑处理，产生相应的内部控制信号，完成用户指令规定的各种操作。

（4）响应外部设备的请求。

（5）诊断 PLC 内部的工作状态及编程过程中的语法错误。

2．存储器

存储器是 PLC 存放系统程序、用户程序和运行数据的单元。按工作方式不同，存储器可分为以下几种类型：

（1）只读存储器（ROM）。ROM 的内容由 PLC 制造厂家写入，并永久驻留。用户只能读取，不能改写。PLC 掉电后，它的内容也不会丢失。因此，ROM 用于存放系统程序。

（2）随机存储器（RAM）。RAM 又称读写存储器。信息读出时，RAM 内容保持不变；写入时，新写入的信息则覆盖原来的内容。它用来存放既要读出又要经常修改的内容。因此，RAM 常用于存放用户程序、逻辑变量和其他一些信息。PLC 掉电后，RAM 的内容不再保留，为了防止掉电后 RAM 的内容丢失，PLC 常使用锂电池作为 RAM 的备用电源。

（3）可擦除可编程只读存储器（EPROM）和电擦除可编程只读存储器（EEPROM）。EPROM 是一种可擦除的只读存储器，在紫外线连续照射 20 分钟后，即可将存储器内容清除；而加高电平（12.5 V 或 24 V 等）则可以写入程序。EEPROM 是一种电擦除的只读存储器，使用编程器就能很容易地对其内容进行在线修改。在断电情况下，EPROM 和 EEPROM 的内容都不会丢失。因此，它们都用于存放系统程序及需要长期保存的用户程序。

3．输入 / 输出单元（I/O 单元）

I/O 单元是 CPU 与现场 I/O 装置或其他外部设备之间的连接部件。按信号类型和信号流向，I/O 单元可分为开关量输入单元、开关量输出单元、模拟量输入单元与模拟量输出单元。

（1）开关量输入单元。开关量输入单元的作用是把现场各种开关信号变成 PLC 内部处理的标准信号。开关量输入单元又可分为直流开关量输入单元和交流开关量输入单元。

①直流开关量输入单元如图 1-4 所示。电阻 R_1 与 R_2 构成分压器，电阻 R_2 与电容 C 组成阻容滤波电路。二极管 VD 用于防止反极性电压输入，发光二极管（LED）用来指示 PLC 的输入状态。光耦合器隔离输入电路与 PLC 内部电路的电气连接，并使外部信号通过光耦合器变成内部电路能够接受的标准信号。当外部开关闭合时，外部直流电压经过电

阻分压和阻容滤波后加到光耦合器的发光二极管上，经光耦合，光敏晶体管接收光信号，并输出一个对内部电路来说接通的信号，输出端的发光二极管（LED）点亮，指示现场开关闭合。

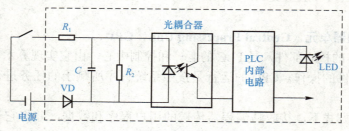

图 1-4　直流开关量输入单元

　　②交流开关量输入单元如图 1-5 所示。电阻 R_2 与 R_3 构成分压器，电阻 R_1 为限流电阻，电容 C 为滤波电容。双向光耦合器起整流和隔离双重作用，发光二极管用作状态指示。其工作原理和直流开关量输入单元基本相同。

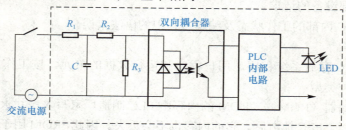

图 1-5　交流开关量输入单元

　　（2）开关量输出单元。开关量输出单元的作用是把 PLC 的内部信号转换成现场执行机构的各种开关信号，通常由隔离电路和功率放大电路组成。开关量输出单元的输出方式有继电器、晶体管和晶闸管三种。

　　①继电器输出方式。继电器输出方式的电路原理如图 1-6 所示，继电器既作为开关器件，同时又是隔离器件。当 PLC 输出一个接通信号时，内部电路使继电器 K 通电，继电器触点 S 闭合使负载回路中的负载 L 接通得电，同时状态指示发光二极管（LED）导通点亮，VD 则作为续流二极管用以消除线圈的反电动势。这种输出方式最为常用，它既可以用于控制交流负载，也可以控制直流负载。它耐受电压范围广，导通压降小，价格低；但机械触点寿命短，响应时间长。

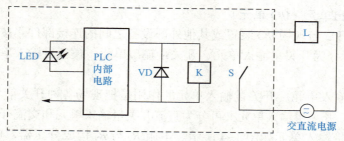

图 1-6　继电器输出方式的电路原理

　　②晶体管输出方式。晶体管输出方式的电路原理如图 1-7 所示。它采用光敏晶体管作为开关器件。当 PLC 输出一个接通信号时，内部电路使光耦合器的发光二极管得电发光，

光敏晶体管受光导通后，使晶体管导通，相应负载 L 得电。晶体管输出是无触点输出，用于控制直流负载。它寿命长，可靠性高，频率响应快，能满足一些直流负载的特殊要求；但缺点是价格高，过载能力差。

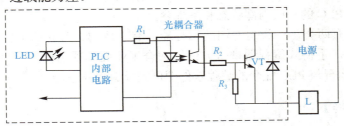

图 1-7　晶体管输出方式的电路原理

③晶闸管输出方式。晶闸管输出方式的电路原理如图 1-8 所示。它采用光耦合式双向晶闸管作为开关器件和隔离器件。晶闸管输出也是无触点输出，可用于控制交流负载。它响应速度快、寿命长；但带负载能力较差。

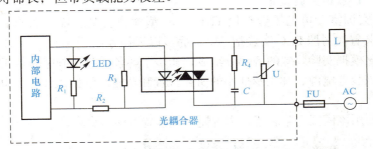

图 1-8　晶闸管输出方式的电路原理

（3）模拟量输入 / 输出单元。模拟量信号在过程控制中的应用很广，如温度、压力、速度、流量、酸碱度、位移的各种工业检测都是对应于电压、电流的模拟量值，再通过一定运算（如 PID 运算）后，达到控制生产过程的目的。模拟量输入单元一般由滤波器、A/D 转换器和光耦合器组成。

模拟量输出单元的作用是把 PLC 运算处理后的若干位数字量信号转换成相应的模拟量信号输出，以满足生产现场连续信号的控制要求。它一般由光耦合器、D/A 转换器和信号转换电路组成。

4. 电源

PLC 的电源可分为外部电源、内部电源和后备电源三类。在现场控制中，干扰侵入 PLC 的主要途径之一就是通过电源，因此，设计合理的电源是 PLC 可靠运行的必要条件。

（1）外部电源用于驱动 PLC 的负载或传递现场信号，又称用户电源。同一台 PLC 的外部电源可以是一个规格，也可以是多个规格。外部电源的容量与性能，由输出负载和输入电路决定。常见的外部电源有交流 220 V、110 V，直流 100 V、48 V、24 V、12 V、5 V 等。

（2）内部电源是指 PLC 的工作电源，其性能的好坏直接影响到 PLC 的可靠性。为了保证 PLC 工作可靠，通常采用开关式稳压电源和输入端带低通滤波器的稳压电源。

（3）RAM 后备电源。在停机或突然失电时，它能保证 RAM 中的信息不丢失。一般 PLC 采用锂电池作为 RAM 的后备电源，锂电池的寿命为 3 ～ 5 年。

5. 编程器

PLC 的特点是其程序是可以改变的, 要方便地加载和修改程序, 编程器就成为 PLC 工作中不可缺少的设备。编程器除编程外, 一般还具有检查、调试及监视功能, 也可以通过它调用和显示 PLC 的一些内部状态和系统参数。

编程器一般有两类, 一类是专用的编程器, 有手持的、台式的, 也有的 PLC 机身自带编程器。其中, 手持式编程器携带方便, 适合工业控制现场使用。另一类是个人计算机, 在 PC 机上运行与 PLC 配套的编程软件即可完成编程任务。

● 【任务实施】

1.1.3 认识 PLC

1. 认识 PLC 模拟实验装置

走进 PLC 实训室, 可见天煌教仪 THPLC-C 型模拟实验装置, 如图 1-9 所示。观察 PLC 模拟实验装置, 对照 PLC 实验指导书, 完成以下任务:

（1）查看该模拟实验装置的各部分组成, 初步了解各实验功能区的主要实验内容;

（2）确定该装置电源、开关及插座的所在位置和功能, 掌握该装置上电和停电的先后顺序;

（3）练习使用该模拟实验装置, 了解使用该装置的注意事项。

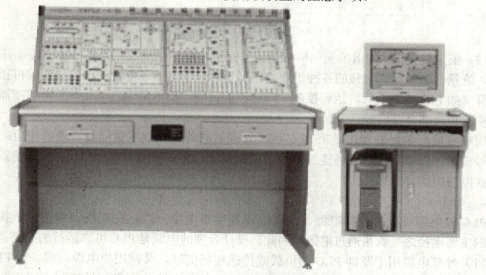

图 1-9 PLC 模拟实验装置

2. 认识 PLC 外部特征及端子

对照 FX2N-64MR 基本单元外形（图 1-10）, 认识三菱 FX2N 系列 PLC 实物及面板, 熟悉面板各部分功能。

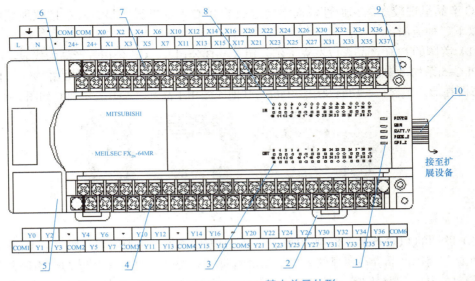

图 1-10 FX2N-64MR 基本单元外形

1—动作指示灯；2—DIN 导轨装卸卡子；3—输出动作指示灯；4—输出用装卸式端子；

5—外围设备接线插座盖板；6—面板盖；7—电源、辅助电源、输入信号用装卸式端子；

8—输入指示灯；9—安装孔（4-f4.5）；10—扩展设备接线插座板

FX2N 系列 PLC 面板主要由外部接线端子、指示灯、接口三部分组成。

（1）外部接线端子 4、7。外部接线端子包括 PLC 电源（L、N）、输入用直流电源（24+、COM）、输入端子（X）、输出端子（Y）和机器接地等。其中，L、N 是 PLC 的电源输入端子，额定电压为 AC100 V ～ 240 V（电压允许范围为 AC85 V ～ 264 V），50/60 Hz；24+、COM 是机器为输入回路提供的直流 24 V 电源，为减少接线，其正极在机器内已与输入回路连接。当某输入点需给定输入信号时，只需将 COM 通过输入设备连接至对应的输入点，一旦 COM 与对应点接通，该点就为 ON，此时对应输入指示灯就亮。接地端子用于 PLC 的接地保护。输入输出每个端子均有对应的编号，主要用于输入信号和输出信号的连接。

（2）指示灯部分 1、3、8。3 是各输入点状态指示灯；8 是各输出点状态指示灯；1 是 PLC 相关工作状态指示灯，包括机器电源指示（POWER）、机器运行状态指示（RUN）、用户程序存储器后备电池电压下降指示（BATT.V）和程序错误或 CPU 错误指示（PROG-E、CPU-E），用于反映 I/O 点和机器的状态。

（3）接口部分 5、10。接口部分主要包括编程器接口、存储器接口、扩展接口和特殊功能模块接口等。在机器面板上，还设置了一个 PLC 运行模式转换开关 SW（RUN/STOP），RUN 使机器处于运行状态（RUN 指示灯亮）；STOP 使机器处于停止运行状态（RUN 指示灯灭）。当机器处于 STOP 状态时，可进行用户程序的录入、编辑和修改。

1.1.4 熟悉 PLC 的常用品牌及其技术特点

PLC 生产厂家众多，品种繁多且不兼容。由于技术上相互借鉴、相互影响，同一地域的 PLC 产品呈现较多的相似性，而不同地域的 PLC 产品差异明显。PLC 按照地域大致可分为以下三种流派：

（1）美国的 PLC 产品，以罗克韦尔公司（A-B 公司）、GE 公司等产品为代表，A-B 公司的 PLC-5 系列可编程控制器只使用梯形图编制程序，而不采用其他流派的指令表，同时，其梯形图在形式、含义、功能及用法上也与其他流派相距甚远。A-B 公司 PLC 如图 1-11 所示。

图 1-11　美国的罗克韦尔公司（A-B）PLC

（2）欧洲的 PLC 产品，以德国西门子、法国施耐德等产品为代表，如图 1-12 所示。欧洲的 PLC 与美国产品存在明显的差异。如德国西门子 S5 系列机，采用结构化编程方法，尽管也设有梯形图、逻辑图等多种编程语言，但主要通过 STEP-5 语言，调用功能块来实现。

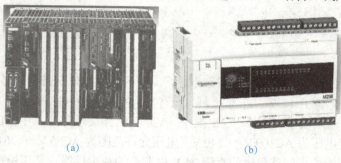

（a）　　　　　　　　　　　　　（b）

图 1-12　欧洲的 PLC 产品
（a）德国西门子 S-400 系列机；（b）法国施耐德 PLC

（3）日本的 PLC 产品，日本的 PLC 技术是从美国引进的，其小型机相当有特色，其采用梯形图、指令表并重的编程手段，而且配置了包括功能指令在内的功能强大的指令系统。用户经常会发现，选用日本的 PLC 产品，只需小型机就能解决的一个应用问题，选用欧美的 PLC，常需中型乃至大型机，其根本原因就是欧美小型机的指令系统太弱。日本三菱公司、欧姆龙（OMRON）公司等 PLC 产品在我国颇具影响力（图 1-13）。

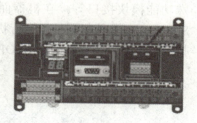

（a）　　　　　　　　　　　　　　　　　　　　（b）

图 1-13　日本的 PLC 产品
（a）三菱 Q 系列 PLC；（b）欧姆龙 CP1H 系列 PLC

目前，国内使用的 PLC 主要是靠进口，中国 PLC 市场主要厂商为西门子（Siemens）、三菱（Mitsubishi）、欧姆龙（Omron）、罗克韦尔（Rockwell）、施耐德（Schneider）、通用电气—发那科（GE-Fanuc）等国际大公司。欧美公司在大、中型 PLC 领域占有绝对优势，日本公司在小型 PLC 领域占据十分重要的位置。目前，在小型 PLC 市场上，日本产品占有 70%。

继日本、德国之后，我国于 1974 年开始研制，1977 年研制成功了以一位微处理器 MC 14500 为核心的 PLC，并开始应用于工业生产控制。近年来，我国 PLC 产业发展迅速，拥有和利时、信捷、海为、台达、永宏、安控等数十个品牌，而且质量可靠、功能强大，PLC 逐步实现国产化是国内发展的必然趋势。我国的 PLC 产品如图 1-14 所示。

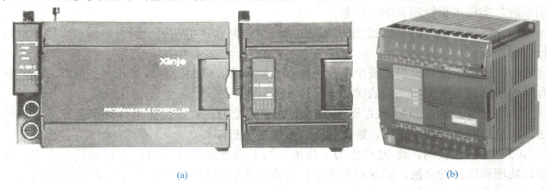

(a)   (b)

图 1-14　我国的 PLC 产品
（a）深圳信捷；（b）厦门海为

1.1.5　了解船舶 PLC 应用现状与发展

通过查阅相关资料，了解到 PLC 可以应用到船舶的几乎所有设备和系统，具体如下：

（1）主机控制系统及机舱信号与报警系统。主要控制的设备和装置有柴油机、空气压缩机、燃油输送泵、润滑油泵、海水泵、淡水泵、油水分离机等。

（2）船舶电站自动化系统及应急电站控制系统。主要控制主柴油发电机及应急发电机的点火启动、自动并网、重载问询、调频调速、故障报警等方面。

（3）驾驶和导航系统。主要控制的设备和装置有舵机装置、起锚机、绞缆机、吊艇机、侧推装置、减摇装置、消防总用泵、应急消防泵、压载水泵、舱底水泵、机舱送风抽风机组等。

（4）船舶货运机械装置。主要有起货机、舱口盖机、通风机、装载泵、驳油泵、洗舱泵、惰性气体监控装置等。

（5）为船员与旅客生活服务的设备装置。主要有空调装置、燃油辅助锅炉、食品冷藏制冷装置、海水淡化装置、淡水快速净化装置、生活污水处理装置、升降机等。

在船舶电力拖动系统中使用 PLC 有很多优点。首先整个控制电路的稳定性有较大提高，减少由于继电器长期使用触点磨损、弹簧失灵等现象。其次控制电路的连接改造、故障查找更容易进行。PLC 中的输入输出端都是并联接入，线路逻辑十分清晰，要想改变电路功能只需适当调整外部电路，再重新编制程序写入 PLC 即可实现，极大地提高了工作效率。

在船舶建造中，利用 PLC 不仅可以全部或部分取代传统模拟控制电路板或简单的数字电路板，甚至与单片机相比也有较大的优势，通过 PLC 可以将设备和机控室及驾驶台紧密地连接起来，使船舶具有明显的数字化特征，船员可以从上层控制台进行检测、读数、打开阀门加油加水、操纵船舶航行等业务。船舶操作简便易行，效率得到很大提高。

PLC 主要应用的领域有以下几个方面：

（1）逻辑控制和顺序控制。这是 PLC 最基本的应用，即用 PLC 取代传统的继电器控制系统，实现逻辑控制和顺序控制。

（2）位置控制。PLC 以适当的速度和加速度控制步进电动机，确保单轴或多轴平滑运行，移动到目标位置。

（3）模拟量控制。当系统中模拟量控制点数不多，同时混有较多的开关量时，PLC 具有其他控制装置所无法比拟的优势。

（4）数据处理。新型 PLC 都具有数据处理的能力，它不仅能进行算术运算、数据传送，而且还能进行数据比较、数据转换、数据显示打印等功能。

（5）通信和联网。将 PLC 作为下位机，与上位机或同级的 PLC 进行通信，可完成数据的处理和信息的交换，实现对整个生产过程的信息控制和管理，因此，PLC 是实现工厂自动化的理想工业控制器。

● 【任务小结】

通过查阅与搜集 PLC 资料，了解了 PLC 的产生、定义、特点，了解了 PLC 的常用品牌及其技术流派，了解了 PLC 在船舶工业上的应用现状和发展趋势。通过对实训室 PLC 设备的观察和了解，认识了常用的 PLC 组件、PLC 实验台及 PLC 控制柜，加深了对 PLC 基本组成的理解。

任务 1.2　PLC 的简单应用及其工作原理解析

【任务描述】

以电动机点动控制为例，比较继电器－接触器控制方案和 PLC 控制方案的工作过程，理解和掌握 PLC 的工作原理，理解和掌握 PLC 运行时信号传递的过程。

【任务分析】

接通电源后，PLC 在做什么？如果把它置于运行方式，PLC 的工作流程是怎样执行的？通过电动机点动控制实例，说明 PLC 的工作方式，体会 PLC 控制方式与继电器－接触器控制线路的异同。

1.2.1 PLC 的工作流程

PLC 采用周期循环扫描、集中输入 / 输出的工作方式，与传统的继电器 – 接触器控制系统有明显的不同。传统的继电器 – 接触器控制系统采用硬逻辑并行运行的工作方式，即如果一个继电器线圈得电或失电，该继电器的所有触点都会立即动作；而 PLC 采用顺序逐条扫描用户程序的运行方式，即如果一个输出线圈或逻辑线圈接通或断开，该线圈的所有触点不会立即动作，必须待 CPU 扫描到该触点时才会动作。

PLC 的一个扫描过程分五个阶段进行，即内部处理、通信操作、输入采样、程序执行、输出刷新。每完成此五个阶段所用的时间称为一个扫描周期。在 PLC 整个运行期间，PLC 的 CPU 以一定的扫描速度不断地重复执行上述的扫描过程，如图 1–15 所示。

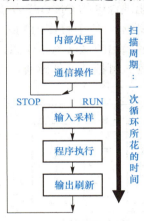

图 1–15　扫描过程

PLC 有运行（RUN）与停止（STOP）两种操作方式。当置于停止 STOP 时，PLC 只进行内部处理和通信操作等内容，一般用于程序的写入与修改；当处于运行 RUN 时，PLC 除要进行内部处理、通信操作外，还要执行反映控制要求的用户程序，即执行输入采样、程序执行、输出刷新。并且，PLC 为了使输出信号及时地响应随时可能变化的输入信号，用户程序不是只执行一次，而是不断地重复执行。图 1–16 所示为 PLC 执行程序的过程。由于 PLC 执行指令的速度极高，从外部输入、输出关系来看，处理过程似乎是同时完成的。其具体扫描过程如下。

1. 内部处理阶段

PLC 接通电源后，首先确定自身的完好性，若发现故障，将报警并根据故障性质进行相应处理。确定内部硬件正常后，还要进行清零或复位处理，清除各元件的随机性；检查 I/O 连接是否正确；启动监定定时器 WDT（用于监视扫描周期是否超时）等。

2. 通信操作阶段

在通信操作阶段，PLC 要与其他的智能装置进行通信，如响应编程器键入的命令、更新编程器的显示内容。

3. 输入采样阶段

在 PLC 的存储器中，设置了一片区域用来存放输入、输出信号的状态，它们分别称为输入映像区和输出映像区。PLC 的其他软元件也有对应的映像存储区，它们统称为元件映像区。

PLC 在执行程序前，会顺序将所有输入端子的 ON/OFF 状态读入输入映像区，此时，输入映像区被刷新。接着进入程序执行阶段，在程序执行时，输入映像寄存区与外界隔离，即使输入信号发生变化，其映像寄存区的内容也不会发生变化，只有在下一个扫描周期的输入处理阶段才能被读入。

4. 程序执行阶段

PLC 根据程序内存中的指令内容，从输入映像区和其他软元件的映像区中读入各软元件的 ON/OFF 状态，然后从 0 步依次开始计算，逐行逐句扫描，执行程序，并将每次得出的结果写入元件映像区。因此，元件映像区中所寄存的内容，会随着程序执行过程而变化。另外，输出继电器的内部触点根据输出映像区的内容而执行动作。

5. 输出刷新阶段

在输出刷新阶段，PLC 将输出映像区的 ON/OFF 状态传送到输出储存内存，再经输出单元隔离和功率放大后送到输出端子。这个就作为 PLC 的实际输出。如程序中某一输出继电器的线圈“通电”时，对应的输出映像区为 1 状态，在输出处理阶段之后，输出单元中对应的继电器线圈通电或晶体管、可控硅元件导通，外部负载通电工作；反之，外部负载断电，停止工作。

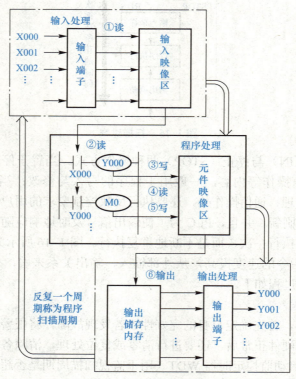

图 1-16　PLC 执行程序的过程

14

1.2.2　PLC 控制实例

PLC 最初是作为继电器－接触器控制线路的替代装置而产生的，它是如何取代继电器－接触器控制线路来实现自己的控制功能呢？我们通过一个简单的控制实例来加以说明。

控制实例：三相异步电动机单向点动控制

（1）继电器－接触器电路控制方案，如图 1-17 所示。特点：按钮 SB 与它所控制的接触器 KM 线圈在电路上直接相连。

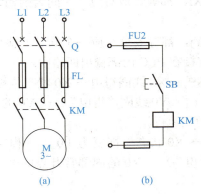

图 1-17　继电器－接触器点动控制方案
(a) 主电路（不变）；(b) 控制电路

（2）PLC 控制方案。主电路：与图 1-17（a）相同。控制电路：采用图 1-18。特点：按钮 SB 与 PLC 的输入端子 X0 相连接，接触器 KM 线圈与 PLC 的输出端子 Y0 相连接，同时，在 PLC 内部编写了相应的控制程序。

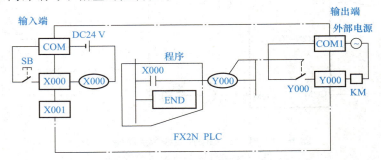

图 1-18　PLC 点动控制方案

（3）两种方案的比较。两者对电动机的点动控制效果相同，但是后者控制按钮 SB 与被控的接触器线圈之间在线路上没有直接的联系，硬件接线减少，只有 PLC 输入输出端较少的接线，靠 PLC 的信息转换及其内部存储的程序相配合来实现点动控制功能。

（4）PLC 控制功能的实现。控制原理分析如下：

①在 PLC 内部提供了几百甚至上千个虚拟继电器供用户编程使用。

②实际的电磁继电器与 PLC 内部虚拟继电器的比较，见表 1-1。

表 1-1　电磁继电器与 PLC 中虚拟继电器的比较

类别	电磁继电器	PLC 中虚拟继电器
组成	KA　KA	状态位 [1或0]　Y0　Y0
动作因果关系	线圈得电，触点动作 线圈断电，触点复位	线圈"得电"→状态位被写"1"→触点"动作" 线圈"失电"→状态位被写"0"→触点"复位"

③PLC 的每个输入端子 Xi，都等效地对应一个同名的输入继电器 Xi，它的线圈由输入回路所驱动。

④PLC 的每个输出端子 Yj，都等效地对应一个同名的输出继电器 Yj，它的线圈由程序驱动，它的一个常开触点连接在 PLC 内部输出回路中。

⑤点动控制过程：按下 SB → X0 线圈得电 → X0 状态位被写 [1] → 程序中 X0 常开点闭合 → Y0 的状态位被写 [1]（Y0 线圈"得电"）→ Y0 的内部常开点闭合 → KM 线圈得电 → KM 主触点闭合 → 电动机运行。

松开 SB → X0 线圈断电 → X0 状态位恢复为 [0] → 程序中 X0 常开点断开 → Y0 的状态位为 [0]（Y0 线圈"断电"）→ Y0 的内部常开点断开 → KM 线圈失电 → KM 主触点断开 → 电动机停车。

1.2.3　让 PLC 点亮一盏灯

（1）按图 1-19（a）所示进行 PLC 外部接线。

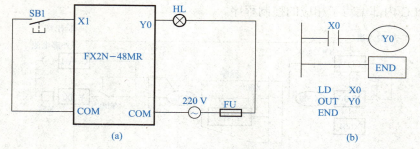

图 1-19　PLC 外部硬件接线和点动控制程序
（a）PLC 外部硬件接线；（b）点动控制程序

（2）开机。将编程器与 PLC 通过专用电缆连接好，打开实验台电源，打开主机电源，将 PLC 设置为"STOP"工作方式，以便开始 PLC 外部接线和编程。

编程器显示屏上自动显示：

PROGRAM　MODE

ONLINE　MODE（表示当前为连线编程方式，所编程序自动写入 PLC 内的存储器）

OFFLINE　MODE（离线方式，所编程序暂存在编程器内）

在编程器上依次按下 GO → RD/WR 键，使编程器处于 W（写）工作方式。

（3）清除内存。在写入程序之前，一般需要将存储器中原有的内容全部清除。

按 RD/WR 键，使编程器处于 W（写）工作方式，依次按下 NOP → A → GO → GO 键。按↑、↓键检查是否完全清除，否则重复操作。

（4）输入程序。依次按下 LD → X → 0 → GO 键；OUT → Y → 0 → END → GO 键。

（5）运行程序。先将编程器的 RD/WR 方式设置为"R"（读）；再将 PLC 的工作状态置于"RUN"状态，根据程序的要求，按下实验台的输入按钮 X0，观察 Y0 输出端所连接指示灯是否按点动工作方式亮灭，体会这种控制方式与继电器 – 接触器控制线路的异同。

（6）硬件线路不变，输入新程序，重复（3）～（4）步。

```
LDP         X0
OUT         M0
LD          M0
ANI         Y0
LDI         M0
AND         Y0
ORB
OUT         Y0
END
```

（7）再次将 PLC 置于"RUN"状态，按一下按钮 X0，观察指示灯状态；再按一下 X0，观察指示灯状态。体会在硬件线路不变的情况下，通过修改程序来改变其控制功能。

● 【任务小结】

通过讲解与动手实践，理解和掌握了 PLC 的工作原理及 PLC 运行时信号传递的过程，为建立程序思维及今后的程序设计奠定基础。

任务 1.3　认识 FX2N PLC 外部连接及编程元件

【任务描述】

了解 FX 系列 PLC 型号的含义及其性能技术规格，掌握 FX 系列 PLC 输入输出回路连接方法，理解和掌握 FX2N 系列 PLC 编程元件的含义与用法，了解 PLC 常用的编程语言。

【任务分析】

通过讲解，了解 FX 系列 PLC 型号的含义及其性能技术规格，了解 PLC 常用的编程语言。通过讲解和实践，掌握 FX 系列 PLC 型号的输入输出回路连接方法，理解和掌握

FX2N 系列 PLC 编程元件的含义与用法。

【知识准备】

1.3.1　FX2N 系列 PLC 外部连接

FX2N 系列是三菱 FX 系列 PLC 中的高级模块，它拥有极高的速度、高级的功能、逻辑选件及定位控制等特点，能满足从 16 到 256 路输入 / 输出多种应用的要求，属于一种小型整体式 PLC。

1. FX 系列 PLC 型号含义

FX 系列 PLC 是日本三菱公司推出的小型 PLC 产品。其型号定义如图 1-20 所示。

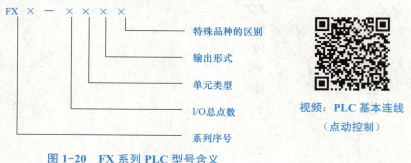

图 1-20　FX 系列 PLC 型号含义

其中，各部分的具体含义如下：

（1）产品系列号：0、2、2C、0N、1N、2N 等；

（2）I/O 总点数：146 ～ 256；

（3）单元类型：M—基本单元，E—扩展单元（与基本单元结合使用），EX—输入专用扩展模块，EY—输出专用扩展模块；

（4）输出形式：R—继电器输出，S—晶闸管输出，T—晶体管输出；

（5）特殊品种区别：D—直流电源，A—交流电源，S—独立端子扩展模块，H—大电流输出扩展模块，L—TTL 输入扩展型模块，C—接插口输入 / 输出方式，V—立式端子排扩展模块，F—输入滤波器 1 ms 的扩展模块。

例如，型号为 FX2N-48MR 的 PLC，其 I/O 总点数为 48，M 表示单元类型为基本单元，R 表示采用继电器输出方式。

2. PLC 输入输出回路的连接

I/O 端子是 PLC 与外部输入、输出设备连接的通道。输入端子（X）位于机器的一侧，而输出端子（Y）位于机器的另一侧。I/O 点的数量、类别随机器的型号不同而不同，但 I/O 点数量及编号规则完全相同。FX2N 系列 PLC 的 I/O 点编号采用八进制，即 000 ～ 0007、010 ～ 017、020 ～ 027、……，输入点前面加"X"，输出点前面加"Y"。扩展单元和 I/O 扩展模块，其 I/O 点编号应紧接基本单元的 I/O 编号之后，依次分配编号。

输入回路的连接如图 1-21 所示。输入回路的实现是将 COM 通过输入元件（如按钮、转换开关、行程开关、继电器的触点、传感器等）连接到对应的输入点上，再通过输入点

X 将信息送到 PLC 内部。一旦某个输入元件状态发生变化，对应输入继电器 X 的状态也就随之变化，PLC 在输入采样阶段即可获取这些信息。

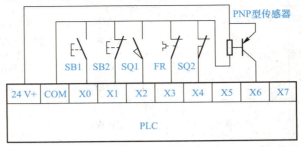

图 1-21　输入回路的连接

输出回路就是 PLC 的负载驱动回路，输出回路的连接如图 1-22 所示。通过输出点，将负载和负载电源连接成一个回路，这样负载就由 PLC 输出点的 ON/OFF 进行控制，输出点动作负载得到驱动。负载电源的规格应根据负载的需要和输出点的技术规格进行选择。

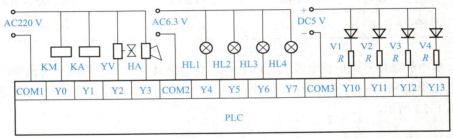

图 1-22　输出回路的连接

在实现输入 / 输出回路时，应注意的事项如下：

（1）I/O 点的共 COM 问题。一般情况下，每个 I/O 点应有两个端子，为了减少 I/O 端子的个数，PLC 内部已将其中一个 I/O 继电器的端子与公共端 COM 连接，如图 1-22 所示。

（2）输出点的技术规格。不同的输出类别，有不同的技术规格。应根据负载的类别、大小、负载电源的等级、响应时间等选择不同类别的输出形式，详见表 1-2。

表 1-2　三种输出形式的技术规格

项目	继电器输出	可控硅开关元件输出	晶体管输出
机型	FX2N 基本单元 扩展单元 扩展模块	FX2N 基本单元 扩展模块	FX2N 基本单元 扩展单元 扩展模块
内部电源	AC250 V，DC30 V 以下	AC85 ～ 242 V	DC5 ～ 30 V
电路绝缘	机械绝缘	光控晶闸管绝缘	光耦合器绝缘
动作显示	继电器螺线管通电时 LED 灯亮	光控晶闸管驱动时 LED 灯亮	光耦合器驱动时 LED 灯亮

项目		继电器输出	可控硅开关元件输出	晶体管输出
最大负载	电阻负载	2 A/1 点、8 A/4 点公用、8 A/8 点公用	0.3 A/1 点 0.8 A/4 点	0.5 A/1 点 0.8 A/4 点（Y0、Y1 以外）0.3 A/1 点（Y0、Y1）
	感性负载	80 V · A	15 V · A/AC100 V 30 V · A/AC200 V	12 W/DC24 V（Y0、Y1 以外）7.2 W/DC24 V（Y0、Y1）
	灯负载	100 W	30 W	1.5 W/DC24 V（Y0、Y1 以外）0.9 W/DC24 V（Y0、Y1）
开路漏电流		—	1 m · A/AC100 V 2 m · A/AC200 V	0.1 mA/DC30 V
最小负载		DC5 V 2 mA（参考值）	0.4 V · A/AC100 V 1.6 V · A/AC200 V	
响应时间	OFF → ON	约 10 ms	1 ms 以下	0.2 ms 以下
	ON → OFF	约 10 ms	10 ms 以下	0.2 ms 以下

（3）多种负载和不同负载电源共存的处理。在输出共用一个公共端子的范围内，必须用同一电压类型和同一电压等级；而不同公共点组可使用不同电压类型和电压等级的负载，如图 1-22 所示。

1.3.2　FX2N 系列 PLC 的编程元件

PLC 内部有多种功能元件，通常称为软元件，这些元件的实质是由电子电路和存储单元组成的，每个元件的编号也就对应于存储单元或存储位的地址。

需要指出的是，不同厂家、甚至同一厂家不同型号的 PLC，编程元件的数量和种类各不相同。下面仅以 FX2N 系列 PLC 为例，介绍其编程元件。

1. 输入继电器 X

输入继电器是 PLC 中专门用来接收外部开关信号的元件，它与 PLC 的输入端子——对应。外部开关信号可以通过输入端子，将信号状态存放到输入状态寄存器中，其作用相当于外部开关信号触发该端子的输入继电器，而输入继电器可以提供无数的常开/常闭触点供编程使用（实质是调用该元件的状态）。

FX2N 系列的输入继电器采用八进制地址编号，其地址范围是 X0 ~ X127，最多可达128 点。图 1-23 表示编号为 X0 的输入继电器的等效电路，由输入按钮信号驱动其常开/常闭触点，供编程使用。

编程时应注意，输入继电器实质是程序只读存储器，只能由外部信号驱动，而不能在程序内部用指令来驱动，其触点也不能直接输出驱动负载。

2. 输出继电器 Y

输出继电器是 PLC 中专门用来将输出信号传递给外部负载的元件（具有一定的带负载能力），它与 PLC 的输出端子一一对应。其作用相当于输出控制信号触发该端子的输出继电器（在元件映像寄存器中），输出继电器可以提供无数的常开/常闭触点供编程使用，同时，另有一常开触点闭合，接通驱动 PLC 负载的外电路，形成 PLC 的实际输出。图 1-24 所示为输出继电器 Y0 的等效电路。输出继电器实质是程序读/写存储器，它只能在程序内部由指令驱动，而外部信号不能直接驱动。FX2N 系列的输出继电器也采用八进制地址编号，其地址范围是 Y0～Y127，最多可达 128 点。

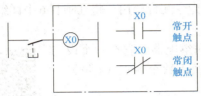

图 1-23　输入继电器等效电路　　　　图 1-24　输出继电器等效电路

由于输入/输出继电器与输入/输出端子是一一对应的，因此，它们决定了 PLC 能配置的最大 I/O 点数。

3. 辅助继电器 M

PLC 内部有很多辅助继电器，它只能由程序驱动，每个辅助继电器也有无数的常开、常闭触点专供 PLC 内部编程使用。辅助继电器的触点不能直接输出驱动负载，外部负载只能由输出继电器驱动。

辅助继电器的作用与继电器控制线路中的中间继电器类似，通过辅助继电器，使用合适的指令，就可以在输入继电器与输出继电器之间建立一定的逻辑关系，实现输入、输出间复杂变换，从而完成某些控制功能。

辅助继电器有通用辅助继电器、断电保持辅助继电器和特殊辅助继电器三大类。

（1）通用辅助继电器 M0～M499（共 500 点）。通用辅助继电器按十进制进行地址编号。在 FX2N 系列 PLC 中，除输入/输出继电器外，其他所有器件都采用十进制地址编号。

（2）掉电保持辅助继电器 M500～M1023（524 点）。在实际的工业控制中，往往会发生电源突然掉电的情况，为了能在电源恢复供电时保持电源中断前的控制状态，要求系统在掉电瞬间将某些状态或数据保存起来。掉电保持辅助继电器就适用这样的场合（而通用辅助继电器、输出继电器在这种情况下全部复位，成为断开状态）。这类继电器的断电保持功能是由 PLC 内部的锂电池支持的。

（3）特殊辅助继电器 M8000～M8255（256 点）。特殊辅助继电器各自具有特定的功能。通常分为以下两类：

①只能利用其触点的特殊辅助继电器。线圈由 PLC 自动驱动，用户只可利用其触点。例如：

M8000：运行监视器（PLC 运行时接通）；

M8002：初始脉冲（仅在运行开始时瞬间接通）；

M8011：10 ms 时钟脉冲；

M8012：100 ms 时钟脉冲；

M8013：1 s 时钟脉冲。

21

②可驱动线圈型特殊辅助继电器。若用户驱动线圈，PLC 执行特定动作。例如：

M8030：锂电池欠压指示，当锂电池欠压时，M8030 动作，指示灯亮，提示更换电池；

M8033：PLC 处于停止状态时输出保持；

M8034：输出全部禁止；

M8039：恒定（定时）扫描。

需要说明的是，未定义的特殊辅助继电器不可在用户程序中使用。

4．状态器 S

状态器 S 是编制顺控程序的重要元件，与步进指令配合使用。将在项目 6 中详细介绍。

5．定时器 T

定时器 T 在 PLC 中的作用相当于一个通电延时继电器。它有一个设定值寄存器（16 位），一个当前值寄存器（16 位）及无数个触点（1 位）。通常在一个 PLC 中有几十至数百个定时器。

视频：定时器

定时器是根据时钟脉冲累积计时的，时钟脉冲有 1 ms、10 ms、100 ms 三种，当所计时间达到设定值时，其输出触点动作。当定时器的设定值为十进制整数时，可用 K 直接设定，也可用数据寄存器间接设定。

根据定时器工作方式不同，又可分为常规定时器和积算定时器两类。

（1）常规定时器 T0 ～ T245。FX2N 系列 PLC 提供 246 个常规定时器，其中，100 ms 定时器 T0 ～ T199 共 200 点，可设定时间范围是 0.1 ～ 3 276.7 s；10 ms 定时器 T200 ～ T245 共 46 点，设定值范围是 0.01 ～ 327.67 s。

常规定时器线圈的控制线路只有一个，定时器的工作或停止都由该控制线路的接通与断开决定。当控制线路接通时，定时器开始工作，根据设定的定时值计时。当定时时间到，就使其逻辑线圈动作，控制相应的常开 / 常闭触点动作。一旦控制线路断开或断电，定时器的逻辑线圈就被复位，相应的常开 / 常闭触点也复位。

在图 1-25 中，定时器 T200 的计时单位为 10 ms，设定值为 K123，即定时时间为 1.23 s。当输入继电器 X0 接通时，T200 用当前值寄存器累计 10 ms 的时钟脉冲，当计数值与设定值相等（即定时时间到）时，定时器常开触点闭合，常闭触点断开。当驱动 T200 的输入继电器 X0 断开或发生停电时，定时器复位，其常开 / 常闭触点也复位。

（2）积算定时器 T246 － T255。FX2N 系列 PLC 提供 10 个积算定时器，其中，T246 ～ T249 计时单位为 1 ms，可设定累积定时时间 0.001 ～ 32.767 s；T250 ～ T255 计时单位为 100 ms，可设定累积定时时间 0.1 ～ 3 276.7 s。

视频：初识普通、积算定时器

积算定时器线圈的控制线路有两个，分别为计时控制线路和复位控制线路。如图 1-26 所示，常开触点 X1 构成计时控制线路，常开触点 X2 构成复位控制线路。当定时器复位控制线路接通时，无论其计时控制线路为何状态，定时器都不计时，其逻辑线圈断开。当定时器复位控制线路断开，计时控制线路接通时，定时器开始计时，当定时时间到，定时器的逻辑线圈及其常开 / 常闭触点动作。若在定时器计时过程中出现计时控制线路断开或停电时，定时器的当前计数值被保存，其逻辑线圈及触点也保持原状态不变；一旦计时控制线路重新接通或恢复通电，则定时器在原计时值的基础上继续计时，直到定时时间到。

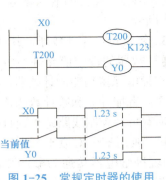

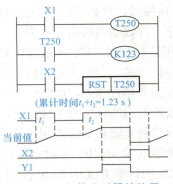

图 1-25　常规定时器的使用　　　图 1-26　积算定时器的使用

图 1-26 中定时器 T250 的计时单位为 100 ms，设定值为 K123，即定时时间为 12.3 s。当控制计时的输入继电器 X1 接通时，T250 开始对 100 ms 的时钟脉冲进行累积计数，当计数值与设定值相等（定时时间到）时，定时器常开触点闭合，常闭触点断开。若在计数中途输入继电器 X1 断开或发生停电时，当前值保持不变。当输入继电器 X1 重新接通或恢复通电时，计数继续进行，直至累积定时时间到触点动作。当控制复位的输入继电器 X2 接通时，定时器线圈及其触点均复位。

视频：计数器

6．计数器 C

FX2N 系列 PLC 中有内部计数器和高速计数器两种。

（1）内部计数器。内部计数器是在执行扫描操作时对内部器件（如 X、Y、M、S、T 和 C 等）的信号进行计数的计数器，其接通时间和断开时间应比 PLC 的扫描周期稍长。内部计数器分为 16 位递增计数器和 32 位可逆计数器两种类型。

① 16 位递增计数器。FX2N 系列 PLC 提供了 200 个 16 位递增计数器，其计数器设定值范围为 1 ～ 32 767，计数次数由编程时常数 K 设定，其中计数器 C0 ～ C99 为普通计数器，C100 ～ C199 为掉电保持计数器。

16 位递增计数器通有两条控制线路，分别为计数控制线路和复位控制线路。如图 1-27 所示，常开触点 X2 构成计数控制线路，常开触点 X1 构成复位控制线路。当计数器复位控制线路接通时，无论其计数控制线路为何状态，计数器当前计数值清零，其逻辑线圈断开，其触点复位。当计数器复位控制线路断开时，计数控制线路每接通一次，计数器当前计数值加 1，当计数值达到设定值时，计数器的逻辑线圈动作，控制相应的常开、常闭触点动作。

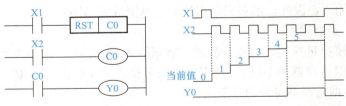

图 1-27　16 位递增计数器的应用

在图 1-27 中，X2 为控制计数的输入继电器，每当 X2 接通一次，计数当前值加 1；当计数当前值为 5 时，即 X2 接通第 5 次时，计数器 C0 的常开触点接通，此时，即使输入继电器X2再接通，计数器的当前值也保持不变。当控制复位的输入继电器X1接通时，执行复位操作，计数器当前值复位为0，常开触点断开。

②32位可逆计数器。FX2N系列PLC提供了35个32位可逆计数器，其计数范围为−2，147，483，648 ~ +2，147，483，647（注意可逆计数器的设定值允许为负数）。其中，C200 ~ C219为普通计数器，C220 ~ C234为具有掉电保持功能的计数器。

可逆计数器与递增计数器不同的是，可逆计算器有加计数和减计数两种工作方式，因此，除有计数控制线路和复位控制线路外，还必须有可逆控制线路。可逆计数器的计数方式由特殊辅助继电器M8200 ~ M8234线圈来控制（其后三位对应于可逆计数器的地址编号，例如C220的计数方式由8220控制），特殊辅助继电器接通为减计数，断开为加计数。如图1-28所示，由常开触点X0构成可逆控制线路，当X0断开时，特殊辅助继电器M8200断开，计数器C200为递增计数器；当X0闭合时，特殊辅助继电器M8200接通，计数器C200为递减计数器。

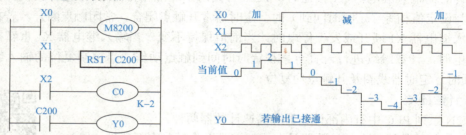

图1-28 可逆计数器的应用

若计数器的设定值为正数，则当其当前计数值等于设定值时，其逻辑线圈接通；若计数器的设定值为负数，则只有当其当前计数值从小于设定值变为等于设定值时，其逻辑线圈才接通。与一般计数器有所不同的是，当可逆计数器逻辑线圈接通后，只有当其当前计数值小于设定值或复位线路接通时，其逻辑线圈才复位。

在图1-28中，当常开触点X1闭合时，将计数器C200复位，这时C200的当前值被清零，其逻辑线圈断开；反之，当常开触点X1断开时，其复位控制线路断开。此时，若常开触点X0闭合，即C200处在递减计数方式，则常开触点X2由"断开"到"闭合"时，将其当前计数值减1；若常开触点X0断开，即C200处在递增计数方式，这时，常开触点X2由"断开"到"闭合"时，将其当前计数值加1。其他情况，C200不进行计数。

（2）高速计数器。FX系列PLC中有21个高速计数器，其地址编号为C235 ~ C255。但是，适用高速计数器输入的PLC只有X0 ~ X5六个输入端子，每个输入端子只能用于一个高速计数器输入，因此，最多只能提供6个高速计数器同时工作。

7. 数据寄存器D

PLC在进行模拟量控制、位置量控制、数据输入/输出时，需要许多数据寄存器存储数据和参数。数据寄存器为16位，最高位为符号位；也可把两个数据寄存器联合起来存放32位数据。数据寄存器可分为以下几种：

（1）通用数据寄存器D0 ~ D199（共200个）：只要不写入其他数据，已写入的数据不会改变。但PLC停止工作时，全部数据清零。

（2）掉电保持数据寄存器D200 ~ D511（共312个）：只要不写入其他数据，已写入的数据不会丢失。无论电源接通与否，PLC运行与否，其内容都不会改变。

（3）特殊数据寄存器 D8000 ～ D8255（共 256 个）：用于监控 PLC 中各种元件的运行方式，其内容在电源接通时，全部由系统写入初始值。例如，D8061 ～ D8067 专门用于存放 PLC 中的出错代码，用户只能读取它的数据，从而了解 PLC 的故障原因，但不能改写它的内容。

（4）文件寄存器 D1000 ～ D2999（共 2 000 个）：专门用于存储大量的数据，如采集数据、统计数据、多组控制参数等。其数量由 CPU 监控软件决定，但可通过扩充存储卡的方法加以扩充。用编程器可进行写入操作。

8. 变址寄存器 V/Z

变址寄存器通常用于修改元件的地址编号。V、Z 都是 16 位寄存器，可进行数据的读写。如 D5V 表示 D（5+V），D10Z 表示 D（10+Z），V、Z 可在此前赋值。当进行 32 位数据操作时，可将 V、Z 联合使用，指定 Z 为低位。

9. 指针 P/I

分支指令用指针 P0 ～ P63，共 64 点，用于指定条件跳转、子程序调用等分支指令的跳转目标。P63 为结束跳转指针。

中断用指针 I0 ～ I8，共 9 点。其中，I0 ～ I5 用于输入中断，I6 ～ I8 用于定时器中断。

10. 常数 K/H

常数也作为元件对待，它在存储器中占有一定空间。编程输入时，要在常数前加一标志符，其中，十进制常数用 K 表示，如 18 表示为 K18，主要用于指定定时器或计数器的设定值；十六进制常数用 H 表示，如 18 表示为 H12，主要用于指定应用指令操作数的数值。

1.3.3 PLC 的编程语言

IEC 中规定的 PLC 编程语言标准有梯形图、指令表、顺序功能图、功能块图和结构文本 5 种。在此，只介绍梯形图、指令表、顺序功能图 3 种最常用的编程语言。

1. 梯形图编程语言（LAD）

梯形图编程语言，简称梯形图，它是在继电器－接触器控制电路图的基础上演变而来的，它形象、直观、实用，是目前用最多的一种 PLC 编程语言。

如图 1-29 所示，梯形图中左右两条长垂直线称为起始母线和终止母线，母线之间是触点的逻辑连接和线圈的输出。在梯形图中，触点代表逻辑"输入"条件，线圈代表逻辑"输出"结果。

梯形图由多个梯级（也称逻辑行）组成，每个输出元素（继电器线圈等）构成一个梯级。每个梯级必须从起始母线开始画起，止于继电器线圈或终止母线。每个梯级由一个或多个支路组成，左侧安排常开（常闭）触点，组成输出的执行条件，右侧安排输出元素。梯形图按行自上而下编写，每一行从左到右编写，PLC 程序的执行顺序与梯形图的编写顺序一致。

2. 指令表编程语言（STL）

指令表编程语言是一种与计算机汇编语言类似的助记符编程方式，它用一系列操作指令组成的语句将控制流程描述出来，并可通过编程器输送到 PLC 中执行。

语句是指令表程序的基本单元。其基本格式为语句步＋操作码＋操作数，如图 1-30 所示。

语句步是语句的顺序号，一般由编程器自动给出，实质是程序存放的地址代码；操作码用助记符表示，用来说明要执行的功能，如 LD 表示"取"常开触点的状态，AND 表示"与"常开触点的状态等；操作数是操作对象，指定执行该功能所需数据或所需数据的地址及运算结果存放地址。一般由标识符和参数组成，标识符表示操作数的类型，如 X 表示输入继电器，Y 表示输出继电器，T 表示定时器等；参数表明操作数的地址或预先设定值。例如，语句"0　LD　X0"的功能是取输入继电器 X0 常开触点的状态。

3. 顺序功能图编程（SFC）

顺序功能图（Sequential Function Chart，SFC），也称状态转移图或状态流程图，是一种图形化的编程方法，使用它可以对具有并行、选择等复杂结构的系统进行编程。许多 PLC 都提供了用于 SFC 编程的指令。目前，IEC 也正在实施并发展这种语言的编程标准。顺序功能图 SFC 具体的绘制方法见项目 5。

应该说明的是，用以上三种编程语言编制的程序，可以按照一定的规则相互转换，如图 1-31 所示。在这三种编程语言中，指令表是 PLC 最基础的编程语言，因为不同编程语言编制的程序都是以指令表的形式（指令表编程时的内容）存储在 PLC 的内存中。

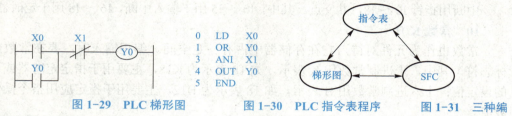

图 1-29　PLC 梯形图　　　　图 1-30　PLC 指令表程序　　图 1-31　三种编程语言的互换性

● 【任务实施】

1.3.4　PLC 的外部连接及编程元件应用

（1）按图 1-32 进行 PLC 外部接线，确认输入元件和输出元件及负载电源接法。

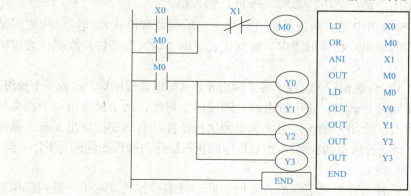

图 1-32　PLC 外部接线

（2）输入程序。打开 PLC 主机电源，将 PLC 工作模式开关置于"STOP"位置，编程器读写模式置于"W"，清除内存后，依次写入图 1-33 所示的程序。

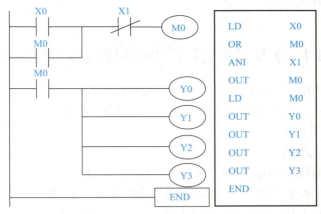

图 1-33　PLC 控制程序

（3）运行程序。编程器读写模式置于"R"，工作模式开关置于"RUN"，分别在实验装置上按下按钮 SB1 和 SB2，观察灯的亮灭情况。

● 【任务小结】

　　通过讲解，了解了 FX 系列 PLC 型号的含义及其性能技术规格，了解了 PLC 常用的编程语言。通过讲解和实践，掌握了 FX 系列 PLC 输入输出回路连接方法，理解和掌握了 FX2N 系列 PLC 编程元件的含义与用法，为下一步 PLC 硬件连接和程序设计奠定基础。

视频：PLC 与计算机之间通信

任务 1.4　三菱 PLC 编程器及编程软件使用

【任务描述】

　　PLC 控制程序要通过专用的编程工具写入 PLC 内部的用户程序存储器。三菱 FX 系列 PLC 为用户提供的常用编程工具有 FX-20P-E 编程器和 GX Developer 编程软件，本任务重点学会使用编程器和 GX Developer 软件进行 PLC 程序编辑。只有熟练掌握了这些编程工具的使用方法，才能进行进一步的程序调试和运行，同时，也是自学其他 PLC 程序设计软件的基础。

视频：编程软件 GX Developer 安装

【任务分析】

　　观察 FX-20P-E 型手持式编程器面板，了解其各部分功能，掌握 FX-20P-E 型手持式编程器使用方法。打开三菱 GX Developer 编程软件，了解其画面各部分功能，掌握使用该编程软件编写、调试程序的方法。

视频：编程软件的基本操作

【知识准备】

1.4.1　FX-20P-E 手持编程器认识与操作

FX-20P-E 型手持式编程器（简称 HPP）通过编程电缆可与三菱 FX 系列 PLC 相连，用来给 PLC 写入、读出、插入和删除程序，以及监视 PLC 的工作状态等。

视频：手持编程器的使用

1. 编程器操作面板认识

FX-20P-E 型编程器的面板布置如图 1-34 所示。面板的上方是一个 4 行，每行 16 个字符的液晶显示器。它的下面共有 35 个键，最上面一行和最右边一列为 11 个功能键，其余的 24 个键为指令键和数字键。

（1）功能键。11 个功能键在编程时的功能如下：

① RD/WR 键：读出 / 写入键。是双功能键，按第一下选择读出方式，在液晶显示屏的左上角显示是"R"；按第二下选择写入方式，在液晶显示屏的左上角显示是"W"；按第三下又回到读出方式，编程器当时的工作状态显示在液晶显示屏的左上角。

② INS/DEL 键：插入 / 删除键。是双功能键，按第一下选择插入方式，在液晶显示屏的左上角显示是"I"；按第二下选择删除方式，在液晶显示屏的左上角显示是"D"；按第三下又回到插入方式，编程器当时的工作状态显示在液晶显示屏的左上角。

③ MNT/TEST 键：监视 / 测试键。也是双功能键，按第一下选择监视方式，在液晶显示屏的左上角显示是"M"；按第二下选择测试方式，在液晶显示屏的左上角显示是"T"；按第三下又回到监视方式，编程器当时的工作状态显示在液晶显示屏的左上角。

④ GO 键：执行键。用于对指令的确认和执行命令，在键入某指令后，再按 GO 键，编程器就将该指令写入 PLC 的用户程序存储器，该键还可用来选择工作方式。

⑤ CLEAR 键：清除键。在未按 GO 键之前，按下 CLERR 键，刚刚键入的操作码或操作数被清除。另外，该键还用来清除屏幕上的错误内容或恢复原来的画面。

⑥ SP 键：空格键。输入多参数的指令时，用来指定操作数或常数。在监视工作方式下，若要监视位编程元件，先按下 SP 键，再输入该编程元件和元件号。

⑦ STEP 键：步序键。如果需要显示某步的指令，先按下 STEP 键，再输入步序号。

⑧ ↑、↓ 键：光标键。用此键移动光标和提示符，指定当前软元件的前一个或后一个元件，作上、下移动。

⑨ HELP 键：帮助键。按下 FNC 键后按 HELP 键，屏幕上显示应用指令的分类菜单，再按下相应的数字键，就会显示出该类指令的全部指令名称。在监视方式下按 HELP 键，可用于使字编程元件内的数据在十进制和十六进制数之间进行切换。

⑩ OTHER 键："其他"键。无论什么时候按下它，立即进入菜单选择方式。

（2）指令键、元件符号键和数字键。它们都是双功能键，键的上面是指令助记符，键的下部分是数字或软元件符号，何种功能有效，是在当前操作状态下，由功能自动定义。下面的双重元件符号 Z/V、K/H 和 P/I 交替起作用，反复按键时相互切换。

（3）FX-20P-E 型编程器的液晶显示屏。在操作时，FX-20P-E 型编程器液晶显示屏的画面示意如图 1-35 所示。

图 1-34 FX-20P 编程器面板布置

```
R▶ 104 LD   M    20
   105 OUT  T     6
             K   150
   108 LDI  X   007
```

图 1-35 液晶显示屏画面

液晶显示屏可显示 4 行，每行 16 个字符，第一行第 1 列的字符代表编程器的工作方式。其中，显示 "R" 为读出用户程序；"W" 为写入用户程序；"I" 为将编制的程序插入光标 "▶" 所指的指令之前；"D" 为删除 "◀" 所指的指令；"M" 表示编程器处于监视工作状态，可以监视位编程元件的 ON/OFF 状态、字编程元件内的数据，以及对基本逻辑指令的通断状态及其动作进行监视；"T" 表示编程器处于测试（Test）工作状态，可以对为编程元件的状态及定时器和计数器的线圈强制 ON 或强制 OFF，也可以对字编程元件内的数据进行修改。

第 2 列为行光标，第 3 例到第 6 列为指令步序号列，第 7 列为空格，第 8 列到第 11 列为指令助记符，第 12 列为操作数或元件类型，第 13 到 16 列为操作数或元件号。

2．FX-20P-E 型手持式编程器的工作方式选择

FX-20P-E 型编程器具有在线（ONLINE，或称联机）编程和离线（OFFLINE，或称脱机）编程两种工作方式。在线编程时编程器与 PLC 直接相连，编程器直接对 PLC 的用户程序存储器进行读写操作。若 PLC 内装有 EEPROM 卡盒，则程序写入该卡盒，若没有 EEPROM 卡盒，则程序写入 PLC 内的 RAM。在离线编程时，编制的程序首先写入编程器内的 RAM，以后再成批地传送至 PLC 的存储器。

FX-20P-E 型编程器上电后，其液晶屏幕上显示的内容如图 1-36 所示。

其中闪烁的符号 "■" 指明编程器所处的工作方式。用 ↑ 或 ↓ 键将 "■" 移动到选中的方式上，然后按 GO 键，就进入所选定的编程方式。

在联机方式下，用户可用编程器直接对 PLC 的用户程序存储器进行读 / 写操作，在执行写操作时，若 PLC 内没有安装 EEPROM 存储器卡盒，则程序写入 PLC 的 RAM 存储器；反之写入 EEPROM。此时，EEPROM 存储器的写保护开关必须处于 "OFF" 位置。只有用 FX-20P-RWM 型 ROM 写入器才能将用户程序写入 EPROM。

若按下 OTHER 键，则进入工作方式选定的操作。此时，FX-20P-E 型手持编程器的液晶屏幕显示的内容如图 1-37 所示。

```
┌─────────────────────┐        ┌─────────────────────┐
│ PROGRAM MODE        │        │ ONLINE  MODE  FX    │
│ ■ ONLINE (PC)       │        │ ■ 1. OFFLINE  MODE  │
│   OFFLINE (HPP)     │        │   2. PROGRAM  CHECK │
│                     │        │   3. DATA  TRANSFER │
└─────────────────────┘        └─────────────────────┘
```

图 1-36　在线、离线工作方式选择　　　　　图 1-37　工作方式选定

闪烁的符号"■"表示编程器所选的工作方式，按↑或↓箭，将"■"上移或下移到所需的位置，再按 GO 键，就进入选定的工作方式。在联机编程方式下，可供选择的工作方式共有 7 种，分别如下：

（1）OFFLINE MODE（脱机方式）：进入脱机编程方式。

（2）PROGRAM CHECK：程序检查，若没有错误，显示"NO ERROR"（没有错误）；若有错误，则显示出错误指令的步序号及出错代码。

（3）DATA TRANSFER：数据传送，若 PLC 内安装有存储器卡盒，在 PLC 的 RAM 和外装的存储器之间进行程序和参数的传送；反之则显示"NO MEM CASSETTE"（没有存储器卡盒），不进行传送。

（4）PARAMETER：对 PLC 的用户程序存储器容量进行设置，还可以对各种具有断电保持功能的编程元件的范围以及文件寄存器的数量进行设置。

（5）XYM．NO．CONV．：修改 X、Y、M 的元件号。

（6）BUZZER LEVEL：蜂鸣器的音量调节。

（7）LATCH CLEAR：复位有断电保持功能的编程元件。

对文件寄存器的复位与它使用的存储器类别有关，只能对 RAM 和写保护开关处于 OFF 位置的 EEPROM 中的文件寄存器复位。

3．程序编辑

（1）编程器与 PLC 主机连接。

（2）打开主机电源，PLC 工作方式开关置于"STOP"方式。

（3）按下编程器上的 GO 和读写模式 RD/WR 键，切换至 W 模式。

（4）清除内部存储器程序。

在写入程序之前，一般需要将存储器中原有的内容全部清除，再按 RD/WR 键，使编程器（写）处于 W 工作方式，接着按以下顺序按键：

$$\boxed{\text{NOP}} \rightarrow \boxed{\text{A}} \rightarrow \boxed{\text{GO}} \rightarrow \boxed{\text{GO}}$$

（5）写入指令。按 RD/WR 键，使编程器处于 W（写）工作方式，然后逐条输入指令，每条指令以 GO 键表示输入结束；如果需要修改刚写入的指令，在未按 GO 键之前，按下 CLEAR 键，刚键入的操作码或操作数被清除。若按了 GO 键之后，可按↑键，回到刚写入的指令，再做修改。指令参间用 SP 键分隔。注意：在写入应用指令时，要输入指令的功能号，最后一条指令以 END 结束。

（6）指令的修改。根据步序号读出原指令后，按 RD/WR 键，使编程器处于 W（写）工作方式，然后直接输入新指令即可。

（7）指令的插入。如果需要在某条指令之前插入一条指令，按照前述指令读出的方式，先将某条指令显示在屏幕上，使光标"▶"指向该指令。然后按 INS/DEL 键，使编程器处于 I（插入）工作方式，再按照指令写入的方法，将该指令写入，按 GO 键后，写入的指令插在原指令之前，后面的指令依次向后推移。

例如，要在 180 步之前插入指令 AND M3，在 I 工作方式下首先读出 180 步的指令，

然后使光标"▶"指向 180 步按以下顺序按键：

$$\boxed{\text{INS}} \rightarrow \boxed{\text{AND}} \rightarrow \boxed{\text{M}} \rightarrow \boxed{\text{3}} \rightarrow \boxed{\text{GO}}$$

（8）指令的删除。

①逐条指令的删除。如果需要将某条指令或某个指针删除，按照指令读出的方法，先将该指令或指针显示在屏幕上，令光标"▶"指向该指令。然后按 $\boxed{\text{INS/DEL}}$ 键，使编程器处于 D（删除）工作方式，再按功能键 $\boxed{\text{GO}}$，该指令或指针即被删除。

②NOP 指令的成批删除。按 $\boxed{\text{INS/DEL}}$ 键，使编程器处于 D（删除）工作方式，依次按 $\boxed{\text{NOP}}$ 键和 $\boxed{\text{GO}}$ 键，执行完毕后，用户程序中间的 NOP 指令被全部删除。

③指定范围内的指令删除。按 $\boxed{\text{INS/DEL}}$ 键，使编程器处于 D（删除）工作方式，接着按下列操作步骤依次按相应的键，该范围内的程序就被删除：

$$\boxed{\text{STEP}} \rightarrow \boxed{\text{起始步序号}} \rightarrow \boxed{\text{SP}} \rightarrow \boxed{\text{STEP}} \rightarrow \boxed{\text{终止步序号}} \rightarrow \boxed{\text{GO}}$$

4．程序运行

将 PLC 工作方式开关扳到"RUN"方式，编程器读写模式置于"R 模式"。按照程序既定控制要求给出输入信号，观察输出信号或者监视内部元件状态。

5．对位元件的监视

以监视辅助继电器 M135 的状态为例，先按 $\boxed{\text{MNT/TEST}}$ 键，使编程器处于 M（监视）工作方式，然后按下列的操作步骤按键：

$$\boxed{\text{SP}} \rightarrow \boxed{\text{M}} \rightarrow \boxed{\text{1}} \rightarrow \boxed{\text{3}} \rightarrow \boxed{\text{5}} \rightarrow \boxed{\text{GO}}$$

屏幕上就会显示出 M135 的状态。如果在编程元件左侧有字符"■"，表示该编程元件处于 ON 状态；如果没有字符"■"，表示它处于 OFF 状态，最多可监视 8 个元件。按↑或↓键，可以监视前面或后面的元件状态。

6．对定时器和 16 位计数器的监视

以监视定时器 C98 的运行情况为例，首先按 $\boxed{\text{MNT/TEST}}$ 键，使编程器处于 M（监视）工作方式，再按下面的顺序按键：

$$\boxed{\text{SP}} \rightarrow \boxed{\text{C}} \rightarrow \boxed{\text{9}} \rightarrow \boxed{\text{8}} \rightarrow \boxed{\text{GO}}$$

屏幕上第三行显示的数据"K20"是 C98 的当前计数值。第四行末尾显示的数据"K100"是 C98 的设定值。第四行中的字母"P"表示 C98 输出触点的状态，当其右侧显示"■"时，表示其常开触点闭合；反之表示其常开触点断开。第四行中的字母"R"表示 C98 复位电路的状态，当其右侧显示"■"时，表示其复位电路闭合，复位位为 ON 状态；反之表示其复位电路断开，复位位为 OFF 状态。非积算定时器没有复位输入。

1.4.2　GX Developer 编程软件使用

三菱 GX Developer 编程软件是应用于三菱全系列 PLC 的中文编程仿真软件。其包含 GPPW 编程软件和 LLT 模拟软件两部分。在 PLC 与 PC 之间必须有接口单元及电缆线，一般采用 SC-09 编程电缆。

1．编程软件的主要功能

（1）在 GX Developer 编程软件中，可通过梯形图、语句表及 SFC 符号来创建顺控指令程序，建立注释数据及设置寄存器数据。

（2）创建顺控指令程序并将其存储为文件，用打印机打印。

（3）该软件在串行系统中可与 PLC 进行通信、文件传送操作，还具有离线和在线调试功能。

2．在编程软件中新建工程

双击 GX Developer 应用程序图标启动编程软件后，新建工程的基本步骤如下：

（1）执行"工程"→"创建新工程"命令，弹出如图 1-38 所示的对话框，单击 PLC 系列下拉列表，选择所使用的 PLC 的 CPU 系列，本实验中选用的是 FX 系列，所以选择 FXCPU。

（2）单击 PLC 类型下拉列表，选择对应的 PLC CPU 系列的类型，这里选 FX2N 系列。

（3）设置工程路径、工程名和标题。本步骤需要选中图 1-38 中"设置工程名"复选框后才能进行。也可在退出保存新建工程时根据弹出的对话框进行操作。

3．工程的导入

执行"工程"→"读取其他格式的文件"命令，选择需要导入的文件类型，即弹出如图 1-39 所示的"读取 FXGP（WIN）格式文件"对话框，单击"浏览"按钮，弹出如图 1-40 所示的"浏览导入文件"对话框，设置驱动器 / 路径名、系统名和机器名，设置后单击"选择所有"按钮，或按需选择要导入的内容，然后单击"确认"按钮，即可实现非 GPPW 格式文件转换成 GPPW 文件。

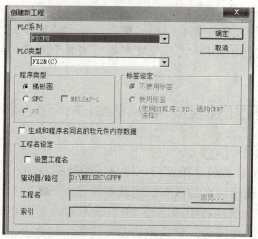

图 1-38　"创建新工程"对话框

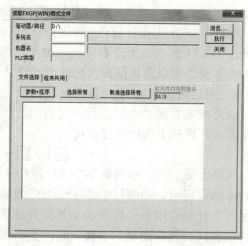

图 1-39　读取"FXGP（WIN）格式文件"对话框

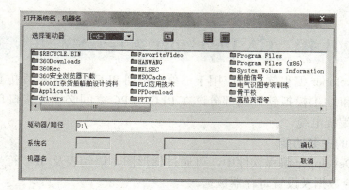

图 1-40　"浏览导入文件"对话框

4．元件的输入

构成梯形图的元件包括触点、线圈、特殊功能线圈和连接导线，它们的输入可通过执行"编辑"→"梯形图标记"子菜单下的相应命令实现，如选择"常开触触点"时，将弹出如图 1-41 所示的"梯形图输入"对话框，在输入栏输入相应的元件编号，如图中的X0，确定后则在梯形图编辑窗口中放置了元件 X0 的一个常开触点。其他类型元件的输入方法类似。

元件的输入还可利用工具栏上相应按钮实现，如果对程序指令熟悉则也可采用直接输入编程指令实现梯形图元件的输入，如键入"LD X0"指令即可实现 X0 常开触点的输入。

图 1-41 "梯形图输入"对话框

5．程序的传输

当写完梯形图，最后写上 END 语句后，必须进行程序转换才能进行程序的传输、调试。转换操作可通过按下 F4 键，或按下工具栏上的转换图标完成。在程序的转换过程中，如果程序有错，则会显示出来。也可通过"工具"菜单，查询程序的正确性。

梯形图转换完毕后，必须将 FX2N 面板上的开关拨向"STOP"状态，再执行"在线"→"PLC 写入"命令，进行传送设置，然后单击"执行"按钮即可，窗口将弹出写入进度"对话框。程序的读出操作与程序写入操作方法相同，只需执行"在线"→"PLC 读取"命令操作，进行 PLC 读出设置。

6．梯形图逻辑测试

GX Developer 梯形图逻辑测试工具是嵌入在编程软件中的梯形图仿真软件。这套软件在计算机中建造了一个虚拟的 PLC，同时，执行由编程软件构造的梯形图来进行程序的最初的调试。若安装了逻辑测试功能，编程软件的在线菜单就具备与 PLC CPU（PLC CPU 仿真）相连接后相同的功能。相关操作方法读者可自行参考软件操作指南。

● 【任务实施】

1.4.3 使用编程器和编程软件进行程序编辑和转换

1．PLC 外部接线

按图 1-42 所示进行 PLC 外部 I/O 接线。

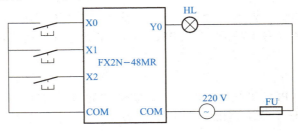

图 1-42 PLC 外部接线

2. 使用编程器进行程序输入与运行调试

使用 FX-20P-E 编程器完成图 1-43（a）所示指令表程序的输入，并在 PLC 实训装置上运行。分析 PLC 程序实现的控制功能。

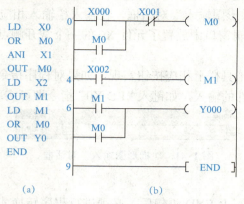

```
LD    X0
OR    M0
ANI   X1
OUT   M0
LD    X2
OUT   M1
LD    M1
OR    M0
OUT   Y0
END
```

(a)   (b)

图 1-43   PLC 指令表和梯形图程序
（a）PLC 指令表程序；（b）PLC 梯形图程序

3. 使用编程软件进行程序输入与运行调试

使用 GX Developer 编程软件完成图 1-43（b）所示的梯形图程序，并写入 PLC，加以运行。

4. 程序自动转换

使用 GX Developer 编程软件将第 3 步骤编制的梯形图程序转换为对应的指令表程序。

● 【任务小结】

观察 FX-20P-E 型手持式编程器面板，了解了其各部分功能，掌握了 FX-20P-E 型手持式编程器使用方法。打开三菱 GX Developer 编程软件，了解了其画面各部分功能，掌握了使用该编程软件编写、调试程序的方法。

任务 1.5   认识 S7-200 系列 PLC 编程元件及外部连接

【任务描述】

观察西门子 S7-200 系列 PLC 外形和结构，通过讲解掌握 S7-200 系列 PLC 输入输出回路连接方法，理解和掌握 S7-200 系列 PLC 编程元件的含义和用法。

【任务分析】

查阅 S7-200 系列 PLC 用户手册，识别掌握 S7-200 系列 PLC 端子，按要求实现输入输出回路连接，理解和掌握 S7-200 系列 PLC 编程元件的含义与用法。

1.5.1　S7-200 系列 PLC 寻址方式及编程软元件

S7-200 CPU 将信息存储在不同的存储器单元中，每个单元都有地址。S7-200 CPU 使用数据地址访问所有数据，称为寻址。数字量和模拟量输入 / 输出点，中间运算数据等各种数据具有各自的地址定义方式。S7-200 的大部分指令都需要指定数据地址。

1. 数据格式

S7-200 CPU 以不同的数据格式保存和处理信息。它们占用的存储单元长度不同，内部的表示格式也不同。这就是说，数据都有各自规定的长度，表示的数值范围也不同，见表 1-3。S7-200 指令系统针对不同数据格式提供不同类型的编程命令。

表 1-3　数据格式和取值范围

寻址格式	数据长度（二进制位）	数据类型	取值范围
BOOL（位）	1	布尔数（二进制位）	真（1）；假（0）
BYTE（字节）	8	无符号整数	0 ~ 255；0 ~ FF（H）
INT（整数）	16	有符号整数	-32 768 ~ 32 767；8 000 ~ 7 FFF（H）
WORD（字）		无符号整数	0 ~ 65 535；0 ~ F FFF（H）
DINT（双整数）	32	有符号整数	-2 147 483 648 ~ 2 147 483 647；80 000 000 ~ 7F FFF FFF（H）
DWORD（双字）		无符号整数	0 ~ 4 294 967 295；0 ~ FF FFF FFF（H）
REAL（实数）		IEEE 32 位单精度浮点数	$-3.402\,823 \times 10^{38}$ ~ $-1.175\,495 \times 10^{38}$（负数）；$+1.175\,495 \times 10^{38}$ ~ $+3.402\,823 \times 10^{38}$（正数）不能绝对精确地表示 0
ASCII	8	字符列表	ASCII 字符、汉字内码（每个汉字 2 字节）
STRING（字符串）		字符串	1 ~ 254 个 ASCII 字符；汉字内码（每个汉字 2 字节）

2. 数据的寻址长度

在 S7-200 系统中，可以按位、字节、字和双字对存储单元寻址。寻址时，数据地址以代表存储区类型的字母开始，随后是表示数据长度的标记，然后是存储单元编号；对于二进制位寻址，还需要在一个小数点分隔符后指定位编号。位寻址的举例如图1-44所示，I 表示存储器是输入映像区。字节寻址的举例如图1-45所示。

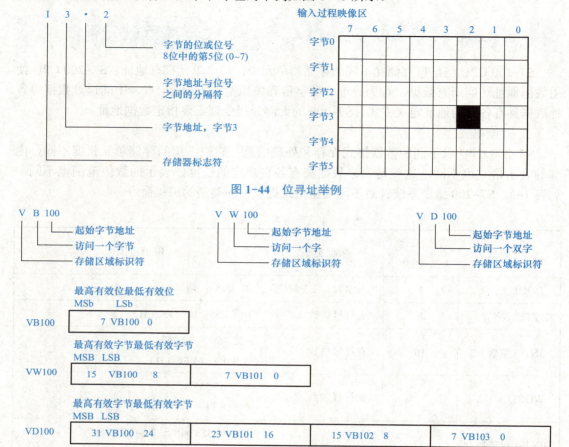

图1-44 位寻址举例

图1-45 字节寻址举例

从图中可以看出，VW100 包括 VB100 和 VB101；VD100 包含 VW100 和 VW102，即 VB100、VB101、VB102、VB103 这 4 个字节。值得注意的是，这些地址是互相重叠的。

当涉及多字节组合寻址时，S7-200 遵循"高地址、低字节"的规律。如果将十六进制立即数 16#AB 送入 VB100，16#CD 送入 VB101，那么 VW100 的值将是 16#ABCD。即 VB101 为高地址字节，保存数据的低字节部分。

3. 各数据存储区寻址

（1）输入过程映像寄存器 I。在每次扫描周期的开始，CPU 对物理输入点进行采样，并将采样值写入输入过程映像寄存器中。可以按位、字节、字或双字来存取输入过程映像寄存器中的数据。

位：　　　　　　　　I[字节地址].[位地址]　　　I0.1

字节、字或双字：I[长度][起始字节地址]　　　IB4　IW1　ID0

（2）输出过程映像寄存器 Q。在每次扫描周期的结尾，CPU 将输出过程映像寄存器中的数值复制到物理输出点上，可以按位、字节、字或双字来存取输出过程映像寄存器中的数据。

位：　　　　　　　　Q[字节地址].[位地址]　　　　　　Q1.1

字节、字或双字：Q [长度] [起始字节地址]　　　QB5　QW1　QD0

（3）位存储区 M。可以用位存储区作为控制继电器来存取中间操作状态和控制信息。可以按位、字节、字或双字来存取位存储区中的数据。

位：　　　　　　　　M[字节地址].[位地址]　　　　　M26.7

字节、字或双字：M[长度][起始字节地址]　　　MB0　MW13　MD20

（4）变量存储区 V。可以用 V 存储器存储程序执行过程中控制逻辑操作的中间结果，也可以用它来保存与工序或任务相关的其他数据。可以按位、字节、字或双字来存取 V 存储器中的数据。

位：　　　　　　　　V[字节地址].[位地址]　　　　　V10.2

字节、字或双字：V[长度][起始字节地址]　　　VB100　VW200　VD300

（5）局部存储器区（L 区）。局部存储器和变量存储器类似，主要区别是变量存储器是全局有效的，而局部存储器是局部有效的。"全局"是指同一个存储器可以为任何程序（如主程序、子程序或中断程序）存储数据；"局部"是指存储器当前只与特定的程序相关联，只能为某一程序存储数据。可以按位、字节来存取 L 存储器中的数据。

位：　　　　　　　　L[字节地址].[位地址]　　　　　L1.5

字节：　　　　　　　L[长度][起始字节地址]　　　　LB0　LB10　LB63

（6）定时器存储区 T。在 S7-200 CPU 中，定时器可以用于时间累计。定时器寻址有两种形式：

当前值：16 位有符号整数，存储定时器所需累计的时间

定时器位：按照当前值和预置值的比较结果来置位或者复位。

两种寻址使用同样的格式，用定时器地址（T+ 定时器号，如 T33）来存取这两种形式的定时数据。究竟使用哪种形式取决于所使用的指令。

位：　　　　　　　　T[定时器号]　　　　　　　　　　T37

字：　　　　　　　　T[定时器号]　　　　　　　　　　T96

（7）计数器存储区 C。在 S7-200 CPU 中，计数器可以用于累计其输入端脉冲电平由低到高的次数。计数器有两种寻址形式：

当前值：16 位有符号整数，存储计数器累计值

计数器位：按照当前值和预置值的比较结果来置位或者复位。

可以用计数器地址（C+ 计数器号）来存取这两种形式的计数器数据。究竟使用哪种形式取决于所使用的指令。

位：　　　　　　　　C[计数器号]　　　　　　　　　　C0

字：　　　　　　　　C[计数器号]　　　　　　　　　　C255

（8）顺序控制继电器区（S 区）。顺序控制继电器区是为顺序过程控制的数据而建立的一个存储区，用于步进顺序过程的控制。顺序控制继电器的编号为 S0.0 ～ S0.7、S1.0 ～ S1.7…S31.0 ～ S31.7，共 256 位，可以按位、字节、字或双字来存取数据。

（9）累加器 AC。累加器是可以像存储器一样使用的读写存储区。例如，可以用它来向子程序传递参数，也可以从子程序返回参数，以及用来存储计算的中间结果。S7-200 提供 4 个 32 位累加器，（AC0、AC1、AC2 和 AC3）。可以按字节、字或双字的形式来存取累加器中的数值。被操作的数据长度取决于访问累加器时所使用的指令。

（10）特殊存储器 SM。特殊存储器的标识符是 SM，用户可以按位、字节、字或双字的形式来存取。使用特殊存储器可以选择 PLC 的一些特殊功能，如特殊位 SM0.0 在程序运行时一直为 ON 状态，可用于 PLC 运行监视或无条件执行的条件；SM0.1 仅在执行用户程序的第一个扫描周期为 ON 状态，可用于初始触发脉冲；SM0.4、SM0.5 可以分别产生占空比为 1/2、脉冲周期为 1 min 和 1 s 的脉冲信号。

位：　　　　　　　SM[字节地址].[位地址]　　　　SM0.1

字节、字或双字：SM[长度][起始字节地址]　　　　SMB86

（11）模拟量输入 AI。S7-200 将模拟量值（如温度或电压）转换成一个字长（16 位）的数据。可以用区域标识符（AI）、数据长度（W）以及字节的起始地址来存取这些值。因为模拟值输入为一个字长，且从偶数位字节（如 0、2、4）开始，所以必须用偶数字节地址（AIW0、AIW2、AIW4）来存取这些值。模拟量输入值为只读数据。模拟量转换的实际精度是 12 位。

格式：　　　AIW[起始字节地址]　　　　　AIW4

（12）模拟量输出 AQ。S7-200 把一个字长（16 位）的数据值按比例转化为电流或电压，可以用区域标识符（AQ）、数据长度（W）以及字节的起始地址来改变这些值。因为模拟值输入为一个字长，且从偶数位字节（如 0、2、4）开始，所以必须用偶数字节地址（AQW0、AQW2、AQW4）来改变这些值。模拟量输出值为只写数据。模拟量转换的实际精度是 12 位。

格式：　　　AQW[起始字节地址]　　　　　AQW4

1.5.2　S7-200 系列 PLC 外部连接

1.5.2.1　S7-200 系列 PLC 的结构

S7-200 系列 PLC 的外形结构如图 1-46 所示。了解状态指示灯、接线端子排、I/O 指示灯、模式选择开关、模拟电位器、扩展口、通信口、可选卡插槽的所在位置和功能。

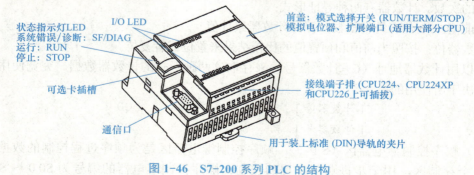

图 1-46　S7-200 系列 PLC 的结构

1.5.2.2　CPU224 型 PLC 外部端子

S7-200 CPU224 的外部端子如图 1-47 所示。

1．上部端子（输出及 PLC 电源接线端子）

（1）L1、N 分别接电源的相线和中性线。电源电压为 85 ～ 265 V AC。

（2）Q0.0～Q1.1。输出继电器端口，用 Q 表示，接负载。输出继电器 S7-200 系列 PLC 可扩展到 128 位，即 Q0.0～Q0.7、Q1.0～Q1.7…Q15.0～Q15.7。

（3）1L、2L、3L 输出继电器的公共端口，接负载电源。其中 Q0.0～Q0.3 的公共端口为 1L；Q0.4～Q0.6 的公共端口为 2L；Q0.7、Q1.0、Q1.1 的公共端口为 3L。

输出各组之间是相互独立的，这样可以接不同电压类型和电压等级的负载，如 AC220 V、DC24 V 等。

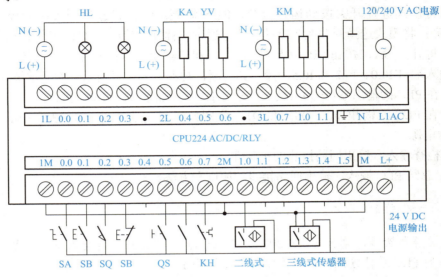

图 1-47　S7-200 CPU224 的外部端子

2．下部端子（输入及传感器电源接线端子）

（1）L＋。内部 24 V DC 电源正极，为外部传感器或输入继电器供电。

（2）M。内部 24 V DC 电源负极，接外部传感器负极或输入继电器公共端。

（3）I0.0～I1.5 输入继电器端口，用 I 表示，接输入信号。S7-200 系列 PLC 可扩展到 128 位，即 I0.0～I0.7、I1.0～I1.7…I15.0～I15.7。

（4）1M、2M。输入继电器的公共端口，接内部 24 V DC 电源负极。其中 I0.0～I0.7 的公共端口为 1M；I1.0～I1.5 的公共端口为 2M。

●【任务实施】

1.5.3　S7-200 系列 PLC 外部连接

1．工作任务

S7-CPU224 型 PLC 硬件认识及 I/Q 接线。

2．工作要求

（1）查询下载 S7-200 可编程控制器用户手册。

（2）准确识别 S7-224 型 PLC 的硬件及输入 / 输出接线端子。

（3）训练 PLC 输入、输出回路接线的方法和技能（参考图 1-47 接线）。

3. 工作过程

（1）查询了解 S7-200 系列 PLC 的性能指标。

（2）识别 S7-200 型 PLC 的硬件：I/Q 接口、模式选择开关、模拟电位器、扩展端口和通信接口等。

（3）给 PLC 接上 220 V AC 电源。

（4）识别 PLC 工作状态指示灯及输入 / 输出信号指示灯 LED。

（5）将模式选择开关拨到运行位置，RUN 灯亮；将模式选择开关拨到停止位置，STOP 灯亮；将模式选择开关拨到终端位置，通过编程软件控制 PLC 的工作状态。

（6）将开关 SA、按钮 SB（用常开触点）和热继电器 KH（用常闭触点）分别接在 PLC 的输入端口 I0.0、I0.2 和 I0.5，操作其通断，观察输入信号指示灯的显示情况。

（7）在 PLC 的输出端口 Q0.2 接上信号灯 HL，并加上 24 V DC 电源。

（8）在 PLC 的输出端口 Q0.4 和 Q1.0 分别接上继电器 KA 和接触器 KM，并加上 220 V AC 电源。

（9）检查输入、输出回路接线的正确性。

（10）总结 PLC 输入、输出回路接线的原则和方法。

● 【任务小结】

通过讲解和实践，掌握了 S7-200 系列 PLC 输入输出回路连接方法，理解和掌握了 S7-200 系列 PLC 寻址方式和编程元件的含义与用法。

任务 1.6　STEP 7 编程软件的使用

【任务描述】

STEP 7 编程软件是供西门子 S7 系列 PLC 编程、监控、仿真和参数设置的标准工具。本任务详细讲述 STEP 7 编程软件启动、设置、编辑、下载、运行、仿真的操作过程和使用方法，为下一步编辑调试程序奠定基础。

【任务分析】

以边操作边看软件画面的形式讲述，直观易学。下面再以实例由学生练习，容易掌握。

【知识准备】

1.6.1　STEP 7 编程软件的使用

S7-200 可编程控制器使用 STEP 7 编程软件进行编程。STEP 7 编程软件是基于 Windows 的应用软件，功能强大，主要用于开发程序，也可用于实时监控用户程序的执行状态。加上汉化后的程序,可在全汉化的界面下进行操作。

下面以图 1-48 所示的启停控制梯形图为例,说明使用 STEP 7 编程软件进行编程的主要步骤和内容。

图 1-48　启停控制梯形图

1．计算机与 PLC 连接

计算机与 S7-200 系列 PLC 的连接如图 1-49 所示。其连接方法如下:

（1）将 PC/PPI 电缆的 PC 端连接到计算机的 RS232 通信口上（一般是串口 COM1）。

（2）将 PC/PPI 电缆的 PPI 端连接到 PLC 的 RS485 通信口上。

图 1-49　计算机与 S7-200 系列 PLC 的连接

2．CPU 模块供电

根据 CPU 模块类型可分为交流供电和直流供电两类。交流供电如图 1-50 所示。CPU224 AC/DC/ RLY 模块电源端和输出端连接 220 V AC 电源,输入端使用 PLC 输出的 24 V DC 电源。PLC 选择 CPU224 AC/DC/RLY 模块,其输入 / 输出硬件接线如图 1-50 所示。

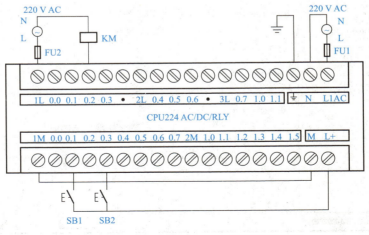

图 1-50　CPU224 AC/DC/RLY 模块硬件接线

3. 启动编程软件

STEP 7—Micrco/WIN V4.0 编程软件能为用户创建、编辑和下载用户程序，并具有在线监控功能。首次启动 STEP 7—Micrco/WIN V4.0 编程软件时，其英文主界面如图 1-51 所示。

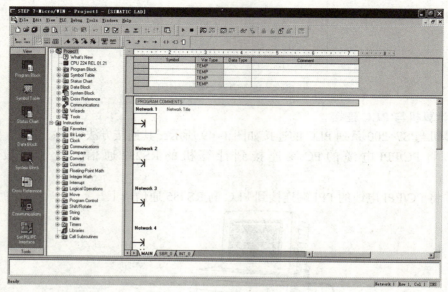

图 1-51　STEP7-Micrco/WIN V4.0 编程软件英文主界面

4. 从英文界面转为中文界面

单击"Tools"（工具）菜单中的"Options"（选项），弹出如图 1-52 所示的"选项"对话框。单击"Options"（选项），在其下拉菜单中选择"General"（常规）项，在"Language"（语言）框中选择"Chinese"（中文），单击"OK"按钮，软件自动关闭。重新启动软件后，则显示为中文主界面，如图 1-53 所示。

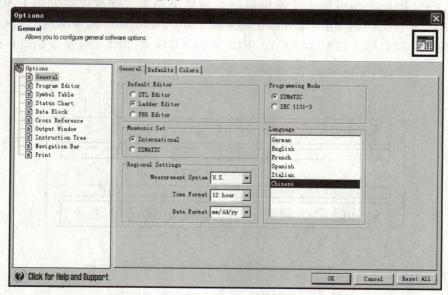

图 1-52　"Tools"菜单中"Options"选项对话框

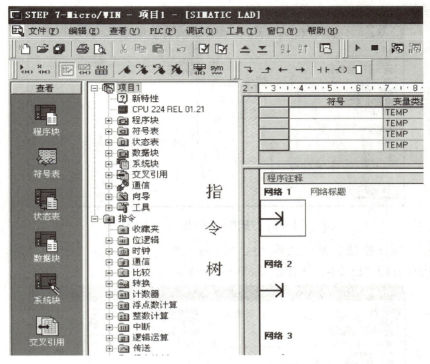

图1-53　STEP 7—Micrco/WIN V4.0 编程软件中文主界面

5．通信参数设置

首次连接计算机与 PLC 时，要设置通信参数，增加使用 PC/PPI cable（电缆）项。

（1）在 STEP 7—Micrco/WIN V4.0 软件中文主界面上单击"通信"图标，弹出"通信"对话框，通信地址未设置时出现一个问号，如图 1-54（a）所示。

（2）单击"设置 PG/PC 接口"按钮，弹出"设置 PG/PC 接口"对话框，如图 1-54（b）所示，拖动滑块查看，默认的通信器件栏中若已有"PC/PPI cable"项，单击"确定"按钮即可。若无"PC/PPI cable"选项，则应按以下操作进行相关设置。

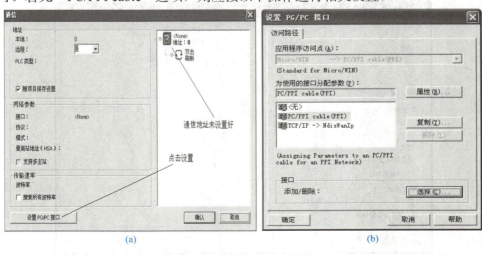

(a)　　　　　　　　　　　　　　　　　　(b)

图1-54　设置 PG/PC 接口
（a）通信对话框；（b）设置 PG/PC 接口

（3）单击"选择"按钮，弹出"安装/删除接口"对话框，如图1-55所示。

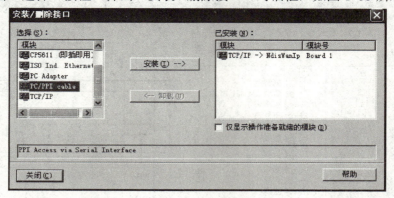

图1-55　"安装/删除接口"对话框

（4）在"选择模块"框中选中"PC/PPI cable"选项，单击"安装"按钮，"PC/PPI cable"出现在右侧"已安装"框内，如图1-56所示。

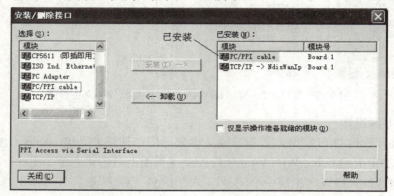

图1-56　PC/PPI cable出现在右侧"已安装"框内

（5）单击"关闭"按钮，再单击"确认"按钮，显示通信地址已设置好，如图1-57所示。

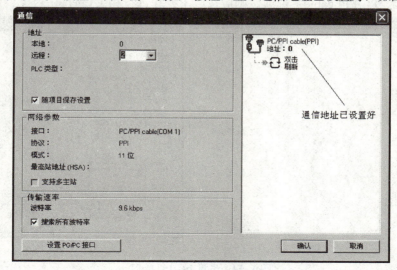

图1-57　显示通信地址已设置好

1.6.2　编写、下载、运行和监控程序

1．建立和保存项目

运行编程软件STEP 7—Micro/WIN V4.0后，执行主菜单栏中"文件"→"新建"命令，创建一个新项目。新建的项目包含程序块、符号表、状态表、数据块、系统块、交叉应用和通信等相关的块。其中，程序块中默认有一个主程序OB1、一个子程序SBR0和一个中断程序INT0。

执行菜单栏中"文件"→"保存"命令，指定文件名和保存路径后，单击"保存"按钮，文件则以项目形式保存。

2．选择PLC类型和CPU版本

执行菜单栏中"PLC"→"类型"命令，在"PLC类型"对话框中选择PLC类型和CPU版本，如图1-58所示。如果已成功建立通信连接，通过执行菜单栏中"PLC"→"类型"→"读取PLC"命令，也可以读取PLC的型号和CPU版本号。

图1-58　选择PLC类型和CPU版本

3．编辑程序

编辑器中有4种编辑梯形图的方法，即双击指令图标、拖拽指令图标、使用指令工具栏编程按钮和特殊功能键（F4、F6、F9）。

使用指令树编辑程序时，选中"网络1"，单击指令树中"位逻辑"图标，其下拉菜单如图1-59所示。

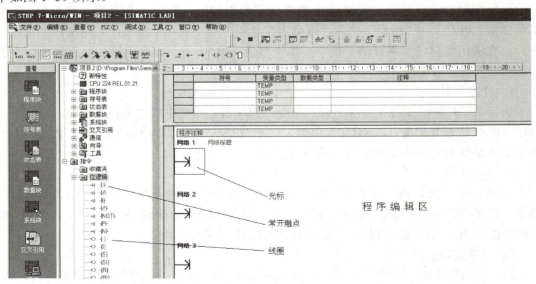

图1-59　指令树中"位逻辑"下拉菜单

4. 查看指令表

执行菜单栏中"查看"→"STL"命令，则从梯形图编辑界面自动转为指令表编辑界面，如图1-60所示。如果熟悉指令程序，也可以在指令表编辑界面中直接编写用户程序。指令表程序如图1-61所示。

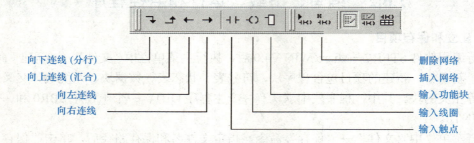

向下连线（分行）
向上连线（汇合）
向左连线
向右连线
删除网络
插入网络
输入功能块
输入线圈
输入触点

图1-60　指令表编辑界面

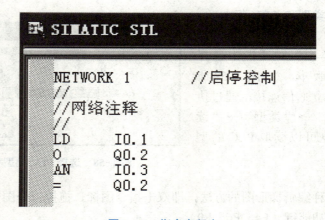

图1-61　指令表程序

5. 程序编译

梯形图编辑完成后，必须编译成PLC能够识别的机器指令，才能下载到PLC。执行菜单栏中"PLC"→"编译"命令，或单击工具栏中的"编译"按钮，开始编译。编译结束后，在输出窗口显示编译结果信息（如"总错误数0"）。如果出错，修正梯形图中的错误后，才能通过编译。

6. 程序下载

执行菜单栏中"文件"→"下载"命令，或单击工具栏中的"下载"按钮，开始下载程序（PLC状态开关应在"STOP"位置）。下载是从编程计算机将程序装入PLC；上传则相反，是将PLC中存储的程序上传到计算机。

7. 运行操作

程序下载到PLC后，将PLC状态开关拨到"RUN"位置或单击工具栏中的"运行"按钮，按下按钮SB1，输出端Q0.2接通；按下按钮SB2，输出端Q0.2断开，表明启/停控制功能正确。然后接上负载，可实现电动机的启/停控制功能。

8. 程序运行监控

单击工具栏中的"监控"按钮，开始程序状态监控，接通的触点和线圈以蓝色块显示，并显示"ON"字符，如图1-62所示。

46

网络1　　启停控制

图 1-62　程序状态监控

至此，完成了启/停控制程序的编辑、写入、程序运行和监控过程。如果需要保存程序，可单执行菜单栏中"文件"→"保存"命令，选择保存路径并赋予文件名即可。

1.6.3　程序仿真

S7-200 汉化版 .exe 仿真软件，不仅能仿真 S7-200 主机，还能仿真数字量、模拟量扩展模块和 TD200 文本显示器。

仿真软件不能直接使用 S7-200 用户程序，必须用"导出"功能将用户程序转换成 ASCII 码文本文件，然后下载到仿真器中运行。

1.　导出文本文件

编出 PLC 控制程序后，在 STEP 7—Micrco/WIN V4.0 软件主界面执行"文件"→"导出"命令，在弹出的"导出程序块"对话框中，输入文件名（该文本文件的后缀名为".awl"）和保存路径，单击"保存"按钮即可，如图 1-63 所示。

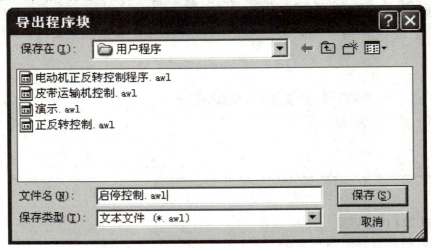

图 1-63　程序状态监控

2.　启动仿真程序

仿真程序不需要安装，直接双击 S7-200 汉化版 .exe 文件，仿真软件就完成启动，如图 1-64 所示。

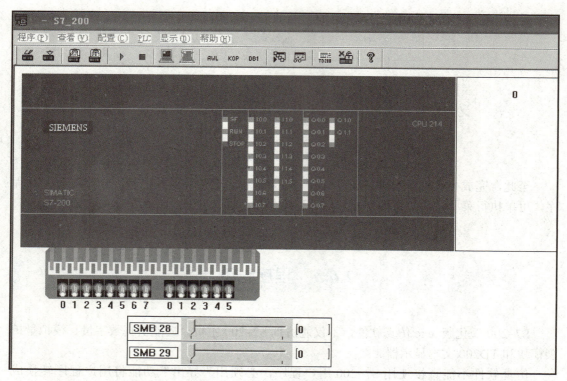

图 1-64　启动仿真软件

3. 选择 CPU

执行仿真软件菜单栏中的"配置"→"PLC 型号"命令，弹出"CPU 类型"对话框，选择与编程软件相应的 CPU 型号（如 CPU224）单击"确认"按钮即可，如图 1-65 所示。

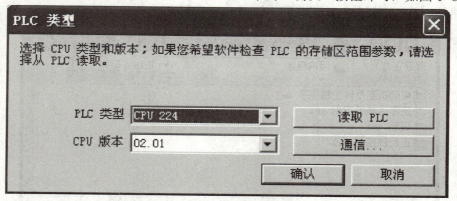

图 1-65　选择与编程软件相应的 CPU 型号

4. CPU224 仿真界面

CPU224 的仿真界面如图 1-66 所示。CPU 模块下面 14 个输入开关，分别对应 PLC 的 14 个输入端，可以单击其输入控制信号。开关下面有两个模拟电位器，用于输入模拟量信号（8 位），其对应的特殊存储器字节分别是 SMB28 和 SMB29，可用鼠标拖动电位器的滑块，改变模拟量输入值（0～255）。

双击扩展模块的空框，在其对话框中选择扩展模块的型号，添加或删除扩展模块。

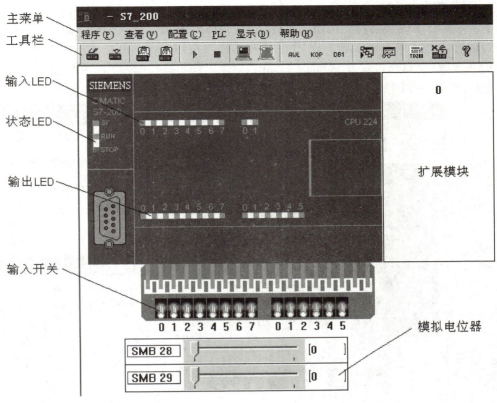

主菜单
工具栏
输入LED
状态LED
输出LED
输入开关
模拟电位器

图 1-66　CPU224 的仿真界面

5．选中逻辑块

执行菜单栏中的"程序"→"装载程序"命令，在"装载程序"对话框中选中"逻辑块"选项，如图 1-67 所示，单击"确定"按钮，就进入"打开"对话框。

6．选中仿真文件

在"打开"对话框中，选中导出的"启停控制"文件并单击"打开"按钮，如图 1-68 所示。

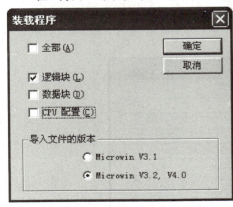

图 1-67　选中逻辑块

图 1-68　选中仿真文件

7．程序装入仿真器

将"启停控制"程序的文本文件装入仿真器，其显示内容如图 1-69 所示。

8. 运行仿真

单击工具栏中的"运行"按钮或执行菜单栏中的"PLC"→"运行"命令，将仿真器切换到运行状态。双击（间隔 1 s，先通后断，模拟按钮操作）I0.1 对应的开关图标，输出 Q0.2 的 LED 灯点亮；双击（间隔 1 s，先通后断，模拟按钮操作）I0.3 对应的开关图标，输出 Q0.2 的 LED 灯熄灭。仿真结果符合启/停控制逻辑，如图 1-69 所示。

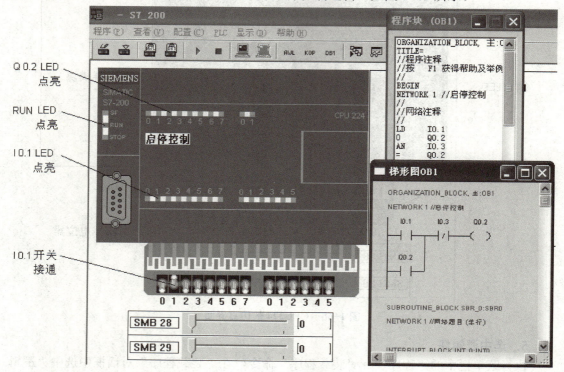

图 1-69　程序装入仿真器

9. 内存变量监控

执行菜单栏中的"查看"→"内存监视"命令，在"内存表"对话框中输入变量地址，单击"开始"按钮启动监视，由于 I0.1、I0.3 和 Q0.2 都是位元件，所以接通时其值为"2#1"，断开时其值为"2#0"，如图 1-70 所示。

内存表		
地址	格式	值
I0.1	Bit	2#1
I0.3	Bit	2#0
Q0.2	Bit	2#1

Processing state table

开始　　　　停止

关闭

图 1-70　内存变量监控

● 【任务小结】

通过学习和实际操作，掌握了 STEP 7 编程软件启动、设置、编辑、下载、运行、仿真的操作过程和使用方法，为下一步编辑调试程序奠定基础。

● 【项目评价】

"船舶 PLC 应用基础"项目考核要求见表 1-4。

表 1-4 "船舶 PLC 应用基础"项目考核要求

姓名_____ 班级_____ 学号_____ 总得分_____

项目编号	1	项目选题		考核时间	
技能训练考核内容（60 分）			考核标准		得分
1. 教师给定一段 PLC 程序，根据程序自行进行 PLC 外部接线和程序输入与运行。（20 分） 2. 输入并运行实现下列控制功能的程序。（40 分） 当按下点动启动按钮 SB1，电动机 M 运行，放开 SB1 时，电动机停止。 当按下连续启动按钮 SB2，电动机 M 连续运行，当按下停止按钮 SB3 时，电动机 M 停止运行			能够正确进行 PLC 外部硬件接线；接线错误、操作错误一次扣 2 分（共 10 分）		
			能自行正确设计符合要求系统控制程序；程序关键错误 1 处扣 2 分，整体思路不对扣 5 分，没有预先编好程序扣 10 分（共 10 分）		
			能够正确地操作编程器将程序输入 PLC；操作错误或输入方法不明一次扣 2 分（共 10 分）		
			能正确按照控制要求进行程序调试与修改；操作步骤不明或不会程序调试一次扣 2 分（共 10 分）		
			能爱护实验室设备设施，有安全、卫生意识；违反安全文明操作规程一次扣 5 ～ 20 分（共 20）		
知识巩固测试内容（40 分）			见思考与练习		
完成日期	年 月 日		指导教师签字		

● 【思考与练习】

1. 填空题

（1）定时器的线圈_____时开始定时，定时时间到_____时其常开触点_____，常闭触点_____。

（2）通用定时器_____时被复位，复位后其常开触点_____，常闭触点_____，当前值_____。

（3）计数器的复位输入电路_____、计数输入电路_____，当前值_____设定值时，计数器的当前值_____。

（4）PLC 的输入／输出继电器采用_____进制进行编号，其他所有软元件均采用_____进制进行编号。

（5）型号为 FX2N-32MR 的 PLC，它表示的含义包括如下几部分：它是_____单元，内部包括_____、_____、输入输出口及_____；其输入输出总点数为_____点，其中输入点数为_____点，输出点数为_____点；其输出类型为_____。

（6）PLC 的输出指令 OUT 是对继电器的_____进行驱动的指令，但它不能用于_____。

（7）PLC 用户程序的完成分为_____、_____、_____三个阶段。这三个阶段是采用工作方式分时完成的。

（8）FX2N 系列 PLC 编程元件的编号分为两个部分，第一部分是代表功能的字母。输入继电器用_____表示，输出继电器用_____表示，辅助继电器用_____表示，定时器用_____表示，计数器用_____表示，状态器用_____表示。第二部分为表示该类器件的序号，输入继电器及输出继电器的序号为_____进制，其余器件的序号为_____进制。

（9）PLC 编程元件的使用主要体现在程序中。从实质上说，一个存储元件代表_____可以被访问_____次，PLC 的编程元件可以有_____个触点。

（10）PLC 开关量输出接口按 PLC 机内使用的器件可以分为_____型、_____型和_____型。输出接口本身都不带电源，在考虑外驱动电源时，需要考虑输出器件的类型，_____型的输出接口可用于交流和直流两种电源，_____型的输出接口只适用直流驱动的场合，而_____型的输出接口只适用交流驱动的场合。

2．PLC 与继电器控制电路相比有哪些优点？与计算机控制系统相比又有哪些优点？

3．什么是 PLC 的扫描周期？在一个扫描周期中，如果在程序执行阶段，输入状态发生变化是否会对输出刷新阶段的结果产生影响？

4．PLC 处于运行状态时，输入端状态的变化将在何时存入输入映像寄存器？输出锁存器中所存放的内容是否会随用户程序的执行而变化？为什么？

5．列表比较 FX2N PLC 与 S7-200 的编程元件。

项目描述

随着现代船舶电气自动化程度越来越高，PLC 因具备更高的可靠性、可维护性和抗干扰能力，使它在船舶上的应用也越来越广泛。本项目介绍三菱 FX2N 系列 PLC 的 27 条基本逻辑指令，这些指令功能非常强大，能编制出一般开关量控制系统的用户程序。本项目通过采用 PLC 实现电动机运行的点长动、降压启动、正反转等基本控制程序，目的是掌握 PLC 基本指令的编程方法和编程技巧，学会 PLC 基本指令应用程序的编制和运行调试方法。

知识点

1. 掌握三菱 PLC 基本指令的功能和使用方法。
2. 掌握梯形图的特点和设计规则。
3. 掌握梯形图和指令表程序的相互转换。
4. 掌握闪烁程序、长延时控制等基本控制程序设计方法。

技能点

1. 能够根据系统要求正确选用合适的 PLC。
2. 能够正确实现 PLC 的外部接线方法。
3. 能够利用所掌握的基本指令编程实现简单的 PLC 程序开发。
4. 能够熟练使用三菱 PLC 的编程器和编程软件进行程序编辑与调试运行。

任务 2.1　船用电动机的点动控制

【任务描述】

基本逻辑指令是 PLC 中最基础的编程语言，掌握了基本指令也就初步掌握了 PLC 的使用方法。三菱 FX2N 系列 PLC 基本逻辑指令共有 27 条，结合控制要求，本任务要学会使用其中的 5 条。船舶上三相异步电动机点动运行的继电器 – 接触器控制电路如图 2-1 所示，现要改用 PLC 来控制电动机的点动运行，采用基本逻辑指令进行编程。具体设计要求：按下启动按钮 SB1，电动机单向运行；松开按钮 SB1，电动机停止。

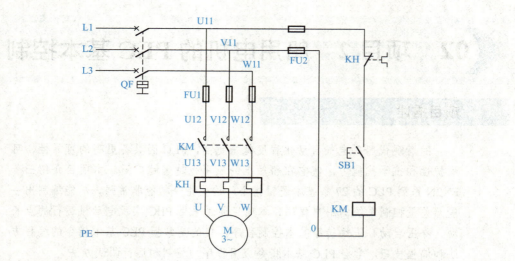

图 2-1 船用三相异步电动机点动运行电路

📖【任务分析】

实现电动机的点动控制，需要了解 PLC 的基本逻辑指令功能（本节学习的基本逻辑指令为三菱 FX2N 系列）。然后根据控制要求，应用基本指令设计编写控制系统的梯形图和指令语句表程序。

✅【知识准备】

2.1.1　FX2N 系列 PLC 基本指令（一）

1. 逻辑取指令 LD、LDI 及线圈驱动指令 OUT

LD，取指令，是指从输入母线开始，取用常开触点，也用于代表一个新电路块的开始。

LDI，取反指令，是指从输入母线开始，取用常闭触点，也用于代表一个新电路块的开始。

OUT，线圈驱动指令，也称输出指令，用于继电器线圈、定时器和计数器的输出。

LD、LDI 和 OUT 指令的使用说明，如图 2-2 所示。

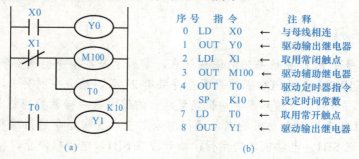

序号	指令		注　释
0	LD	X0	← 与母线相连
1	OUT	Y0	← 驱动输出继电器
2	LDI	X1	← 取用常闭触点
3	OUT	M100	← 驱动辅助继电器
4	OUT	T0	← 驱动定时器指令
	SP	K10	← 设定时间常数
7	LD	T0	← 取用常开触点
8	OUT	Y1	← 驱动输出继电器

图 2-2　LD、LDI 和 OUT 指令的使用说明

（a）梯形图；（b）指令表

2. 空操作指令 NOP

空操作指令 NOP 是一条无动作、无目标元件的指令，占一个程序步，用于程序的修改。用 NOP 指令替代已写入的指令，可以改变程序的功能。在程序中加入 NOP 指令，当改动或追加程序时可以减少步序号的改变。必须注意的是，不能将 LD、LDI、ANB、ORB、OUT 等指令改为 NOP，否则会造成程序出错。

程序被全部清除后，用户存储器的内容将全部变为 NOP 指令。

3. 程序结束指令 END

程序结束指令 END 是一条无目标元件的指令，占一个程序步，它用于程序结束，即表示程序终了。END 指令没有控制线路，直接与母线相连。

PLC 运行时要反复进行输入处理、程序运算和输出处理，若在程序最后写入 END 指令，则 END 以后的程序不再执行，直接进行输出处理。在调试用户程序时，可以将 END 指令插在每个程序段的末尾，分段调试用户程序，每调试完成一段，将其末尾的 END 指令删去，直到全部用户程序调试完毕。需要注意的是，在执行 END 指令时，也刷新监视时钟。

● 【任务实施】

2.1.2 船用电动机的点动控制

分析设计要求：按下点动按钮 SB1，电动机作点动运行，无自锁。

1. 列出 I/O（输入 / 输出）分配表

由电动机运行控制要求确定 PLC 需要 1 个输入点，1 个输出点。I/O 分配表见表 2-1。

表 2-1　I/O 分配表

输入		输出	
设备名称及代号	输入点编号	设备名称及代号	输出点编号
点动启动按钮 SB1	X1	接触器 KM	Y0

2. 电动机主电路连接及 PLC 外部接线

（1）按图 2-1 所示进行电动机主电路接线。

（2）按图 2-3（a）或（b）进行 PLC 外部硬件接线。

说明：为了实现过载保护，电路中使用的热继电器触点有两种接法：一种是与继电器 - 接触器控制电路相类似，把 FR 的常闭点接在电动机控制接触器 KM 线圈的供电回路中；另一种是使用 FR 的常闭点接在 PLC 的输出回路中，不单独占用输入点，如图 2-3（b）所示。

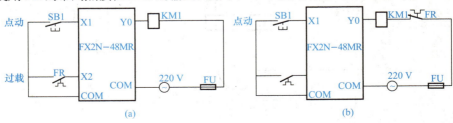

图 2-3　PLC 的外部硬件接线图

3．PLC 程序设计与运行调试

按照图 2-3（b）所示的过载保护方案，设计控制梯形图程序如图 2-4 所示。

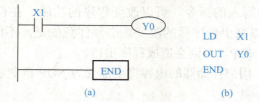

```
LD    X1
OUT   Y0
END
```

图 2-4　电动机点动运行 PLC 控制程序
（a）控制梯形图程序；（b）指令语句表

在程序运行过程中，按下点动控制按钮 X1，松开点动按钮 X1。依次观察输出点 Y0 和电动机的运行状态。

● 【任务小结】

通过对船用电动机点动 PLC 控制系统的设计，掌握了三菱 FX2N 系列 PLC 的部分基本逻辑指令（LD、LDI、OUT、NOP、END）及简单程序设计，为 PLC 以后的学习打下基础。

任务 2.2　船用电动机的连续运行控制

【任务描述】

船舶上三相异步电动机连续运行的继电器－接触器控制电路如图 2-5 所示，现要改用 PLC 来控制电动机的启停。具体设计要求为：按下启动按钮 SB1，电动机单向连续运行（SB1 松开后保持运行状态）；按下停止按钮 SB2 或热继电器 FR 动作时，电动机停止运行。

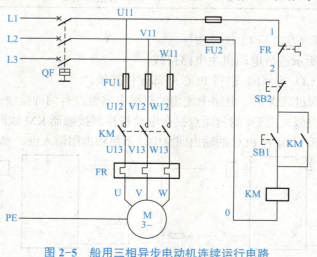

图 2-5　船用三相异步电动机连续运行电路

【任务分析】

实现电动机的长动控制，需要在上一个任务的基础上了解新的基本逻辑指令功能（AND、ANI、OR、ORI 等）。然后根据控制要求，应用基本指令设计编写控制系统的梯形图和指令语句表程序。

【知识准备】

2.2.1　FX2N 系列 PLC 基本指令（二）

1. 单个触点串并联指令（AND、ANI、OR、ORI）

AND，与指令，用于单个常开触点的串联连接；

ANI，与非指令，用于单个常闭触点的串联连接。

OR，或指令，用于单个常开触点的并联连接；

ORI，或非指令，用于单个常闭触点并联连接。

AND、ANI、OR、ORI 指令的使用说明如图 2-6 和图 2-7 所示。

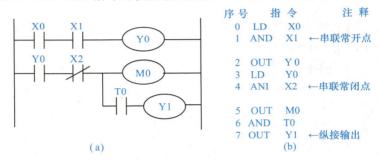

图 2-6　AND、ANI 指令使用说明
（a）梯形图；（b）指令表

图 2-7　OR、ORI 指令使用说明
（a）梯形图；（b）指令表

2. 串联电路块的并联连接指令（ORB）

两个或两个以上触点的串联电路称为串联电路块。当几个串联电路块并联连接时，分支开始使用 LD、LDI 指令，分支结束使用 ORB 指令。ORB 指令为无目标元件指令，它

不表示触点，可以把它看成电路块之间的一段连接线。ORB 也简称块或指令。ORB 指令的使用说明如图 2-8 所示。

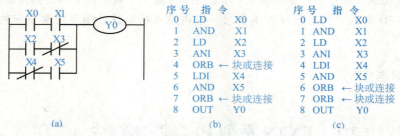

图 2-8　ORB 指令使用说明
（a）梯形图；（b）语句表一；（c）语句表二

3. 并联电路块的串联连接指令（ANB）

两个或两个以上触点的并联电路称为并联电路块。当几个并联电路块串联连接时，分支开始用 LD、LDI 指令，分支终点用 ANB 指令。ANB 指令为无目标元件指令，ANB 也简称块与指令。指令的使用说明如图 2-9 所示。

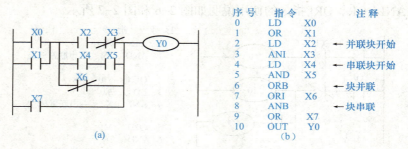

图 2-9　ANB 指令使用说明
（a）梯形图；（b）指令表

● 【任务实施】

2.2.2　船用电动机的连续控制

分析设计要求：按下启动按钮 SB1，电动机连续运行，自锁；按下停止按钮 SB2 或热继电器 FR 动作时，电动机停止运行。

1. 列出 I/O（输入 / 输出）分配表

由电动机运行控制要求确定 PLC 需要 2 个输入点，1 个输出点。I/O 分配表见表 2-2。

表 2-2　I/O 分配表

输入		输出	
设备名称及代号	输入点编号	设备名称及代号	输出点编号
启动按钮 SB1	X1	接触器 KM	Y0
停止按钮 SB2	X2		

2. 电动机主电路连接及 PLC 外部接线

（1）按图 2-5 所示进行电动机主电路接线。

（2）按图 2-10 所示进行 PLC 外部硬件接线。

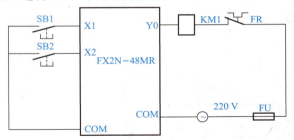

图 2-10　PLC 的外部硬件接线

3. PLC 程序设计与运行调试

设计控制梯形图程序如图 2-11 所示。

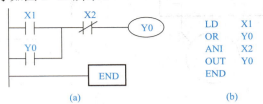

```
LD    X1
OR    Y0
ANI   X2
OUT   Y0
END
```

(a)　　　　　　　　　　　　　(b)

图 2-11　电动机连续运行 PLC 控制程序

（a）控制梯形图程序；（b）指令语句表

在程序运行过程中，分别按下启动控制按钮 X1，停止按钮 X2；依次观察输出点 Y0 和电动机的运行状态。

● 【任务小结】

通过对船用电动机长动 PLC 控制系统的设计，掌握了部分基本逻辑指令（LD、AND、ANI、OR、ORI、ORB、ANB）及简单程序设计。

任务 2.3　船用电机的正反转控制

【任务描述】

图 2-12 所示为三相异步电动机正反转运行电路。现要改用 PLC 来实现电动机的正反转控制，采用基本逻辑指令进行编程。具体要求如下：

启动时，合上 QS，引入三相电源。按下正转控制按钮 SB2。KM1 线圈得电。其常开触点闭合。电动机正转并实现自锁。当电动机需要反转时，按下反转控制按钮 SB3，KM1 线圈断电，KM2 线圈得电，KM2 的常开触点闭合。电动机反转并实现自锁，按钮 SB1 为总停止按钮。

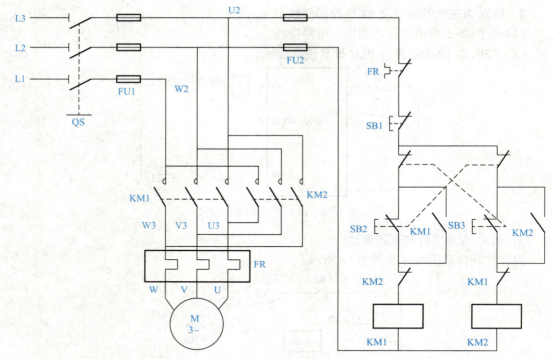

图 2-12　电动机的正反向运行电路

📝 【任务分析】

使用 PLC 实现图 2-12 所示的电动机的正反转运行电路，主电路无须变化，原电路中的控制电路功能利用 PLC 来实现。利用 PLC 基本指令中的块及多重输入 / 输出指令或利用"置位 / 复位"可实现上述控制要求。

☑️ 【知识准备】

2.3.1　FX2N 系列 PLC 基本指令（三）

1. 多重输出指令（MPS、MRD、MPP）

MPS 为进栈指令，MRD 为读栈指令，MPP 为出栈指令。

栈操作指令用于多重输出的梯形图中，如图 2-13 所示。在编程时，需要将中间运算结果存储时，就可以通过栈操作指令来实现。FX2N 提供了 11 个存储中间运算结果的栈存储器。使用一次 MPS 指令，当时的逻辑运算结果压入栈的第一层，栈中原来的数据依次向下层推移；当使用 MRD 指令时，栈内的数据不会变化（不上移或下移），而是将栈的最上层数据读出；当执行 MPP 指令时，将栈的最上层数据读出，同时该数据从栈中消失，而栈中其他层的数据向上移动一层，因此也称为出栈。这组指令无目标元件，用于触点状态的暂时存储，因此用于多重输出电路。MPS、MPP 指令必须成对使用，而且连续使用应少于 11 次。

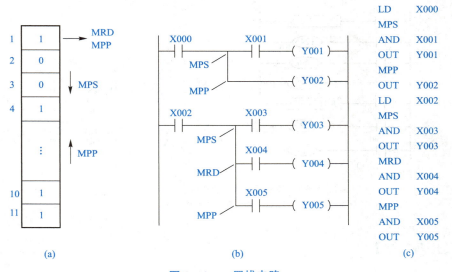

图 2-13 一层栈电路

(a) 栈存储器；(b) 梯形图；(c) 指令表

2. 置位与复位指令（SET、RST）

SET 为置位指令，其功能是使元件置位并保持，直到复位为止。RST 为复位指令，使元件复位并保持，直到置位为止。SET 指令的目标元件是 Y、M、S，而 RST 指令的目标元件是 Y、M、S、D、V、Z、T、C。这两条指令占 1 ~ 3 个程序步，因目标元件而定。对同一编程元件，SET、RST 指令可以多次使用，且不限制使用顺序，但以最后执行者有效。

使用 SET 和 RST 指令，可以方便地在用户程序的任何地方对某个状态或事件设置标志和清除标志。SET、RST 指令的使用说明如图 2-14 所示。由波形图可见，X0 接通后，即使再变成断开，Y0 也将保持接通。X1 接通后，即使再变成断开，Y0 也保持断开，直到 X0 接通。

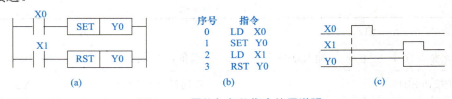

图 2-14 置位与复位指令使用说明

(a) 梯形图；(b) 指令表；(c) 波形图

RST 指令可以对定时器、计数器、数据寄存器、变址寄存器的内容清零，还可以用来复位积算定时器 T246 ~ T255 和计数器，如图 2-15 所示。当 X0 接通时，定时器 T246 的输出触点复位，它的当前值也变成 0。输入 X1 接通期间，T246 接收 1 ms 时钟脉冲并计数，计到 8 时 Y0 就动作。32 位计数器 C200 根据 M8200 的开、关状态进行递加或递减计数，它对 X11 触点的开关次数计数。输出触点的置位或复位取决于计数方向及是否达到 D0 中所存的设定值。输入 X10 接通后，输出触点复位，计数器 C200 当前值清零。

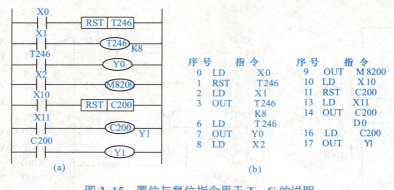

图 2-15　置位与复位指令用于 T、C 的说明
(a) 梯形图；(b) 指令表

● 【任务实施】

2.3.2　船用电动机的正反向控制

分析设计要求：当正转启动按钮 SB2 被按下时，输入继电器 X0 接通，输出继电器 Y0 置 1，交流接触器 KM1 线圈得电并自锁，这时电动机正转连续运行，若按下停止按钮 SB1 时，输入继电器 X0 接通，输出继电器 Y0 置 0，电动机停止运行；若按下反转启动按钮 SB3 时，输入继电器 X2 接通，输出继电器 Y1 置 1，交流接触器 KM2 线圈得电并自锁，这时电动机反转连续运行，当按下停止按钮 SB1 时，输入继电器 X0 接通，输出继电器 Y1 置 0，电动机停止运行。

1. 列出 I/O（输入 / 输出）分配表

由电动机运行控制要求确定 PLC 需要 3 个输入点，2 个输出点。I/O 分配表见表 2-3。

表 2-3　I/O 分配表

输入		输出	
设备名称及代号	输入点编号	设备名称及代号	输出点编号
停止按钮 SB1	X0	正转接触器 KM1	Y0
正转启动按钮 SB2	X1	反转接触器 KM2	Y1
反转启动按钮 SB3	X2		

2. 电动机主电路连接及 PLC 外部接线

（1）按图 2-12 所示进行电动机主电路接线。

（2）按图 2-16 所示进行 PLC 外部硬件接线。

由图 2-16 可知，外部硬件输出电路中使用 KM1、KM2 的常闭触点进行了互锁。这是因为 PLC 内部软继电器互锁只相差一个扫描周期，来不及响应。例如，Y0 虽然断开，可能 KM1 的触点还未断开，在没有外部硬件互锁的情况下，KM2 的触点可能接通，引起主电路短路。因此，不仅要在梯形图中加入软继电器的互锁触点，而且还要在外部硬件输出电路中进行互锁，这也就是人们常说的"软硬件双重互锁"。采用双重互锁，同时，也避免了因接触器 KM1 和 KM2 的主触点熔焊而引起电动机主电路短路。

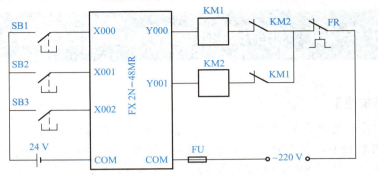

图 2-16　PLC 的外部硬件接线

3．PLC 程序设计与运行调试

根据任务的要求，利用置位与复位指令来实现设计。控制梯形图程序如图 2-17 所示。

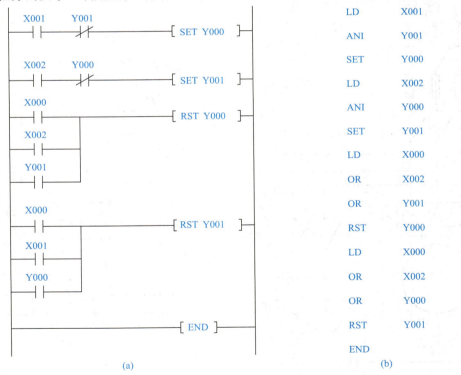

(a)　　　　　　　　　　　　　　　　　(b)

图 2-17　电动机正反向运行 PLC 控制程序

在程序运行过程中，分别按下正转控制按钮 X1，反转控制按钮 X2，停止按钮 X0，依次观察输出点 Y0、Y1 和电动机的运行状态。

●【任务小结】

通过对船用电动机正反转 PLC 控制系统的设计，掌握了三菱 FX2N 系列 PLC 中多重输出指令（MPS、MRD 和 MPP）、置位和复位指令（SET、RST）的功能与使用方法及一些简单的程序设计。

任务 2.4　船用电机的 Y-△降压启动控制

【任务描述】

船舶三相异步电动机 Y-△降压启动继电器－接触器控制电路如图 2-18 所示。现将控制电路改用 PLC 控制，使用软元件定时器来进行延时。具体控制要求如下：

按下长动启动按钮 SB2，主接触器 KM1 线圈得电，1 s 后星接接触器 KM2 得电，电动机作星形连接启动；再过 5 s，星接接触器 KM2 断电后，再过 0.5 s，△形接触器 KM3 得电，电动机△形连接正常运行。要求星形接触器和△形接触器之间有互锁。按下停止按钮 SB1 或热继电器 FR 动作时，电动机停止运行。

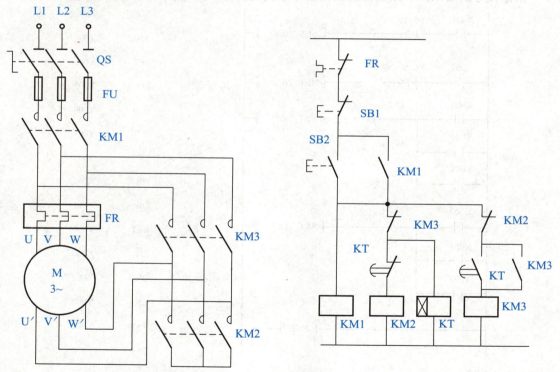

图 2-18　船用三相异步电动机 Y-△降压启动控制

【任务分析】

实现电动机的 Y-△降压启动控制，改造的也是控制电路部分。从控制要求看，按下启动按钮 SB2 后，主接触器 KM1、星接接触器 KM2，△形接触器 KM3 按时间顺序先后动作，对于时间的控制要求，人们可以通过定时器或计数器来实现。

2.4.1　FX2N 系列 PLC 基本指令（四）

1. 主控及主控复位指令（MC、MCR）

在编程时，常会遇到多个线圈同时受一个或一组触点控制的情况。如果在每个线圈的控制电路中都串入同样的触点，将多占用存储单元，此时，就可以用主控指令来实现。

MC 为主控指令，用于公共串联触点的连接。MCR 为主控复位指令，即 MC 的复位指令。

MC、MCR 指令的使用说明如图 2-19 所示。其中，N0 为嵌套级数，其选择范围为 N0～N7。当输入条件 X001 接通时，执行主控指令 MC，则 M0 被接通，在 MC 与 MCR 之间的所有指令被依次执行；当 X001 断开时，不执行 MC 与 MCR 之间的指令。因此，其间各计数器的当前计数值和各积算型定时器的计时值保持不变，SET、RST 指令驱动的元件状态保持不变，而常规定时器被复位，各逻辑线圈和输出线圈均断开。

主控指令 MC 使用的触点称为主控触点，是与母线相连的常开触点，是控制一组电路的总开关，在梯形图中与一般的触点垂直。

如果需要在 MC 到 MCR 指令之间再使用 MC 指令，嵌套级的序号 N（0～7）应从小到大地编制，即最外层的序号最小，越往里层序号越大，返回时用 MCR 指令，从大的嵌套级开始解除，即里层的 MC 触点号首先被复位。

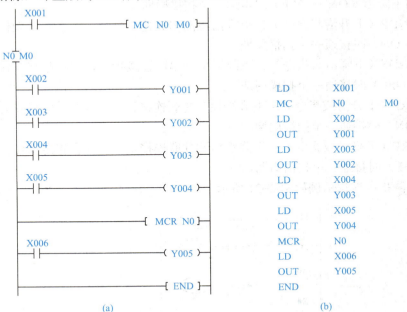

(a)　　　　　　　　　　　　(b)

图 2-19　MC、MCR 指令使用说明

2. 脉冲输出指令（PLS、PLF）

脉冲输出指令（PLS、PLF）又称微分输出指令，用于辅助继电器 M（特殊辅助继电器除外）或输出继电器 Y 的短时间的脉冲输出。PLS 为上升沿脉冲输出指令，用于在输

入信号由断开到闭合的时刻产生脉冲输出；PLF 为下降沿脉冲输出指令，用于在输入信号由闭合到断开的时刻产生脉冲输出，输出脉冲宽度为一个扫描周期。PLS、PLF 指令使用说明如图 2-20 所示。使用 PLS 指令，元件 Y、M 仅在驱动输入接通后的第一个扫描周期内动作（置 1）；而使用 PLF 指令，元件 Y、M 仅在输入断开后的第一个扫描周期内动作。

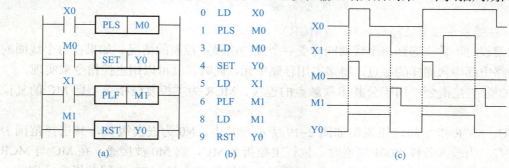

图 2-20　PLS 和 PLF 指令使用说明
(a) 梯形图；(b) 指令表；(c) 波形图

3．取上升沿和下降沿指令（LDP、LDF），上升沿和下降沿逻辑与指令（ANDP、ANDF），逻辑或指令（ORP、ORF）

（1）LDP（取上升沿指令）：与左母线连接的常开触点的上升沿检测指令，仅在指定操作元件的上升沿（OFF → ON）时接通一个扫描周期。

（2）LDF（取下降沿指令）：与左母线连接的常开触点的下降沿检测指令，仅在指定操作元件的下降沿（ON → OFF）时接通一个扫描周期。

（3）ANDP（上升沿与指令）：上升沿检测串联连接指令，仅在指定操作元件的上升沿（OFF → ON）时接通一个扫描周期。

（4）ANDF（下降沿与指令）：下降沿检测串联连接指令，仅在指定操作元件的下降沿（ON → OFF）时接通一个扫描周期。

（5）ORP（上升沿或指令）：上升沿检测并联连接指令，仅在指定操作元件的上升沿（OFF → ON）时接通一个扫描周期。

（6）ORF（下降沿或指令）：下降沿检测并联连接指令，仅在指定操作元件的下降沿（ON → OFF）时接通一个扫描周期。

边沿检测指令编程示例如图 2-21 所示。

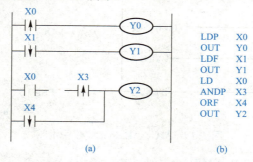

图 2-21　边沿检测指令编程示例
(a) 梯形图；(b) 指令表

4. 取反指令（INV）

INV 指令在梯形图中用一条与水平成 45°的短斜线表示，它将执行该指令之前的运算结果取反，它前面的运算结果为 0，则将其变为 1，运算结果为 1，则变为 0。INV 指令编程示例如图 2-22 所示。

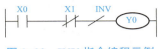

图 2-22　INV 指令编程示例

2.4.2　常用定时程序

1. 定时范围扩展程序

FX 系列 PLC 定时器的最长定时时间为 3 276.7 s，如果需要更长的定时时间，可以采用以下方法。

（1）多个定时器组合使用。如图 2-23 所示，当常开触点 X0 接通时，定时器 T0 得电并开始延时（3 000 s），延时到 T0 常开触点闭合，又使定时器 T1 得电并开始延时（3 000 s），T1 延时到其常开触点闭合，再使 T2 线圈得电，并开始延时（3 000 s），T2 延时到其常开触点闭合，才使 Y0 接通，因此，从 X0 开始接通到输出继电器 Y0 得电共延时 9 000 s。

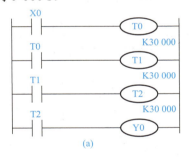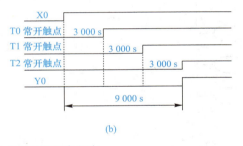

视频：计数器

图 2-23　多个定时器组合程序
（a）梯形图；（b）波形图

（2）定时器与计数器组合使用。如图 2-24 所示。当常开触点 X0 断开时，定时器 T0 和计数器 C0 复位不工作。当常开触点 X0 接通时，定时器 T0 开始计时，3 000 s 后 T0 计时时间到，其常闭触点断开，使其自复位，复位后 T0 的当前值变为 0，同时它的常闭触点接通，使它自己的线圈重新通电，又开始定时。T0 将这样周而复始地工作，直到 X0 变为 OFF。从分析中可看出，梯形图最上面一行程序是一个脉冲信号发生器，脉冲周期等于 T0 的设定值，脉宽等于一个扫描周期。产生的脉冲列送给 C0 计数，计满 30 000 次（即 25 000 h）后，C0 的当前值等于设定值，它的常开触点闭合，Y0 开始输出。

当然，也可以使用单个计数器进行定时，如果以特殊辅助继电器 M8014 的触点向计数器提供周期为 1 min 的时钟脉冲，单个计数器的最长定时时间为 32 767 min，如果需要更长定时的时间，可以使用多个计数器。

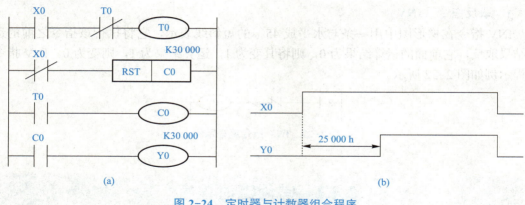

图 2-24 定时器与计数器组合程序
（a）梯形图；（b）波形图

2. 闪烁控制程序

闪烁控制程序如图 2-25 所示，通常用于指示灯的闪烁控制。设开始时定时器 T0、T1 均为 OFF，当常开触点 X0 闭合时，定时器 T0 通电开始计时，2 s 后 T0 的常开触点接通，使输出继电器 Y0 得电，同时定时器 T1 得电开始计时。T1 通电 3 s 后，其常闭触点断开，使定时器 T0 复位。T0 的常开触点断开，Y0 失电，同时定时器 T1 复位。而 T1 的常闭触点接通，又使 T0 得电开始计时。输出继电器 Y0 就这样周期性地得电和失电，直到常开触点 X0 断开。Y0 得电和失电的时间分别等于定时器 T1 和 T0 的设定值。

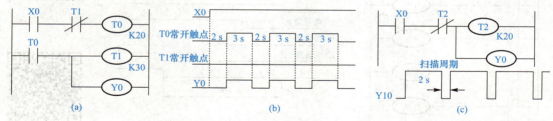

图 2-25 闪烁电路控制程序
（a）梯形图；（b）波形图；（c）自复位式信号发生器

图 2-25（c）所示为自复位式信号发生器。X1 接通时，T2 开始计时，Y10 为 ON，2 s 后 T2 的常闭触点断开，Y10 为 OFF，同时 T2 复位。T2 复位后，其常闭触点闭合，又重复上述过程。Y10 输出的脉冲信号，其脉宽为 2 s，周期与脉宽近似相等（Y0 只断开一个扫描周期）。

视频：闪烁电路控制

3. 延时接通 / 延时断开控制程序

延时控制程序也是一种常用的定时控制程序，如图 2-26 所示。在图 2-26 中，输入继电器 X0 是输出继电器 Y0 的延时启动和延时停止的控制开关。当发出开命令时，X0 的常开触点接通，定时器 T0 开始计时，10 s 后 T0 的常开触点接通，使输出继电器 Y0 得电；同时 X0 的常闭触点断开，定时器 T1 复位。当发出关命令时，X0 的常开触点断开，定时器 T0 复位；而 X0 的常闭触点接通，定时器 T1 开始计时，5 s 后 T1 的常闭触点断开，使输出继电器 Y0 失电；同时，Y0 的常开触点断开，又使定时器 T1 复位，回到启动前的状态。

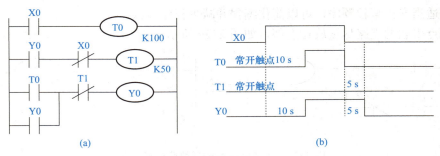

图 2-26　延时接通 / 断开控制程序
（a）梯形图；（b）波形图

2.4.3　梯形图编程注意事项

（1）梯形图编程时，要按程序执行的顺序从左至右，自上而下编制。每一行从左母线开始，加上执行的逻辑条件（由常开、常闭触点或其组合构成），通过输出线圈，终止于右母线（右母线可以省略）。

（2）线圈不能直接与左母线相连。如果需要无条件执行，可以通过一个没有使用的元件的常闭点（如 X17）或者特殊辅助继电器 M8000（常 ON）来连接。

（3）线圈右边的触点应放在线圈的左边才能编程，如图 2-27 所示。

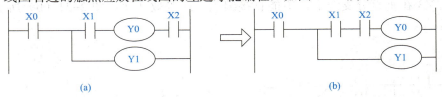

图 2-27　线圈右边的触点应置于左边
（a）不正确；（b）正确

（4）同一编号的输出继电器的线圈不能被驱动两次，否则容易误操作，应尽量避免。但不同编号的输出元件可以并行输出，如图 2-28 所示。

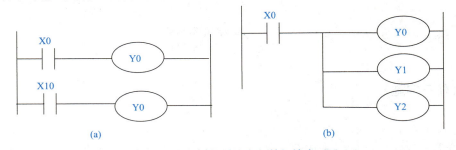

图 2-28　双线圈输出及并行输出
（a）双线圈输出，应避免；（b）并行输出

（5）输入继电器的线圈是由来自现场的外部信号驱动的，不能出现在程序中，但它的触点可以使用。

（6）适当安排编程顺序，可以简化编程并减少程序步骤。

多触点串联的支路尽量放在上部，如图 2-29 所示。

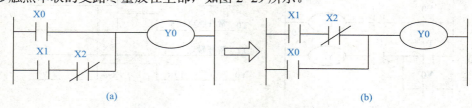

(a)　　　　　　　　　　　　　　　　　(b)

图 2-29　多触点串联的支路应放在上面

（a）电路安排不当；（b）电路安排得当

多触点并联的支路尽量靠近左母线，如图 2-30 所示。

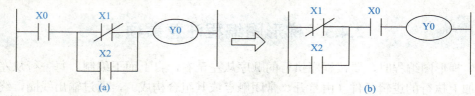

(a)　　　　　　　　　　　　　　　　　(b)

图 2-30　多支路并联的电路块要靠近左母线

（a）电路安排不当；（b）电路安排得当

触点应画在水平分支线上，不能画在垂直分支线上。如图 2-31（a）所示的桥式电路，触点 X3 在垂直分支线上，不能直接编程，应等效变换成图 2-31（b）所示的电路进行编程。

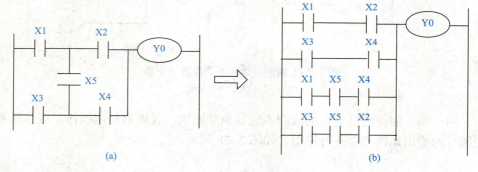

(a)　　　　　　　　　　　　　　　　　(b)

图 2-31　桥式电路的等效变换

（a）桥式电路；（b）等效电路

● 【任务实施】

2.4.4　船用电动机 Y-△降压启动 PLC 控制

1. 分析系统控制要求

根据控制要求，画出输入输出控制时序，如图 2-32 所示。

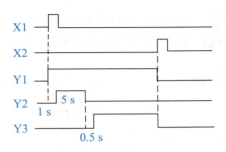

图 2-32 Y-△降压启动控制时序图

视频：Y-△降压启动

视频：实训接线：Y-△降压启动

2．列出 I/O（输入 / 输出）分配表

由电动机运行控制要求确定 PLC 需要 2 个输入点，3 个输出点，其 I/O 分配表见表 2-4。

表 2-4　I/O 分配表

输入		输出	
设备名称及代号	输入点编号	设备名称及代号	输出点编号
启动按钮 SB1	X1	主接触器 KM1	Y1
停止按钮 SB2	X2	星接接触器 KM2	Y2
热继电器 FR	X3	角接接触器 KM3	Y3

3．电动机主电路连接及 PLC 外部接线

（1）按图 2-18 进行电动机主电路接线。

（2）按图 2-33 进行 PLC 外部硬件接线。

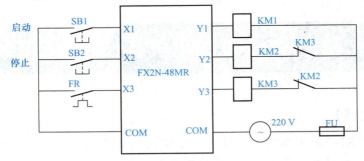

图 2-33　PLC 的外部硬件接线

4．PLC 程序设计与运行调试

提示：

（1）程序中共用到三个延时，一个是主接触器接通后延时 1 s，星形接触器接通，再过 5 s 后，星接接触器断电；再延时 0.5 s 后，角接接触器接通，故程序中需要使用三个定时器。

71

（2）为了避免电源被短路，星接接触器 KM2 和角接接触器 KM3 不能同时得电，要进行互锁，可采用机械互锁和程序互锁两种方法，包括 KM2 断电 0.5 S 后，KM3 才得电，都是为了保证前者可靠断电后，后者才接通。

Y-△降压启动控制梯形图及指令表程序如图 2-34 所示。

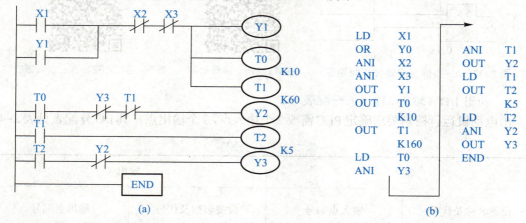

图 2-34 三相异步电动机 Y-△降压启动 PLC 控制程序
（a）控制梯形图程序；（b）指令语句表

在程序运行过程中，分别按下启动按钮 X1、停止按钮 X2、模拟热继电器过载等，观察三个输出点和电动机的运行状态。同时，在编程器或软件中监控所使用的三个定时器的定时情况。

● 【任务小结】

通过对船用电动机 Y-△降压启动 PLC 控制系统的设计，掌握了三菱 FX2N 系列 PLC 的全部的基本逻辑指令，并能够应用基本指令进行简单程序设计，也能熟练使用三菱 PLC 的编程器和编程软件进行程序编辑与调试运行，为以后的学习打下基础。

任务 2.5 基于 S7-200 的电机点长联动及正反转控制

【任务描述】

理解和掌握 S7-200 基本指令，注意比较 S7-200 与 FX2N 基本指令的异同，掌握基于 S7-200 的船用电机点长联动及正反转控制的基本方法。

【任务分析】

在学习 S7-200 输入输出指令、触点串联指令、触点并联指令、块指令、置/复位指令及边沿触发指令的基础上，编写基本单元程序。分析船用电动机的控制要求，依次设计电动机点长联动及正反转控制的 I/O 分配表、硬件电路与控制程序。

 【知识准备】

2.5.1 S7-200 基本指令

1. 输入输出指令

取指令（LD）用于与母线连接的常开触点，取反指令（LDN）用于与母线连接的常闭触点，输出指令用于线圈驱动。

输入输出指令的应用举例如图 2-35 所示。

Network 1
```
    I0.0          Q0.1              LD    I0.0
 ---| |---------( )                 =     Q0.0
```

Network 2
```
    Q0.1          Q0.2              LDN   Q0.1
 ---|/|---------( )                 =     Q0.2
                                    =     M0.0
                  M0.0
               ---( )
```
（a）   （b）

图 2-35 输入输出指令的应用举例
（a）梯形图；（b）指令表

LD、LDN、= 指令的操作数为 I、Q、M、SM、T、C、V、S、L（位）。T 和 C 也可作为输出线圈，但不是以使用"="指令形式出现。LD、LDN 不只是用于网络块逻辑计算开始时与母线相连的常开和常闭触点，在分支电路块的开始也要使用 LD、LDN 指令。并联的"="指令可连续使用任意次。

2. 触点串联指令

与指令 A 用于单个常开触点的串联连接，与反指令 AN 用于单个常闭触点的串联连接。触点串联指令的应用举例如图 2-36 所示。

Network 1
```
    M0.0     I0.0                Q0.0           LD    M0.0
 ---| |-----| |----------------( )             A     I0.0
                                               =     Q0.0
```

Network 2
```
    Q0.0     M0.1      Q0.1                     LD    Q0.0
 ---| |-----| |-----|/|---( )                  AN    M0.1
                                               =     Q0.1
                    Q0.1      M0.0              AN    Q0.1
                 ---| |-----|/|---( )           =     M0.0
```
（a）   （b）

图 2-36 触点串联指令的应用举例
（a）梯形图；（b）指令表

A、AN 指令的操作数为 I、Q、M、SM、T、C、V、S、L（位）。A、AN 是单个触点串联连接指令，可连续使用。但在用梯形图编程时会受到打印宽度和屏幕显示的限制。S7-200 PLC 的编程软件中规定的串联触点使用上限为 11 个。

3. 触点并联指令

指令 O 用于单个常开触点的并联连接，或反指令 ON 用于单个常闭触点的并联接触点。并联指令的应用举例如图 2-37 所示。

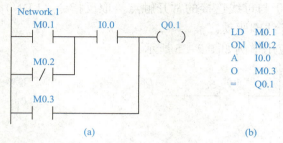

图 2-37　触点并联指令的应用举例
（a）梯形图；（b）指令表

O、ON 指令的操作数为 I、Q、M、SM、T、C、V、S 和 L，单个触点的 O、ON 指令可连续使用。

4. 块指令（OLD、ALD）

电路块并联指令（OLD）用于串联电路块的并联连接。电路块并联指令的应用举例如图 2-38 所示。

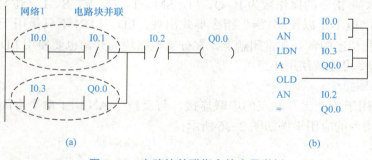

图 2-38　电路块并联指令的应用举例
（a）梯形图；（b）程序

电路块串联指令（ALD）用于电路块的串联连接。电路块串联指令的应用举例如图 2-39 所示。

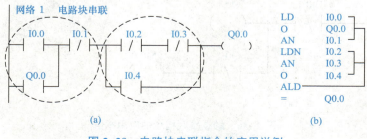

图 2-39　电路块串联指令的应用举例
（a）梯形图；（b）程序

OLD、ALD 指令无操作数。在块电路开始时要使用 LD 或 LDN 指令。在每完成一次块电路的并联时要写上 OLD 指令、每完成一次块电路的串联时要写上 ALD 指令。

5．置位／复位指令（S/R）

置位指令与复位指令的梯形图、指令、逻辑功能和操作数见表 2-5。bit 表示位元件，N 表示常数，N 的范围为 1～255。被 S 指令置位的软元件，用 R 指令才能复位。R 指令也可以对定时器和计数器的当前值"清 0"。置位指令与复位指令的应用举例如图 2-40 所示。

表 2-5　置位指令与复位指令的梯形图、指令、逻辑功能和操作数

指令名称	梯形图	指令	逻辑功能
置位指令	bit （S） N	Sbit，N	从 bit 开始的 N 个元件置 1 并保持
复位指令	bit （R） N	Rbit，N	从 bit 开始的 N 个元件复位；对数据"清 0"

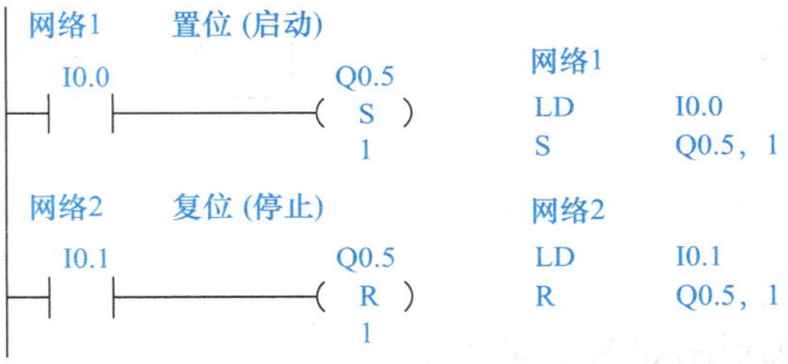

```
网络1    置位（启动）
I0.0              Q0.5        网络1
 ┤├            —（  S  ）     LD      I0.0
                    1        S       Q0.5，1

网络2    复位（停止）
I0.1              Q0.5        网络2
 ┤├            —（  R  ）     LD      I0.1
                    1        R       Q0.5，1
```

图 2-40　置位复位指令的应用举例

6．控制边沿脉冲指令

（1）EU 指令对其之前的逻辑运算结果，在上升沿产生一个扫描周期的脉冲。
（2）ED 指令对其之前的逻辑运算结果，在下降沿产生一个扫描周期的脉冲。

● 【任务实施】

2.5.2　电动机点长联动控制

1．控制要求

某设备用 1 台电动机拖动，除要求连续运行外，还需要用点动控制调整其工作位置。

2．输入／输出信号分配及硬件接线

点动与连动控制输入／输出信号分配表见表 2-6，其硬件接线如图 2-41 所示。

表 2-6　I/O 分配表

输入		输出	
设备名称及代号	输入点编号	设备名称及代号	输出点编号
长动启动按钮 SB1	I0.0	接触器 KM	Q0.1
长动启动按钮 SB2	I0.1		
点动停止按钮 SB3	I0.2		

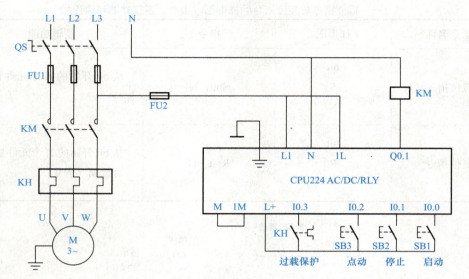

图 2-41　电动机点动与连动控制的硬件接线

3．控制程序

点动与连动控制的梯形图如图 2-42 所示。

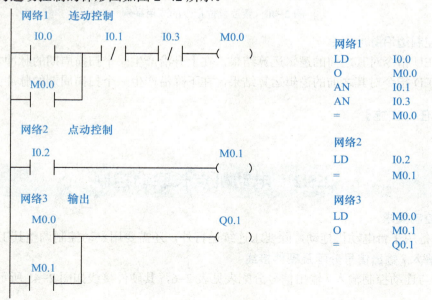

图 2-42　电动机点动与连动控制的梯形图

为了减小两台电动机（M1 和 M2）同时启动对供电系统的影响，要求按下启动按钮（输入信号为 I0.0）时，M1 立即启动（输出信号为 Q0.1）；延迟片刻松开启动按钮时，M2 才启动（输出信号为 Q0.2）；按下停止按钮或过载（输入信号为 I0.1）时，M1、M2 同时停止。其控制的梯形图如图 2-43 所示，时序图如图 2-44 所示。

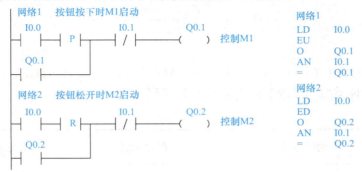

图 2-43　电动机正反转控制的梯形图

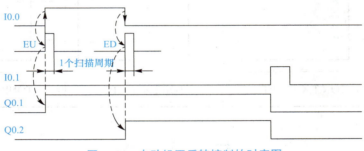

图 2-44　电动机正反转控制的时序图

● 【任务小结】

通过对船用电动机点长联动及正反转 PLC 控制系统的设计，掌握了 S7-200 输入输出指令、触点串联指令、触点并联指令、块指令、置/复位指令与边沿触发指令的功能和使用方法及一些简单的程序设计。

任务 2.6　基于 S7-200 的电动机顺序控制

【任务描述】

理解和掌握 S7-200 定时器指令，注意比较 S7-200 与 FX2N 基本指令的异同，掌握基于 S7-200 的船用电动机控制的基本方法。

在学习 S7-200 定时器指令的基础上，练习编写基本单元程序。分析船用电动机的控制要求，依次设计 I/O 分配表、硬件电路及控制程序。

【知识准备】

2.6.1　定时器指令

S7-200 系列 PLC 的定时器分通电延时（TON）、断电延时（TOF）和有记忆通电延时（TONR）三种类型。其指令格式见表 2-7，指令特性见表 2-8。

表 2-7　定时器指令格式

项目	通电延时	断电延时	有记忆通电延时
梯形图	IN　TON PT　???ms	IN　TOF PT　???ms	IN　TONR PT　???ms
指令	TON T××，PT	TOF T××，PT	TONR T××，PT

表 2-8　定时器指令特性

定时器指令	分辨率 /ms	计时范围 /s	定时器号
TONR	1	0.001 ～ 32.767	T0、T64
	10	0.01 ～ 327.67	T1 ～ T4、T65 ～ T68
	100	0.1 ～ 3 276.7	T5 ～ T31、T69 ～ T95
TON TOF	1	0.001 ～ 32.767	T32、T96
	10	0.01 ～ 327.67	T33 ～ T36、T97 ～ T100
	100	0.1 ～ 3 276.7	T37 ～ T63、T101 ～ T255

定时器的当前值、设定值寄存器均为 16 位，取值范围为 1 ～ 32 767。定时器的计时过程，采用脉冲周期计数的方式，其时基增量（分辨率）分 1 ms、10 ms 和 100 ms 三种。定时器定时的时间等于设定值 PT 乘以定时器的分辨率。

1. 通电延时型定时器（TON）

TON 的驱动输入端（IN）接通时，TON 开始计时，当 TON 的当前值等于大于设定值 PT（PT=1 ～ 32 767）时，定时器的位元件动作（常开触点接通，常闭触点断开）；当输入端（IN）断开时，定时器当前值寄存器"清 0"，其触点自动复位。通电延时型定时器的应用如图 2-45 所示。

图 2-45　通电延时型定时器应用

（a）梯形图；（b）程序；（c）时序图

2. 断电延时型定时器（TOF）

某设备的控制要求：工作时，主机与其冷却风机同时启动；停机时，主机停止工作 60 s 后再停冷却风机，以便对主机冷却降温。断电延时型定时器的应用如图 2-46 所示。

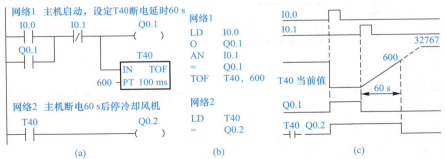

图 2-46　断电延时型定时器应用

（a）梯形图；（b）程序；（c）时序图

3. 有记忆通电延时型定时器（TONR）

有记忆通电延时型定时器（TONR）的应用如图 2-47 所示。

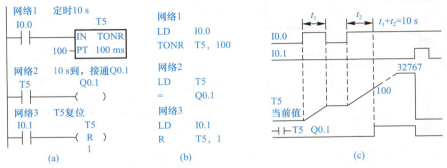

图 2-47　有记忆通电延时型定时器的应用

（a）梯形图；（b）程序；（c）时序图

79

2.6.2 常用定时单元程序

1. 自振荡程序

自振荡程序及其时序图如图 2-48 所示。

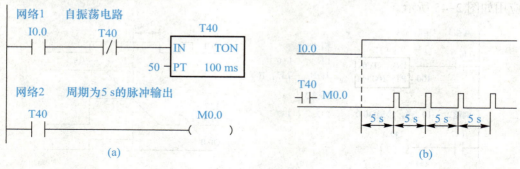

图 2-48 自振荡程序及其时序图
（a）梯形图；（b）时序图

由于 1 ms、10 ms 定时器的时基（周期）小于 PLC 的一个扫描周期，所以不能直接用于自振荡程序。其正确使用如图 2-49 所示。

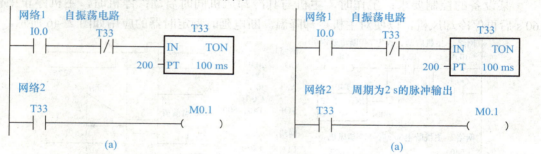

图 2-49 小于 1 个扫描周期的自振荡程序
（a）错误程序；（b）正确程序

2. 脉宽可调振荡程序

脉宽可调振荡程序及其时序图如图 2-50 所示。

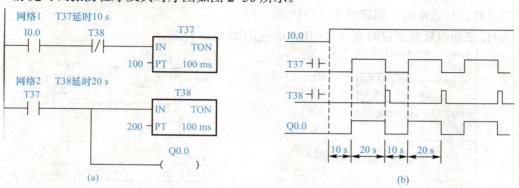

图 2-50 脉宽可调振荡程序及其时序图
（a）梯形图；（b）时序图

2.6.3　电动机顺序控制

1．控制要求

某生产设备有三台电动机，要求按下启动按钮后，第 1 台电动机 M1 先启动；运行 10 s 后，第 2 台电动机 M2 启动；M2 运行 15 s 后，第 3 台电动机 M3 启动。按下停止按钮，3 台电动机全部停止。在启动过程中，指示灯闪烁，在运行过程中，指示灯常亮。

2．输入 / 输出信号分配及硬件接线

顺序控制输入 / 输出信号分配见表 2-9，其硬件接线如图 2-51 所示。

表 2-9　顺序控制 I/O 分配表

输入		输出	
设备名称及代号	输入点编号	设备名称及代号	输出点编号
启动按钮 SB1	I0.0	指示灯 HL	Q0.0
停止按钮 SB2	I0.1	接触器 KM1	Q0.1
热继电器 KH1 ～ KH3	I0.2	接触器 KM2	Q0.2
		接触器 KM3	Q0.3

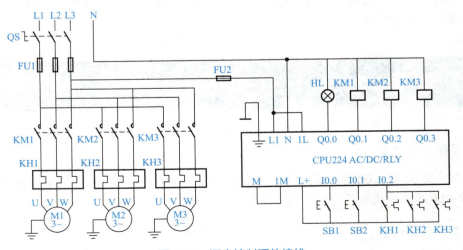

图 2-51　顺序控制硬件接线

3．控制程序

顺序控制程序如图 2-52 所示。

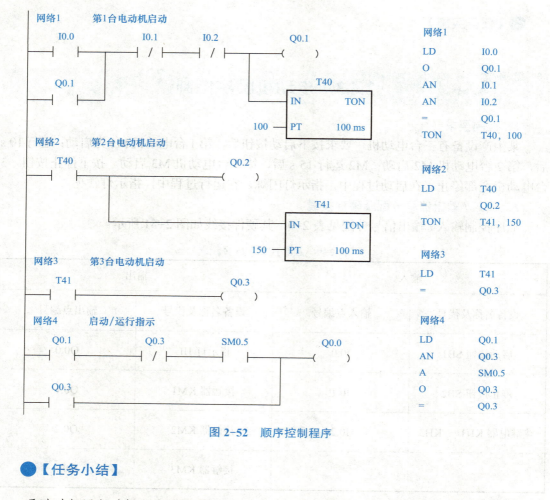

图 2-52 顺序控制程序

● 【任务小结】

通过对船用电动机顺序控制系统设计，掌握了 S7-200 定时器指令的功能和使用方法及一些简单的程序设计。

任务 2.7 基于 S7-200 的电动机循环控制

【任务描述】

理解和掌握 S7-200 计数器指令，注意比较 S7-200 与 FX2N 基本指令的异同，掌握基于 S7-200 的船用电动机循环控制的基本方法。

【任务分析】

在学习 S7-200 计数器指令的基础上，练习编写基本单元程序。分析船用电动机循环控制要求，依次设计 I/O 分配表、硬件电路及控制程序。

2.7.1　计数器指令

S7-200 系列 PLC 的计数器可分为增计数器（CTU）、减计数器（CTD）和增 / 减计数器（CTUD）三种类型。其指令格式见表 2-10。表中 C×× 为计数器编号（C0 ~ C255），CU 为增计数信号输入端，CD 为减计数信号输入端，R 为复位输入端，LD 为装载输入端（置初值），PV 为设定值。

表 2-10　计数器指令格式

项目	增计数器	减计数器	增 / 减计数器
梯形图	C×× CU　CTU R PV	C×× CD　CTD LD PV	C×× CU　CTUD CD R PV
指令	CTU C××，PV	CTD C××，PV	CTUD C××，PV

1. 增计数器（CTU）

计数器的功能是对输入脉冲进行计数，计数发生在脉冲的上升沿，达到计数器设定值时，计数器的位元件动作，以完成计数控制任务。增计数器的计数过程如图 2-53 所示。

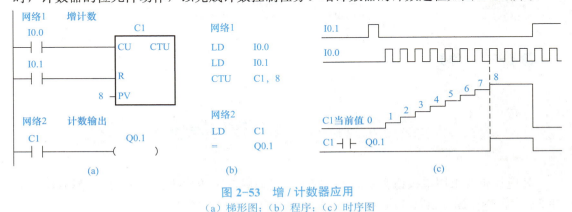

图 2-53　增 / 计数器应用
(a) 梯形图；(b) 程序；(c) 时序图

2. 减计数器（CTD）

减计数器的计数过程如图 2-54 所示。在计数脉冲输入（I0.0）的上升沿（OFF → ON），从设定值 4 开始，计数器的当前值减 1，减至 0 时，停止计数，计数器被置 1，C2 常开触点闭合，Q0.2 输出。装载输入（I0.1）为 ON 时，计数器被复位（C2 常开触点断开，Q0.2为 OFF），并把设定值 4 装入当前值。

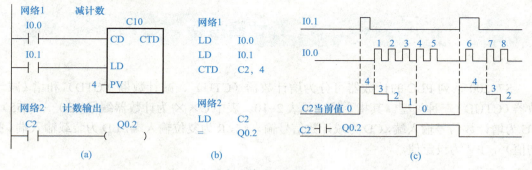

图 2-54 减计数器应用
（a）梯形图；（b）程序；（c）时序图

3. 增/减计数器（CTUD）

增/减计数器有增计数和减计数两种工作方式。其计数方式由输入端（CU/CD）决定。增减计数器的计数过程如图 2-55 所示。

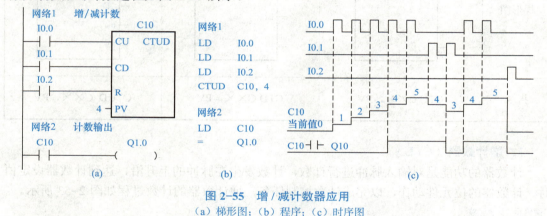

图 2-55 增/减计数器应用
（a）梯形图；（b）程序；（c）时序图

●【任务实施】

2.7.2 电动机循环控制程序

某搅拌机要求用单按钮实现启/停控制。启动后，正转搅拌 5 s，停 2 s；然后反转搅拌 5 s，停 2 s；循环运行 3 次（一个工艺过程）自动停机（图 2-56）。

电动机循环控制程序如图 2-57 所示。

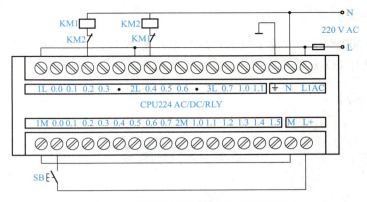

图 2-56 搅拌机单按钮启停控制接线

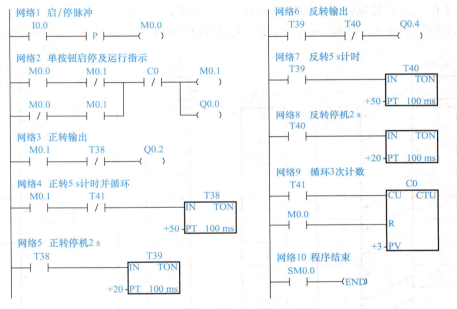

图 2-57 搅拌机单按钮启停控制程序

● 【任务小结】

通过对船用电动机循环控制系统设计，掌握了 S7-200 计数器指令的功能和使用方法及一些简单的程序设计。

任务 2.8 基于 S7-200 的电动机 Y-△ 启动控制

【任务描述】

理解和掌握 S7-200 计数器指令，注意比较 S7-200 与 FX2N 基本指令的异同，掌握基于 S7-200 的船用电机 Y-△ 控制的基本方法。

📥 【任务分析】

在学习 S7-200 堆栈指令的基础上，练习编写基本单元程序。分析船用电动机循环控制要求，依次设计 I/O 分配表、硬件电路及控制程序。

☑️ 【知识准备】

2.8.1　堆栈指令

栈存储器用于保存中间计算结果。S7-200 系列 PLC 中有 9 个堆栈单元，每个单元可以存放 1 位二进制数据，最多可以连续保存 9 个逻辑运算结果（0 或 1）。堆栈有进栈、读栈和出栈三种操作，堆栈中的数据按"先进后出"的原则存取，如图 2-58 所示。

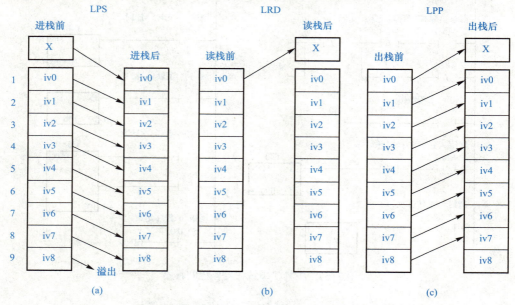

图 2-58　堆栈中的数据按"先进后出"的原则存取
(a) 进栈过程；(b) 读栈过程；(c) 出栈过程

1. 进栈（LPS）

将中间运算结果（或数据）压入栈存储器第 1 层，栈内各数据依次下移一层，iv8 中数据溢出丢失。

2. 读栈（LRD）

读出栈存储器第 1 层的内容，栈内数据位置不变。

3. 出栈（LPP）

弹出栈存储器第 1 层的内容（第 1 层的数据被读出，同时该数据就从栈内消失），栈内各数据依次向上移动一层（X 表示数据不确定）。

堆栈编程举例如图 2-59 所示。

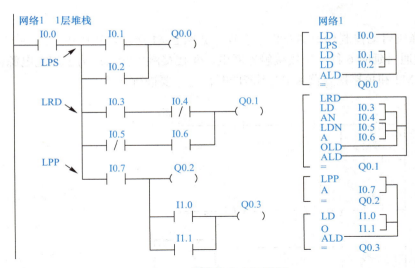

图 2-59　堆栈指令应用举例

2.8.2　Y-△降压启动控制程序

1. 控制要求

某生产设备容量较大，为了减小启动电流，要求采用 Y-△降压启动控制。启动时，按下启动按钮 SB1，电动机定子绕组接成 Y 形启动，6 s 后启动完成，自动转为△形运行。停止时，按下停止按钮 SB2，电动机停机。

2. 输入 / 输出信号分配及硬件接线

PLC 选 CPU224 AC/DC/RLY，其输入 / 输出信号分配如图 2-60 所示。

电动机 Y-△降压启动控制的主电路及输入 / 输出硬件接线如图 2-61 所示。

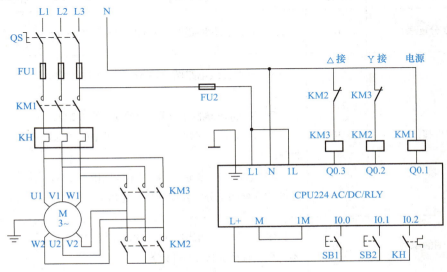

图 2-60　Y-△降压启动控制接线

3. 控制程序

Y-△降压启动控制梯形图及指令表程序如图 2-61 所示。程序中使用一个定时器，当主接触器接通后延时 6 秒，星接接触器断电，角接接触器接通。为了避免电源被短路，星接接触器 KM2 和角接接触器 KM3 不能同时得电，要进行互锁。

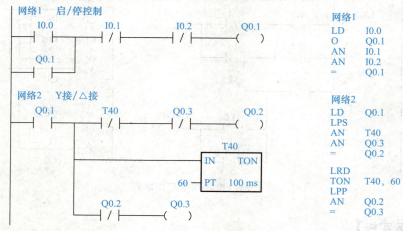

图 2-61　Y-△降压启动控制程序

● 【任务小结】

通过对船用电动机 Y-△降压启动控制系统设计，掌握了 S7-200 定时器指令的功能和使用方法及一些简单的程序设计。

● 【项目评价】

船舶模拟量信号的 PLC 控制考核表，见表 2-11。

表 2-11　船舶模拟量信号的 PLC 控制考核表

项目	配分	技能考核标准	扣分	得分
I/O 分配表	10	I/O 分配表中缺少或错误一项扣 2 分，扣完为止		
硬件接线	30	（1）硬件接线电路图（10 分），错误一处扣 2 分； （2）接线的正确性（10 分），错误一处扣 2 分； （3）接线的牢固性（5 分），不牢固一处扣 2 分； （4）接线工艺（5 分），接线不入线槽扣 2 分，压线皮一处扣 1 分，露铜过长一处扣 1 分		
梯形图的编写	20	程序编写简明、结构合理、功能正确（15 分），不合理，视情况扣 1 ~ 15 分		

项目	配分	技能考核标准	扣分	得分
程序变换与程序检查	5	（1）程序变换（2分），程序没有变换成功的扣2分； （2）程序检查（3分），程序检查出现语法错误一处扣1分		
传输设置与程序下载	5	（1）传输设置（3分），PC—PLC 传输设置不正确的，扣5分； （2）程序下载（2分），程序下载不成功的，扣5分		
程序运行	10	不能实现任务功能或部分完成任务功能的，酌情扣 1～10 分		
实训报告	20	没按照报告要求完成实训报告或内容不正确的，视程度扣 2～15 分		
合计				

● 【练习与思考】

1. 写出图 2-62 所示梯形图对应的指令程序。

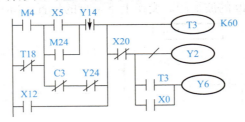

图 2-62　1 题图

2. 写出图 2-63 所示梯形图对应的指令程序。

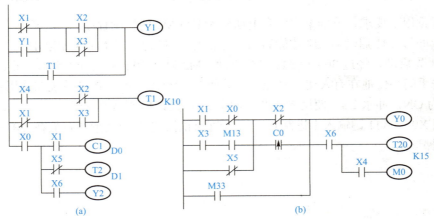

图 2-63　2 题图

89

3．读表 2-12 的程序，画出对应的梯形图。

表 2-12　程序表

0	LD X2	5	ANB	10	ANI X34	15	MPP
1	AND M6	6	MPS	11	SET M35	16	ANDP X6
2	MPS	7	AND X5	12	MRD	17	OUT Y2
3	LD X12	8	OUT M12	13	AND X1		
4	ORI Y23	9	MPP	14	OUT Y24		

4．已知如图 2-64 所示的梯形图程序和输入点 X0、X1 波形，试画出 T0 和 Y0 的波形。

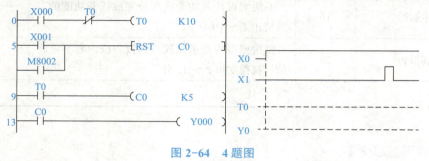

图 2-64　4 题图

5．已知如图 2-65 所示的梯形图程序和输入点 X0 波形，试画出 Y0 的波形。

6．画出图 2-66 中 M0 的波形图。交换上下两行的位置，M0 的波形有什么变化？

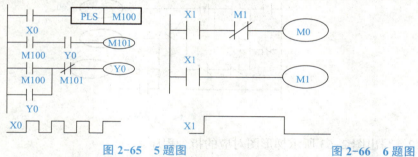

图 2-65　5 题图　　　　　　　　　　　图 2-66　6 题图

7．根据以下要求，分别编写两台电动机 M1 与 M2 的控制程序。

①启动时，M1 启动后 M2 才能启动；停止时，M2 停止后 M1 才能停止。

②M1 先启动，经过 30 s 后 M2 自行启动，M2 启动 10 min 后 M1 自行停止。

8．洗手间小便池在有人使用时光电开关使 X0 为 ON，冲水控制系统在使用者使用 3 s 后令 Y0 为 ON，冲水 2 s，使用者离开后冲水 3 s，设计出梯形图程序。

9．用 X0 ～ X11 键输入十进制 0 ～ 9，将它们用二进制数的形式存放在 Y0 ～ Y3 中，设计编码梯形图。

项目描述

　　PLC 控制系统的设计方法常用的有两种：一种是经验设计法，这种方法常用来设计比较简单的开关量控制系统的梯形图；另一种是顺序控制设计法，它使用一种新的 PLC 程序设计语言——顺序功能图（Sequential Function Chart，SFC），也称状态转移图。SFC 适合描述顺序控制系统，它与控制系统的工艺流程、工作过程紧密相关，编程简单、思路清晰，深受广大程序设计人员喜爱。SFC 图并不涉及所描述的控制功能的具体技术，它是一种通用的技术语言，不受 PLC 型号限制。

　　本项目通过典型的控制系统程序设计，介绍经验设计法和 SFC 图程序的设计步骤和设计方法，同时，掌握 SFC 图程序和梯形图之间的转换与编程。

知识点

　　1. 掌握启保停电路、闪烁程序、长延时控制、互锁控制等基本控制程序设计方法。

　　2. 掌握 PLC 的程序设计方法——经验设计法。

　　3. 掌握 PLC 的另一种程序设计方法——SFC 图法程序设计步骤和设计方法。

　　4. 掌握运用"启—保—停"的编程方法或步进指令将 SFC 图转换为梯形图的方法。

　　5. 掌握 SFC 图单流程结构、选择分支结构、并行分支结构的状态编程。

技能点

　　1. 能够利用启保停电路、闪烁程序、长延时控制等基础控制程序来设计一些简单的 PLC 控制程序。

　　2. 能够根据系统控制要求，熟练地进行单流程结构、选择结构、并行结构控制系统 SFC 图设计。

　　3. 能够熟练地将各种结构的 SFC 图转换为步进指令梯形图和步进指令程序。

　　4. 能够熟练使用三菱 PLC 的编程器和编程软件进行 SFC 图的程序编辑与调试运行。

任务 3.1　了解经验设计法

【任务描述】

　　经验设计法是指用设计继电器电路图的方法来设计比较简单的开关量控制系统的梯形

图，即在一些典型电路的基础上，根据被控对象对控制系统的具体要求，不断地修改和完善梯形图。有时需要多次调试和修改，增加一些触点或中间编程元件，最后才能得到一个较为满意的结果。在本任务中，需要利用本节介绍的基本电路单元，用经验设计法，重新设计图 2-12 所示的电动机正反转控制程序。

📑【任务分析】

用经验设计法来实现电动机正反向控制，需要了解一些 PLC 的常用的梯形图典型程序，以这些控制程序为基础，然后根据控制要求进行修改和调试，反复多次直到达成要求。

✅【知识准备】

3.1.1 常用梯形图单元程序

1. 启动、保持和停止控制程序

利用图 3-1 所示的 PLC 外部接线图，启动、保持和停止控制程序如图 3-2 所示。设 SB0 为启动按钮，SB1 为停止按钮，L0 为单相小电动机 M。当 SB0 闭合时，输入继电器 X0 得电，其常开触点闭合；输出继电器 Y0 得电，外部触点闭合，从而使电动机 M 旋转，内部触点 Y0 闭合自锁；当按钮 SB0 断开时，Y0 仍保持输出。当 SB1 闭合时，输入继电器 X1 得电，其常闭触点断开，输出继电器 Y0 失电，其外部触点断开，电动机 M 停止旋转；内部触点 Y0 断开，解锁。当 SB0、SB1 同时闭合时，Y0 失电，故称为停止优先。

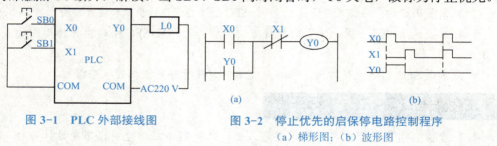

图 3-1　PLC 外部接线图

图 3-2　停止优先的启保停电路控制程序
（a）梯形图；（b）波形图

图 3-3 所示的梯形图，也具有相同的控制功能，这里利用了 SET、RST 指令，读者可自行分析。

图 3-3　利用 SET、RST 实现的启保停电路控制程序
（a）停止优先的梯形图；（b）启动优先的梯形图

启动、保持和停止控制程序，是利用 PLC 基本指令进行程序设计的最基本方法。在实际应用中，无论所驱动负载的类型如何，都会有相应的启动和停止信号，可能是由多个触点组成的串、并联电路提供，但其实质是相同的。至于保持信号，根据需要还可以省

略，使程序更加简化。

2．多地控制程序

多地控制程序可以在一地控制程序的基础上修改得到，即将多个启动信号并联，作为输出元素的启动信号；将多个停止信号串联，作为输出元素的停止信号。图 3-4 所示为两地控制一个输出继电器线圈的程序。其中，X0、X1 分别是一地的启动和停止信号，X2 和 X3 则分别是另一地的启动与停止信号。

3．顺序启动控制程序

如图 3-5 所示，Y0 的常开触点串在 Y1 的控制回路中，Y1 的接通是以 Y0 的接通为条件的。只有 Y0 接通才允许 Y1 接通，若 Y0 失电 Y1 也被关断停止。而在 Y0 接通的条件下，Y1 可以自行接通和停止。X0、X1 分别是 Y0 的启动、停止信号，X2、X3 分别是 Y1 的启动、停止信号。

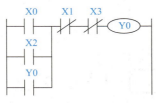

图 3-4　两地控制梯形图

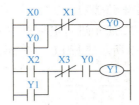

图 3-5　顺序启停控制程序

4．分频程序

用 PLC 可以实现对输入信号的任意分频，图 3-6（a）所示是一个二分频程序，将脉冲信号加入 X0 端，在第一个脉冲到来时，M100 产生宽度为一个扫描周期的单脉冲，使 M100 的常开触点闭合，Y0 线圈接通并保持；当第二个脉冲到来时，由于 M100 的常闭触点断开一个扫描周期，Y0 自保持消失，Y0 线圈断开；当第三个脉冲到来时，M100 又产生一个单脉冲，Y0 线圈再次接通，输出信号又建立；当第四个脉冲到来时，输出再次消失。以后不断重复上述过程，得到的输出结果 Y0 是输入信号 X0 的二分频，如图 3-6（b）所示。

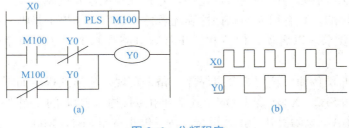

图 3-6　分频程序
（a）梯形图；（b）波形图

● 【任务实施】

3.1.2　电动机的正反向控制程序设计

分析设计要求：在项目 2 中已经作过分析，这里不再详述。

1. 列出 I/O（输入 / 输出）分配表

由电动机运行控制要求确定 PLC 需要 3 个输入点，2 个输出点。I/O 分配表见表 3-1。

表 3-1　I/O 分配表

输入		输出	
设备名称及代号	输入点编号	设备名称及代号	输出点编号
停止按钮 SB1	X0	正转接触器 KM1	Y0
正转启动按钮 SB2	X1	反转接触器 KM2	Y1
反转启动按钮 SB3	X2		

2. 电动机主电路连接及 PLC 外部接线

（1）按图 2-12 所示进行电动机主电路接线。

（2）按图 3-7 所示进行 PLC 外部硬件接线。

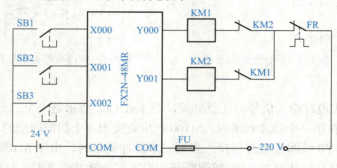

图 3-7　PLC 的外部硬件接线

3. PLC 程序设计与运行调试

经验设计方法没有普遍的规律可以遵循，它是在典型电路的基础上，根据具体的控制要求来修改和完善的，具有很大的试探性和随意性，最后的结果不是唯一的。

根据任务的要求，以启动、保持和停止基本电路为基础来实现程序设计。具体过程如下：

先把电动机的正转和反转用两个启保停电路来实现，梯形图程序如图 3-8（a）所示。按下正转启动按钮 SB2，X001 变为 ON，其常开触点接通，Y000 的线圈"得电"并且保持，使 KM1 的线圈通电，电动机开始正转运行。按下停止按钮 SB1，X000 变为 ON，其常闭触点断开，使 Y000 线圈"失电"，电动机停止运行。同理，单独的反转程序也可以实现，但是控制程序总体上有安全隐患。图 2-12 的电路中 KM1 和 KM2 的线圈是不能同时导通的，因此，在梯形图中，将 Y000 和 Y001 的常闭触点分别与对方的线圈串联，可以保证它们不会同时为 ON；除此之外，为了方便操作和保证 Y000 与 Y001 不会同时为 ON，在梯形图中还可以设置了"按钮连锁"，即将反转启动按钮 X002 的常闭触点与控制正转的 Y000 的线圈串联，将正转启动按钮 X001 的常闭触点与控制反转的 Y001 的线圈串联。设 Y000 为 ON，电动机正转，这时如果想改为反转运行，可以不按停止按钮 SB1，直接按反转启动按钮 SB3，X002 变为 ON，它的常闭触点断开，使 Y000 线圈"失电"，同时 X002 的常开触点接通，使 Y001 的线圈"得电"，电动机由正转变为反转。其程序如图 3-8（b）所示。

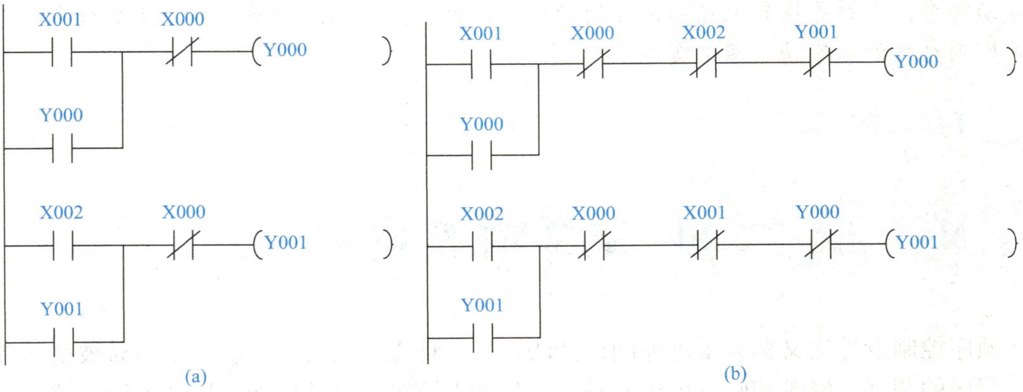

```
    X001        X000                          X001        X000       X002       Y001
  ──┤├────────┤/├──────(Y000  )            ──┤├────────┤/├───────┤/├───────┤/├──────(Y000  )
    Y000                                      Y000
  ──┤├──                                    ──┤├──

    X002        X000                          X002        X000       X001       Y000
  ──┤├────────┤/├──────(Y001  )            ──┤├────────┤/├───────┤/├───────┤/├──────(Y001  )
    Y001                                      Y001
  ──┤├──                                    ──┤├──
        (a)                                            (b)
```

图 3-8   电动机正反向运行 PLC 控制程序
（a）梯形图；（b）设置"按钮联锁"的梯形图

在程序运行过程中，分别按下正转控制按钮 X1，反转控制按钮 X2，停止按钮 X0，依次观察输出点 Y0、Y1 和电动机的运行状态。

● 【任务小结】

通过对船用电动机正反向 PLC 控制系统的设计，掌握了梯形图的经验设计法。掌握了启保停、多地控制、顺序启动等典型梯形图程序，能够利用这些典型程序来设计开关量控制系统的梯形图。

任务 3.2   小车运动控制——SFC 设计法（一）

📋 【任务描述】

如图 3-9 所示，设小车在初始位置时停在右边，限位开关 SQ2 为 ON。按下启动按钮 SB0 后，小车向左运动，碰到限位开关 SQ1 时，变为右行；返回限位开关 SQ2 处变为左行，碰到限位开关 SQ0 时，变为右行，返回起始位置后停止运动。试设计顺序功能图程序及梯形图。

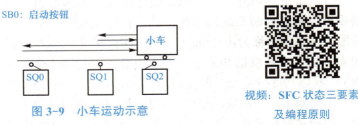

图 3-9   小车运动示意

视频：SFC 状态三要素
及编程原则

💾 【任务分析】

要用 PLC 实现小车的控制系统，如果用经验设计法来设计控制程序，需要考虑的触点联动较多，无疑是比较麻烦的，而用顺序控制设计法来实现控制系统就简单得多。可以用单序列结构的顺序功能图来实现。

【知识准备】

3.2.1 顺序功能图（SFC）

顺序控制设计法又称为步进控制设计法，是一种先进的设计方法，很容易被初学者接受，程序的调试、修改和阅读也很容易，并且大大缩短了设计周期，提高了设计效率。所谓顺序控制，就是按照生产工艺预先规定的顺序，在各个输入信号的作用下，根据内部状态和时间的顺序，在生产过程中各个执行机构自动有秩序地进行操作。使用顺序控制设计法时首先要根据系统的工艺过程，画出顺序功能图（Sequential Function Chart，SFC），也称状态转移图。然后根据顺序功能图画出梯形图。由于SFC与控制系统的工艺流程、工作过程紧密相关，编程简单、思路清晰，一经产生就深受广大程序设计人员的喜爱。SFC并不涉及所描述的控制功能的具体技术，它是一种通用的技术语言，不受PLC型号限制。

1. 顺序功能图的组成要素
顺序功能图主要由步、有向连线、转换、转换条件和动作（或命令）五大要素组成，如图3-10所示。

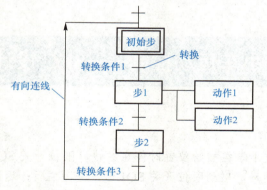

图3-10　SFC图的组成要素

（1）步及其划分。顺序控制设计法最基本的思想是分析被控制对象的工作过程及控制要求。根据控制系统输出状态的变化将系统的一个工作周期划分为若干个顺序相连的阶段，这些阶段称为步（Step），可以用编程器件（如辅助继电器M和状态继电器S）来代表各步。步是根据PLC输出量的状态变化来划分的，在每一步内，各输出量的"ON/OFF"状态均保持不变，但是相邻两步输出量总的状态是不同的。

①初始步：与系统的初始状态相对应的步称为初始步，初始状态一般是系统等待启动命令的相对静止的状态。初始步用双线框表示，每个顺序功能图至少应该有一个初始步。

②活动步：当系统处于某一步所在的阶段时，该步处于活动状态，该步称为活动步。步处于活动状态时，相应的动作被执行，步处于不活动状态时，相应的非存储型命令被停止执行。

（2）与状态步对应的动作或命令。一个控制系统可以划分为被控系统和施控系统，如在数控车床系统中，数控装置是施控系统，而车床是被控系统。对于被控系统，在某一步中要完成某些"动作"；对于施控系统，在某一步中则要向被控系统发出某些"命令"。为了叙述方便，将命令或动作统称为动作。

步并不是 PLC 的输出触点动作，步只是控制系统的一个稳定状态。在这个状态，可以有一个或多个 PLC 的输出触点动作，但是也可以没有任何输出触点动作，也称为该步的负载驱动。

"动作"是指某步活动时，PLC 向被控系统发出的命令，或被控系统应执行的动作。动作用矩形框中的文字或符号表示，该矩形框与相应步的矩形框相连接。如果某一步有几个动作，可以用图 3-11 所示的两种画法来表示，但是并不隐含这些动作之间的任何顺序。

图 3-11　多个动作的表示方法

当步处于活动状态时，相应的动作被执行。但是应注意表明动作是保持型还是非保持型的。保持型的动作是指该步活动时执行该动作，该步变为不活动后继续执行该动作。非保持型动作是指该步活动时执行该动作，该步变为不活动步后停止执行该动作。一般保持型的动作在顺序功能图中应该用文字或指令标注，而非保持型动作不必标注。

（3）有向连线、转换和转换条件。如图 3-10 所示，步与步之间用有向连线连接，并且用转换将步分隔开。步的活动状态进展按有向连线规定的路线进行。当步进展方向是从上而下、从左到右时，有向连线上的箭头可以省略。如果不是上述方向，应在有向连线上用箭头注明方向。

步的活动状态进展是由转换来完成的。转换用与有向连线垂直的短画线来表示，步与步之间不允许直接相连，必须有转换隔开。

使系统由当前步进入下一步的信号称为转换条件，转换条件是与转换相关的逻辑命题。转换条件可以是外部的输入信号，如按钮、指令开关、限位开关的接通 / 断开等；也可以是 PLC 内部产生的信号，如定时器、计数器常开触点的接通等，转换条件还可能是若干个信号的与、或、非逻辑组合。

转换条件可以用文字语言、布尔代数表达式或图形符号标注在表示转换的短线的旁边。

转换条件使用最多的是布尔代数表达式。如图 3-12 所示，a 和 ā 分别表示转换信号为 ON 和 OFF 时条件成立；a↑和 a↓则分别表示转换信号从 0→1 和从 1→0 时条件成立。与逻辑表达式表示同时满足多个转换条件，或逻辑表达式表示满足其中的一个条件即可进行状态转换。

在顺序功能图中，步的活动状态的进展是由转换来实现的。转换的实现必须同时满足以下两个条件：

    ①该转换所有的前级步都是活动步。

    ②相应的转换条件得到满足。

当同时具备以上两个条件时，才能实现步的转换。转换实现时应完成以下两个操作：

    ①使所有与活动步相连的后续步变为活动步。

    ②使所有与之相连的前级步变为非活动步。

    如果转换的前级步或后续步不止一个，转换的实现称为同步实现。为了强调同步实现，有向连线的水平部分用双线表示，如图 3-13 所示。图中的转换条件为，它的两个前级步为步 M10 和步 M11，应将逻辑表达式对应的触点串并联电路作为转换实现的两个条件同时满足对应的电路。在梯形图中，该电路接通时，应使代表前级步的编程元件 M10 和 M11 复位，同时，使代表后续步的编程元件 M12 和 M13 置位（变为 ON 并保持）。

图 3-12　转换与转换条件　　　　图 3-13　转换的同步实现

2．顺序功能图的基本结构

    根据步与步之间转换的不同情况，SFC 有三种不同的基本结构形式，即单序列结构、选择序列结构和并行序列结构。

    （1）单序列。单序列 SFC 的结构特点：状态转换只有一种情况，它由一系列按序排列、相继激活的步组成。每一步的后面只有一个转换，每个转换后面只有一步。在单序列中，有向连线没有分支与合并，如图 3-14（a）所示。

    （2）选择序列。选择序列的开始称为分支，如图 3-14（b）所示，转换符号只能标在水平连线之下。如果步 5 是活动步，并且转换条件 h=1，将发生由步 5 → 步 8 的进展。如果步 5 是活动步，并且 k=1，将发生由步 5 → 步 10 的进展。一般只允许同时选择一个序列，即选序列中的各序列是互相排斥的，其中的任何两个序列都不会同时执行。选择序列的结束称为合并，几个选择序列合并到一个公共序列时，用需要重新组合的序列相同数量的转换符号和水平连线来表示，转换符号只允许标在水平连线之上。如果步 9 是活动步，并且转换条件 j=1，将发生由步 9 → 步 12 的进展。如果步 11 是活动步，并且 n=1，将发生由步 11 → 步 12 的进展。

    （3）并行序列。并行序列用来表示系统的几个同时工作的独立部分的工作情况。并行序列的开始称为分支，如图 3-14（c）所示，当转换的实现导致几个序列同时激活时，这些序列称为并行序列。当步 3 是活动步，并且转换条件 e=1，4 和 6 这两步同时变为活动步，同时步 3 变为不活动步。为了强调转换的同步实现，水平连线用双线表示。步 4 和步 6 被同时激活后，每个子序列中活动步的进展将是独立的。在表示同步的水平双线之上，只允许有一个转换符号。

    并行序列的结束称为合并，在表示同步的水平双线之下，只允许有一个转换符号。

当直接连接在水平双线上的所有的前级步（步5和步7）都处于活动状态，并且转换条件 i=1 时，才会发生步5和步7到步10的进展，即步5和步7同时变为不活动步，而步10变为活动步。

在并行序列的每个分支点，最多允许8条支路，每条支路的步数不受限制。

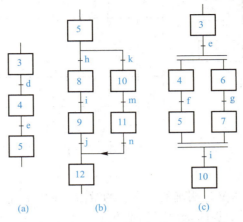

图 3-14　单序列、选择序列、并行序列
（a）单序列；（b）选择序列；（c）并行序列

3．梯形图转换 SFC

根据系统的顺序功能图设计出梯形图的方法，称为顺序功能图的编程方法。目前，常用的编程方法有3种：使用基本指令的"启保停"电路编程方法；使用 STL 等步进指令；以转换为中心的编程方法。

用户可以自行选择编程方法将 SFC 改画为梯形图。在此先介绍用基本指令的"启保停"电路或步进指令来转换 SFC。

用基本指令转换 SFC，可借助图 3-15 所示的"模板"，直接采用"套公式"的方法，得到用户程序。具体转换方法如图 3-16 所示。

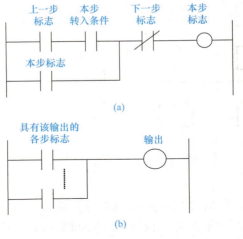

图 3-15　使用基本指令的设计模板
（a）状态转换模板；（b）组合输出模板

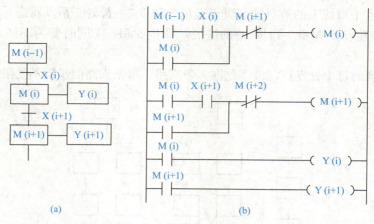

(a)   (b)

图 3-16 顺序功能图转换为基本指令梯形图的基本方法
（a）顺序功能图；（b）梯形图

"状态转换模板"的含义是明确的，本步的激活，必须在上一步正在执行，且本步转入条件已经满足，而在下一步尚未出现的情况下，才能实现；本步一旦激活，必须自锁保持，同时为下一步的出现创造条件；下一步的常闭触点系实现互锁作用，一旦执行下一步，同时关闭本步的输出。"组合输出模板"的含义也容易理解，具有某输出的各步标志相或，保证该输出继电器正常输出，并防止同一线圈重复输出。

在具体的编程转换过程中，对于单序列结构的 SFC，每一步的后面只有一个转换，每个转换后面只有一步，可以直接套用图 3-16 所示的方法来进行编程转换。而在选择序列结构和并行序列结构中有分支与合并，包含两个以上的步，这时的编程转换可以参照下面的例子进行。

如图 3-17（a）所示，步 M2 之后有一个选择序列的分支，当它的后续步 M3、M4 或者 M5 变为活动步时，它应变为不活动步。所以需将 M3、M4 和 M5 的常闭触点串联作为步 M2 的停止条件，如图 3-17（b）所示。

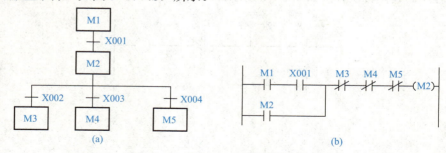

(a)   (b)

图 3-17 选择序列分支的编程方法示例
（a）序列分支；（b）串联分支

如图 3-18（a）所示，步 M4 之前有一个选择序列的合并。当步 M1 为活动步并且转换条件 X001 满足，或步 M2 为活动步并且转换条件 X002 满足，或步 M3 为活动步并且转换条件 X003 满足，步 M4 都应变为活动步，即控制步 M4 的"启保停"电路的启动条件应为 M1·X001+M2·X002+M3·X003，对应的启动条件由 3 条并联支路组成，每条支路分别由 M1、X001 和 M2、X002 及 M3、X003 的常开触点并联而成，如图 3-18（b）所示。

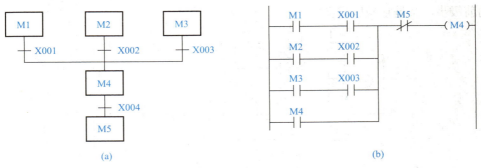

图 3-18　选择序列合并的编程方法示例

（a）序列合并；（b）并联分支

　　图 3-19（a）中步 M1 之后有一个并行序列的分支，当步 M1 为活动步并且转换条件满足时，步 M2 和步 M3 同时变为活动步，即 M2 和 M3 应同时变为"ON"，图 3-18（b）中步 M2 和步 M3 的启动电路相同，都为逻辑关系式 M1·X001。

　　图 3-19（a）中步 M6 之前有一个并行序列的合并，该转换实现的条件是所有的前级步（步 M4 和步 M5）都是活动步，并且转换条件 X004 满足。由此可知，应将 M4、M5 和 X004 的常开触点串联，作为控制 M6 的"启保停"电路的启动电路，如图 3-19（c）所示。

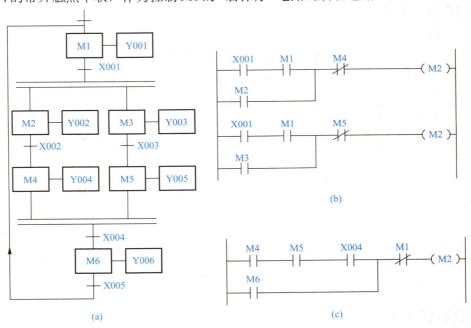

图 3-19　并行序列的编程方法示例

（a）并行序列分支；（b）M2 与 M3 启动电路；（c）并行序列合并

　　如果在顺序功能图中存在仅由两步组成的小闭环，如图 3-20（a）所示，如果用基本指令编程，那么步 M3 的梯形图就如图 3-20（b）所示，可以发现，由于 M2 的常开触点和常闭触点串联，它是不能正常工作的。这种顺序功能图的特征是仅由两步组成的小闭环。在 M2 和 X2 均为"ON"时，M3 的启动电路接通。但是，这时与它串联的 M2 的常闭触点是断开的，所以 M3 的线圈不能通电。出现上述问题的根本原因在于步 M2 既是步

M3 的前级步，又是它的后续步。

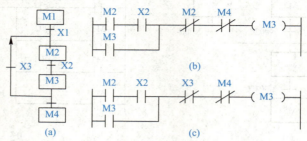

图 3-20　仅有两步的小闭环处理

解决的方法有以下两种：

①以转换条件作为停止电路将图 3-20（b）中 M2 的常闭触点用转换条件 X3 的常闭触点代替即可，如图 3-20（c）所示。如果转换条件较复杂，要将对应的转换条件整个取反才可以完成停止电路。

②在小闭环中增设一步。如图 3-21（a）所示，在小闭环中增设 M10 步，就可以解决这一问题，这一步没有什么操作，它后面的转换条件使用 M10 的常开触点，这样转换条件始终被满足。只要进入步 M10，将马上转移到步 M2。根据图 3-21（a）画出的梯形图如图 3-21（b）所示。

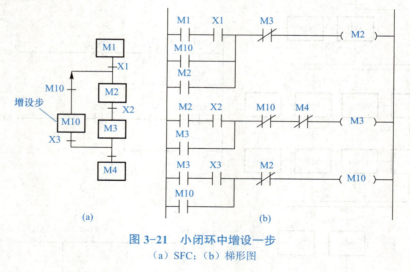

图 3-21　小闭环中增设一步
（a）SFC；（b）梯形图

●【任务实施】

3.2.2　小车运动控制系统

1．分析系统控制要求

根据系统要求，小车在初始位置时停在右边，按下启动按钮后，小车的行动过程：左行（至 SQ1）→右行（至 SQ2）→左行（至 SQ0）→右行（至 SQ2）→停止。

2. 列出I/O（输入/输出）分配表

由小车运行控制要求确定PLC需要4个输入点，2个输出点。I/O分配表见表3-2。

表3-2 I/O分配表

输入		输出	
设备名称及代号	输入点编号	设备名称及代号	输出点编号
限位开关SQ0	X000	小车左行接触器KM1	Y000
限位开关SQ1	X001	小车右行接触器KM2	Y001
限位开关SQ2	X002		
启动按钮SB	X003		

3. 硬件接线

PLC的外部硬件接线如图3-22所示。

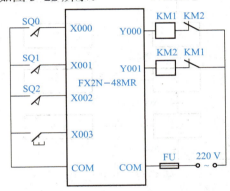

图3-22 PLC的外部硬件接线

4. SFC编程

分析图3-9所示的系统可知，小车运动的一个周期中只有左行（Y000）和右行（Y001）两个输出量。根据这两个输出量的状态变化，把小车运动的整个流程划分5个步骤：1个初始步和4个工作步，分别用M0～M4来代表这5步，见表3-3。

表3-3 输出量状态

启动条件	Y000（左行）	Y001（右行）	退出条件
初始（M0）	0	0	SQ2
左行1（M1）	1	0	至SQ1
右行1（M2）	0	1	至SQ2
左行2（M3）	1	0	至SQ0
右行2（M4）	0	1	至SQ2
停止（M0）	0	0	SQ2

5个工作步的负载驱动情况分别为M0初始步不驱动任何负载，只是等待启动的状态；M1步驱动左行接触器线圈，小车左行；M2步驱动右行接触器线圈，小车右行；M3步驱动左行接触器线圈，小车左行；M4步驱动右行接触器线圈，小车右行。

启动按钮X003、限位开关X000、X001和X002的常开点是各步之间的转换条件；初始步M0由特殊辅助继电器M8002的常开点来激活，M8002是初始化脉冲信号，当PLC工作方式由"STOP"转为"RUN"时，M8002 ON一个扫描周期。

由此画出其SFC，如图3-23所示。

根据使用基本指令梯形图转换SFC的方法，画出对应的基本指令梯形图如图3-24所示。

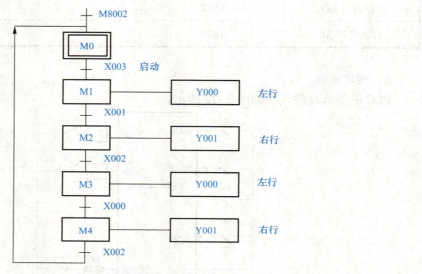

图3-23　小车的SFC

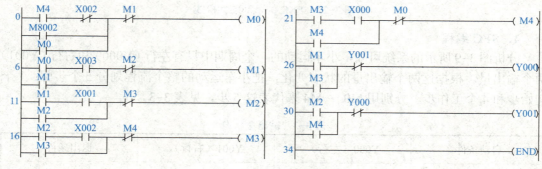

图3-24　小车的梯形图

5. 运行调试

操作提示如下：

（1）在程序运行过程中，要手动模拟小车运行到位压下行程开关的情况，给出状态转移条件，否则，系统会停在某一工作步，不再往下运行。

（2）程序完善：Y0和Y1之间加上程序互锁。

思考：如果要求小车连续运行，只有按下停止按钮时，才会停在初始状态，那么图3-23所示的状态转移图又会有哪些变化？

● 【任务小结】

通过对小车运动控制系统的设计学习，掌握了 SFC 法程序设计步骤和设计方法。掌握了单流程结构、选择分支结构、并行分支结构的 SFC 用基本指令编程的方法。能够根据系统控制要求，熟练地进行单流程结构进行 SFC 设计。

任务 3.3　自动门控制系统——SFC 设计法（二）

【任务描述】

许多公共场所都采用自动门，如图 3-25 所示，人靠近自动门时，红外感应器 X0 为 ON，Y0 驱动电动机高速开门，碰到开门减速开关 X1 时，变为低速开门。碰到门开到位极限开关 X2 时电动机停止转动，开始延时。若在 0.5 s 内红外感应器检测到无人，Y2 驱动电机高速关门。碰到关门减速开关 X3 时，改为低速关门，碰到关门到位极限开关 X4 时，电动机停止转动，停止关门。在关门期间若感应器检测到有人，停止关门，T1 延时 0.5 s 后自动转换为高速开门。试设计 PLC 自动门控制 SFC，并转换为步进指令程序进行运行调试。

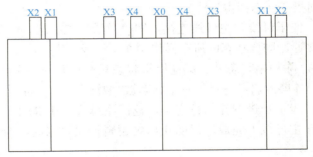

图 3-25　自动门控制示意

【任务分析】

要用 PLC 实现自动门控制系统，注意自动门关门时有两种选择，可以用选择序列结构的顺序功能图来实现。

【知识准备】

3.3.1　步进指令的 SFC（一）

1. 步进指令的 SFC 编程

（1）状态元件。状态元件（又称状态继电器）用来记录系统运行中的状态，是编制 SFC 的重要编程器件。FX2N 系列 PLC 状态元件的类别、编号、数量及功能见表 3-4。

表 3-4　FX2N 系列 PLC 状态元件一览表

类别	编号	数量	功能
初始状态	S0 ~ S9	10	初始化
返回状态	S10 ~ S19	10	使用 IST 指令时，返回原点
通用状态	S20 ~ S499	480	用于 SFC 图的中间状态
掉电保持状态	S500 ~ S899	400	用于断电保持功能，恢复供电后，可继续执行
信号报警状态	S900 ~ S999	100	用于故障诊断与报警

说明：

①状态元件的编号必须在指定范围内选择；

②各状态元件的触点在 PLC 内部可自由使用，使用次数不限；

③在不用步进顺控指令编程时，状态元件可作为辅助继电器在程序中使用；

④通过参数设置，可改变通用状态元件和掉电保持型状态元件的地址分配。

（2）步进指令。SFC 程序如图 3-26 所示。

①指令功能。

STL：步进开始指令，与母线直接相连，表示步进顺控开始。

RET：步进返回指令（返回主母线）。

STL 指令功能：使子母线与主母线连接，即"激活"该状态，如图 3-26（b）所示。一旦某一步进触点接通，则该状态的所有操作均在子母线上进行，子母线后面的起始触点要用 LD、LDI 指令。除初始状态外，其他所有状态只有在其前一个状态处于"激活"且状态转换条件成立时才能开启。一旦下一个状态被"激活"，上一个状态会被自动"关闭"。

RET 指令功能：表示步进顺控执行完毕，返回主母线。用 RET 指令返回主母线，使非状态程序的操作在主母线上完成，以防止出现逻辑错误。因此，在 SFC 的结尾必须使用 RET 指令。

②SFC 程序转换为步进梯形图和步进指令。使用 STL 指令的状态继电器的常开触点称为 STL 触点。图 3-26 所示为 SFC 程序转换为步进梯形图和步进指令表实例。

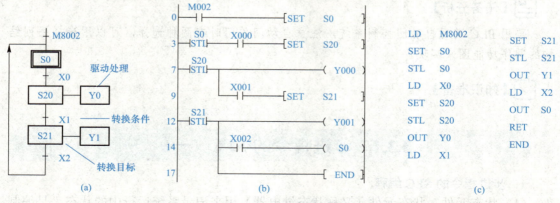

图 3-26　SFC 与步进梯形图和指令表之间转换

（a）SFC 图程序；（b）对应的步进梯形图；（c）步进指令表程序

③指令使用说明。

a．每一状态继电器具有三种功能，即负载的驱动处理、指定转换条件和指定转换目标，如图3-26（a）所示。

b．STL触点与左母线连接，与STL相连的起始触点要使用LD或LDI指令。使用STL指令后，相当于母线右移至STL触点的右侧，形成子母线，一直到出现下一条STL指令或者出现RET指令位置。RET指令使右移后的子母线返回到原来的母线，表示顺控结束。使用STL指令使新的状态置位，前一状态自动复位。步进触点只有常开触点。

c．每一状态的转换条件由LD或LDI指令引入，当转换条件有效时，该状态由置位指令激活，并由步进指令进入该状态，接着列出该状态下的所有负载驱动和状态转移条件。

d．STL触点可以直接驱动或通过别的触点驱动Y、M、S、T等器件的线圈和应用指令。

e．由于CPU只执行活动步对应的电路块，所以使用STL指令时允许双线圈输出，即不同的STL触点可以分别驱动同一编程器件的一个线圈。但是，同一器件的线圈不能在同时为活动步的STL区内出现，在有并行序列的SFC中，应特别注意这一问题。

（3）步进指令编程注意事项。

①对状态进行编程，必须使用STL指令。

②程序的最后必须使用步进返回指令RET，返回主母线。

③状态编程的顺序为先驱动负载，再根据转移条件和转移方向进行转移，次序不能颠倒。

④驱动负载用OUT指令。如果相邻的状态驱动同一个负载，可以使用多重输出，也可以使用SET指令将其置位，等到该负载无须驱动时，再用RST指令将其复位。

⑤负载驱动或状态转移条件可能是多个，要视其具体逻辑关系，将其进行串、并联组合。

⑥相邻状态不能使用相同编号的T、C元件，如果同一T、C元件在相邻状态下编程，其线圈不能断电，当前值不能清0。

⑦状态编程时，不可在STL指令之后直接使用栈操作指令。只有在LD或LDI指令之后，方可使用MPS、MRD和MPP指令编制程序。

⑧在STL与RET指令之间不能使用MC、MCR指令。

⑨在中断程序与子程序内不能使用STL指令。在STL指令内不禁止使用条件跳转（CJ），但其操作复杂，建议一般不要使用。

2．SFC程序转换为步进梯形图

（1）单序列SFC。单序列SFC只有一个分支，并按顺序执行整个流程，遵循先负载驱动，后转移处理原则，如图3-26所示。

（2）选择序列SFC。选择序列编程时，先处理分支状态，再处理中间状态，最后处理汇合状态。在图3-27中，对分支状态S20，先进行分支状态的驱动处理（OUT Y0），再按S21→S22→S23的顺序（从左至右）进行转移处理，如图3-27（b）所示。对中间状态，应从左→右按顺序逐分支进行编程。对汇合状态S24，如图3-28所示，先按S21→S22→S23的顺序（从左→右）进行各分支到汇合状态的转移处理，再进行汇合状态的驱动处理。

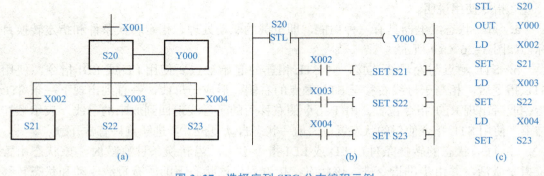

图 3-27 选择序列 SFC 分支编程示例
（a）顺序功能图；（b）梯形图；（c）指令表

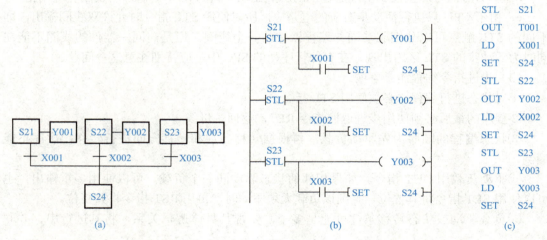

图 3-28 选择序列 SFC 合并编程示例
（a）顺序功能图；（b）梯形图；（c）指令表

在梯形图中，S21、S22 和 S23 的 STL 触点驱动的电路块中均有转移目标 S24，对它们的后续步 S24 的置位是用 SET 指令来实现的，对相应的前级步的复位是由系统程序自动完成的。其实在设计梯形图时，没有必要特别留意选择序列的合并如何处理，只要正确地确定每一步的转换条件和转换目标，就能自然地实现选择序列的合并。在分支、合并的处理程序中，不能使用 MPS、MRD、MPP、ANB、ORB 等指令。

● 【任务实施】

3.3.2 自动门控制系统

1. 分析设计要求

在任务分析中已经做过叙述，这里不再详述。

2. 列出 I/O（输入/输出）分配表

由自动门系统控制要求确定 PLC 需要 5 个输入点、4 个输出点。I/O 分配表见表 3-5。

表 3-5   I/O 分配表

输入		输出	
设备名称及代号	输入点编号	设备名称及代号	输出点编号
有人接近传感器 K	X0	电动机高速开门接触器	Y0
开门减速开关 SQ1	X1	电动机低速开门接触器	Y1
开门极限开关 SQ2	X2	电动机高速关门接触器	Y2
关门减速开关 SQ3	X3	电动机低速关门接触器	Y3
关门极限开关 SQ4	X4		

3. 硬件接线

PLC 的外部硬件接线如图 3-29 所示。

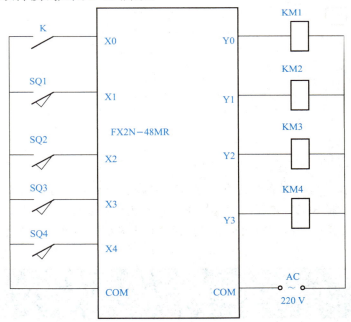

图 3-29   PLC 的外部硬件接线

4. SFC 编程

提示：在关门期间，如果遇到有人要进门，则要停止关门，在延时 0.5 s 后快速开门；如果无人进门，则首先高速关门，后转为低速关门。此处程序根据条件不同，出现选择分支。

自动门控制系统 SFC 及其步进梯形图与指令表如图 3-30（a）、（b）、（c）所示。

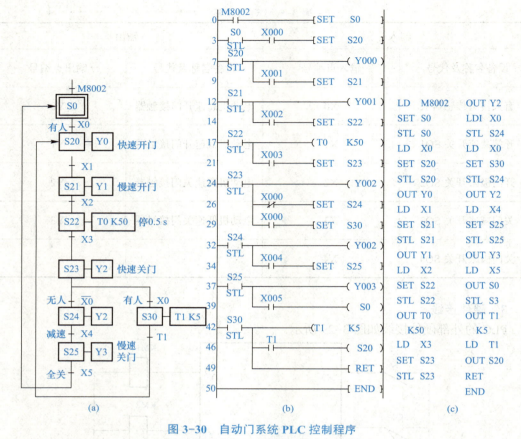

图 3-30　自动门系统 PLC 控制程序
（a）SFC 图程序；（b）步进梯形图；（c）指令表

【任务小结】

通过对船用自动门控制系统的设计学习，掌握了 SFC 法程序设计步骤和设计方法。熟练运用步进指令将 SFC（单序列、选择序列）转换为步进梯形图和步进指令程序。掌握了单序列结构、选择序列结构的状态编程。能够根据系统控制要求，进行 SFC 设计。

任务 3.4　组合钻床控制系统——SFC 设计法（三）

【任务描述】

某组合钻床用来加工圆盘状态零件上均匀分布的 6 个孔，如图 3-31 所示。操作人员放好工件后，按下启动按钮，工件被夹紧，夹紧后压力继电器 X001 为 "ON"，Y001 和 Y003 两只钻头同时开始向下进给。大钻头钻到由限位开关 X002 设定的深度时，Y002 使它上升，升到由限位开关 X003 设定的起始位置时停止上行。小钻头钻到由限位开关 X004 设定的深度时，Y004 使它上升，升到由限位开关 X005 设定的起始位置时停止上行，同

110

时，设定值为 3 的计数器的当前值加 1。两个都到位后，Y005 使工件旋转 120°，旋转结束后又开始钻第二对孔。3 对孔都钻完后，计数器的当前值等于设定值 3，转换条件满足。Y006 使工件松开，松开到位后，系统返回初始状态。项目要求用 PLC 控制组合钻床，用步进指令编程。

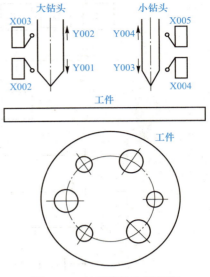

图 3-31　某组合钻床的示意

【任务分析】

从任务描述中可以看出，在组合钻床的控制系统中，大钻头、小钻头的上行和下行是独立进行的，使用并行结构的 SFC 来实现。同时，注意工件旋转后两种情况选择（继续钻孔或松开工件），需要用选择结构的顺序功能图来实现，所以在最终的 SFC 中既有选择结构也有并行结构。

【知识准备】

3.4.1　步进指令的 SFC（二）

如图 3-32 所示的功能图中，步 S20 之后有并行序列的分支即 S21、S31 和 S41。S20 有效时只要转移条件 X000 接通，程序将同时向三个分支转移。注意到这里使用了三个（分支序列的数量）连续的 SET 指令，这是并行序列程序的特点。

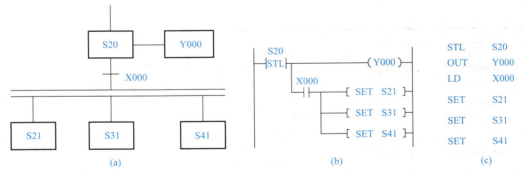

图 3-32　并行序列 SFC 分支编程示例
（a）顺序功能图；（b）梯形图；（c）指令表

如图 3-33 所示，并行序列合并处的转换有三个前级步 S21、S31 和 S41，根据转换实现的基本规则，当它们均为活动步并且转换条件 X010 满足时，将实现并行序列的合并。在梯形图中，用 S21、S31 和 S41 的 STL 触点和 X010 的常开触点组成串联电路使 S42 置位。注意这里使用了三个（分支序列的数量）连续的 STL 指令，这也是并行分支程序的特点。在汇合程序中，这种连续的 STL 指令最多能使用 8 次。

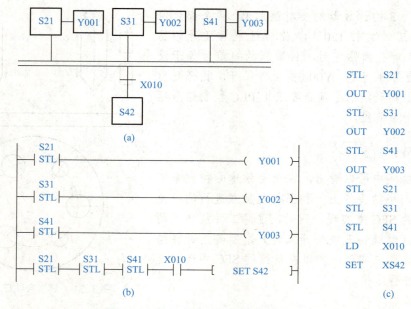

图 3-33　并行序列 SFC 图合并编程示例
（a）顺序功能图；（b）梯形图；（c）指令表

3.4.2　SFC 程序设计注意事项

1. 用于 SFC 的特殊功能继电器

在 SFC 中，经常会使用一些特殊辅助继电器，其名称和功能见表 3-6。

表 3-6　用于顺序功能图的特殊辅助继电器

器件编号	名称	功能和用途
M8000	RUN 运行	PLC 运行中该继电器始终接通，用于 PLC 运行状态监视
M8002	初始化脉冲	在 PLC 由 STOP 进入 RUN 工作方式瞬间，该继电器接通一个扫描周期
M8040	禁止转移	该继电器接通后，禁止在所有状态之间转移。在禁止转移状态下，各状态内的程序继续运行，输出不会断开
M8046	STL 动作	任一状态继电器接通时，M8046 自动接通。用于避免与其他流程同时启动或者用于工序的动作标志
M8047	STL 监视有效	该继电器接通，编程功能可自动读出正在工作中的器件状态加以显示

2. 栈操作指令在步进梯形图中的使用

在 STL 触点后不可以直接使用 MPS 栈操作指令，只有在 LD 指令或 LDI 指令后才可以使用，如图 3-34（a）所示。在编程过程中，为了尽量简化程序，对于某一状态步的多个负载驱动，要把无触点的支路放在上面，可以不用堆栈指令，否则，就要使用栈操作指令了，注意区别图3-34（b）、（c）所示两种情况。

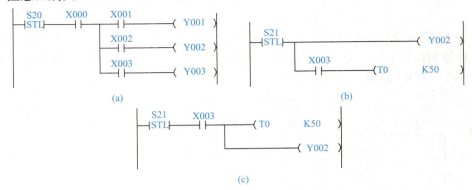

图 3-34　STL 触点之后的几种编程情况
（a）需要堆栈指令的梯形图；（b）不需要堆栈指令的梯形图（一）；（c）不需要堆栈指令的梯形图（二）

3．OUT 指令在 STL 区内的使用

OUT 指令和 SET 指令对 STL 指令后的状态继电器具有相同的功能，都会将原来的活动步对应的状态继电器自动复位。但在 STL 中，分离状态（非相连状态）的转移必须用 OUT 指令，如图 3-35 所示。

STL	S20
OUT	Y1
OUT	X1
SET	S21
OUT	S30 ← 转移

图 3-35　分离状态的转移用 OUT 指令

在 STL 区内的 OUT 指令还用于 SFC 图的闭环和跳步，如果想跳回已经处理过的步，或向前跳过若干步，可对状态继电器使用 OUT 指令，如图 3-36 所示。OUT 指令还可以用于远程跳步，即从顺序功能图中的一个序列跳到另一个序列。以上情况虽然可以使用 SET 指令，但最好使用 OUT 指令。

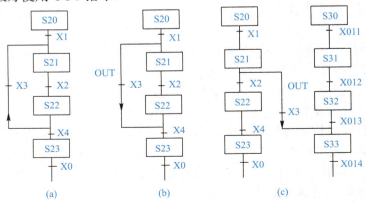

图 3-36　STL 区内的闭环和跳步使用 OUT 指令
（a）往前跳步；（b）往后跳步；（c）远程跳步

图 3-37 所示为两种液体自动混合装置。SL1、SL2、SL3 为上、中、下限液位开关，当开关被液面淹没时，其常开触点接通，两种液体的输入和混合液体排放分别由电磁阀 YV1、YV2 和 YV3 控制，M 为搅匀电动机。

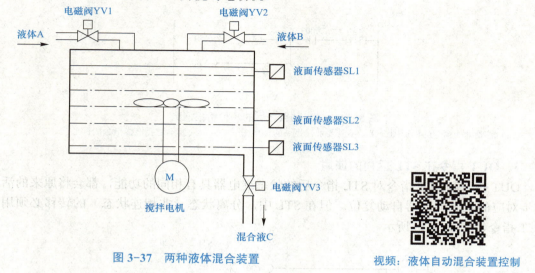

图 3-37　两种液体混合装置　　　　　视频：液体自动混合装置控制

系统控制要求如下：

（1）初始状态：装置投入运行时，液体 A、B 阀门关闭（YV1=YV2=OFF），混合液阀门打开 20 s 将容器放空后关闭。

（2）启动操作：按下启动按钮 SB1，装置就开始按下列约定的规律操作：

①液体 A 阀门打开，液体 A 流入容器。当液面到达 SL2 时，SL2 接通，关闭液体 A 阀门，打开液体 B 阀门。

②当液面到达 SL1 时，关闭液体 B 阀门，搅匀电动机开始搅匀。

③搅匀电动机工作 1 分钟后停止搅动，混合液体阀门打开，开始放出混合液体。当液面下降到 SL3 时，SL3 由接通变为断开，再过 20 s 后，容器放空，混合液阀门关闭，开始下一周期。

（3）停止操作：在工作过程中，按下停止按钮 SB2 后，装置并不立即停止工作，而是要在当前的混合液操作处理完毕后，才停止操作，即停在初始状态上。

设计实现上述控制要求的 SFC，并转换为步进指令程序，在实训装置上运行调试。

1．分析系统控制要求

根据系统要求，液体自动混合装置运行流程如下：开机进入初始状态（液体排空 20 s）→按下启动按钮后，液体 A 流入（至 SL2）→液体 A 停止，液体 B 流入（至 SL1）→电机搅动（60 s）→放出混合液体（至 SL3）→放出混合液体（20 s）→停止（在工作过程中，按下停止按钮）/液体 A 流入（循环）。

2．列出 I/O（输入 / 输出）分配表

由液体混合装置控制要求确定 PLC 需要 5 个输入点，4 个输出点。I/O 分配表见表 3-7。

表 3-7　I/O 分配表

输入		输出	
设备名称及代号	输入点编号	设备名称及代号	输出点编号
启动按钮 SB1	X0	液体 A 电磁阀 YV1	Y0
停止按钮 SB2	X1	液体 B 电磁阀 YV2	Y1
高液位传感器 SL1	X2	混合液 C 电磁阀 YV3	Y2
中液位传感器 SL2	X3	搅拌电动电机接触器 YKM	Y3
低液位传感器 SL3	X4		

3. 硬件接线

PLC 的外部硬件接线如图 3-38 所示。

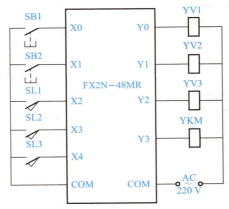

图 3-38　PLC 的外部硬件接线

4. SFC 编程

根据前面分析可知，两种液体自动混合装置的一个周期中有 4 个输出量，同时还有 3 个定时时间，根据这些可得输出量的状态变化，见表 3-8。

表 3-8　输出量状态

启动条件	Y0（A）	Y1（B）	Y2（C）	Y3	T0（20S）	T1（60S）	T2（20S）
初始（S0）	0	0	1	0	20S		
A 流入（S20）	1	0	0	0			
B 流入（S21）	0	1	0	0			
搅拌（S22）	0	0	0	1		60S	
C 流出（S23）	0	0	1	0			
C 流出（S24）	0	0	1	0			20S
停止／循环（S0/S20）							

115

为了实现按下停止按钮时，系统运行不立即停止，而是要完成当前周期才停止。可在程序开头采用启保停电路借助中间继电器 M1 记忆已按下停止按钮这一动作。

在液体混合过程中，液面的变化信号由液位传感器来检测，要采用液位传感器状态的变化（OFF → ON，ON → OFF）作为转移条件，而不能用传感器的 ON 或 OFF 状态来作为状态转移条件。

在程序调试过程中，要手动模拟各液位传感器被液面淹没或排出液体时开关触点 ON 与 OFF 动作的转换。

液体自动混合装置 PLC 控制顺序功能图及其梯形图和指令表如图 3-39 所示。

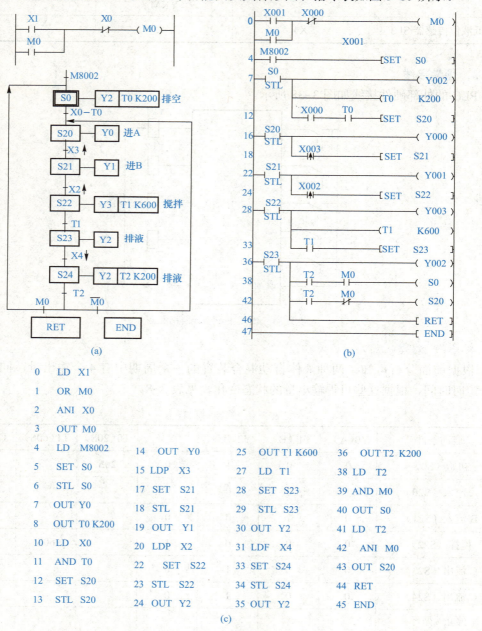

(a)   (b)

0	LD X1
1	OR M0
2	ANI X0
3	OUT M0

4	LD M8002	14	OUT Y0	25	OUT T1 K600	36	OUT T2 K200
5	SET S0	15	LDP X3	27	LD T1	38	LD T2
6	STL S0	17	SET S21	28	SET S23	39	AND M0
7	OUT Y0	18	STL S21	29	STL S23	40	OUT S0
8	OUT T0 K200	19	OUT Y1	30	OUT Y2	41	LD T2
10	LD X0	20	LDP X2	31	LDF X4	42	ANI M0
11	AND T0	22	SET S22	33	SET S24	43	OUT S20
12	SET S20	23	STL S22	34	STL S24	44	RET
13	STL S20	24	OUT Y2	35	OUT Y2	45	END

(c)

图 3-39 液体自动混合装置 PLC 控制程序
（a）SFC 图；（b）步进指令梯形图；（c）步进指令表

116

3.4.4 组合钻床控制系统

1. 分析设计要求

在任务分析中已经作过叙述，这里不再详述。

2. 列出 I/O（输入／输出）分配表

根据控制要求确定 PLC 需要 8 个输入点，7 个输出点。I/O 分配表见表 3-9。

表 3-9 I/O 分配表

输入		输出	
设备名称及代号	输入点编号	设备名称及代号	输出点编号
启动按钮	X000	工件夹紧	Y000
夹紧压力继电器	X001	大钻进给	Y001
大钻下限位开关	X002	大钻退回	Y002
大钻上限位开关	X003	小钻进给	Y003
小钻下限位开关	X004	小钻退回	Y004
小钻上限位开关	X005	工件旋转	Y005
工件旋转限位开关	X006	工件松开	Y006
松开到位限位开关	X007		

3. 硬件接线

PLC 的外部硬件接线如图 3-40 所示。

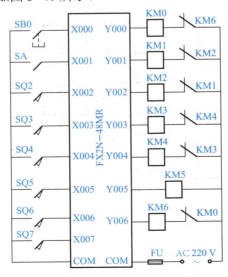

图 3-40 PLC 的外部硬件接线

4. SFC 编程

分析控制要求可设计出组合钻床的顺序功能图如图 3-41 所示。其对应的梯形图如图 3-42 所示。在图 3-41 所示的顺序功能图中，步 S21 之后有一个选择序列的合并，还有一个并行序列的分支。在步 S29 之前，有一个并行序列的合并，还有一个选择序列的分支。在并行序列中，两个子序列中的第一步 S22 和 S25 是同时变为活动步的，两个子序列中的最后一步 S24 和 S27 是同时变为不活动步的。因为两个钻头上升到位有先有后，故设置了步 S24 和步 S27 作为等待步，它们用来同时结束两个并行序列。当两个钻头均上升到位，限位开关 X003 和 X005 分别为"ON"，大、小钻头两个子系统分别进入两个等待步，并行序列将会立即结束。每钻一对孔计数器 C0 加 1，没钻完 3 对孔时，C 的当前值小于设定值，其常闭触点闭合，转换条件 C0 不满足，将从步 S27 转换到步 S28。如果已钻完 3 对孔，C0 的当前值等于设定值，其常开触点闭合，转换条件 C0 满足，将从步 S24 和 S27 转换到步 S29。

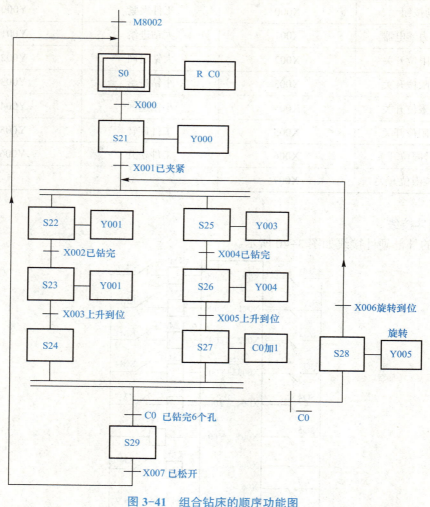

图 3-41　组合钻床的顺序功能图

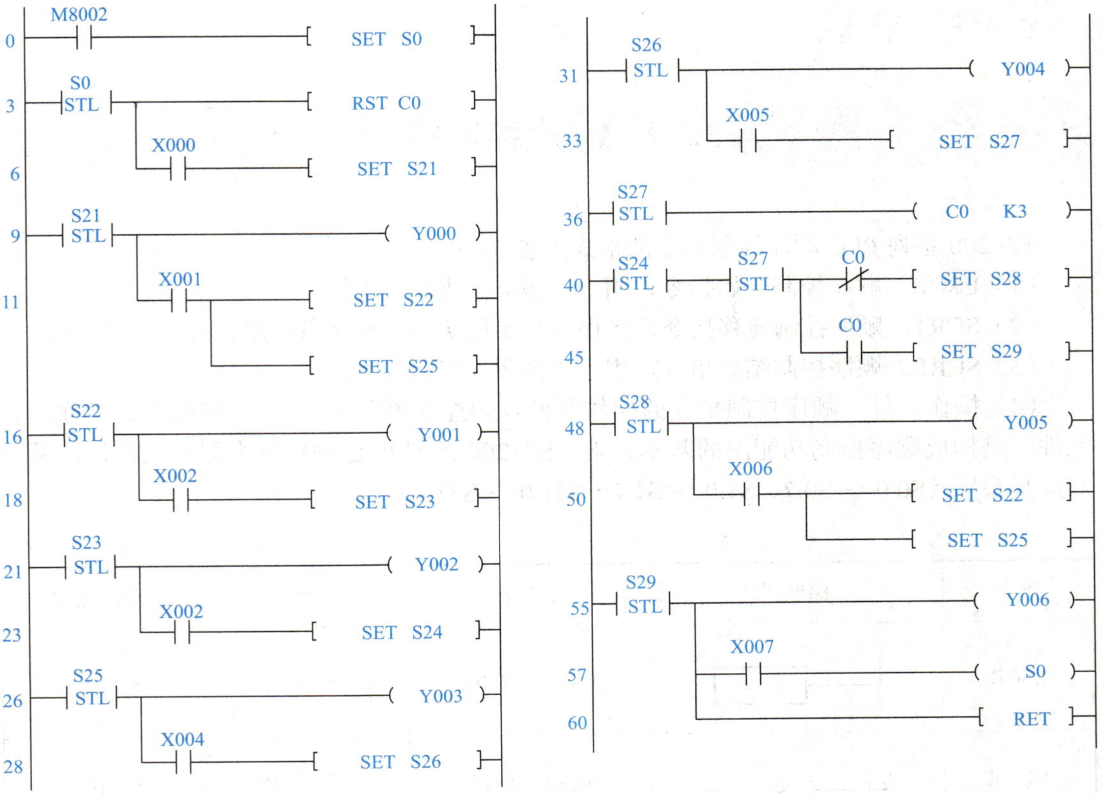

图 3-42　组合钻床的梯形图

● 【任务小结】

　　通过对船用组合钻床控制系统的设计和一些典型设计案例的学习，掌握了步进指令将并行结构 SFC 转换为步进梯形图和步进指令程序的方法。能根据系统控制要求，熟练地进行单流程结构、选择结构、并行结构控制系统 SFC 设计。

任务 3.5　基于 S7-200 的 SFC 设计法

【任务描述】

　　理解并掌握 S7-200 顺序控制指令，掌握 S7-200 顺序控制设计方法，能够实现送料小车的顺序控制。

【任务分析】

　　在学习 S7-200 顺序控制指令的基础上，学会 S7-200 顺序功能图的绘制，掌握送料小车的顺序控制方法。

3.5.1　顺序控制指令

S7-200 系列 PLC 顺序控制指令的格式见表 3-10。

（1）LSCR。顺序控制开始指令，用于"激活"当前状态。

（2）SCRT。顺序控制转移指令，将程序控制权从一个程序段传递到另一个程序段。

（3）SCRE。顺序控制结束指令，用于"关闭"当前状态。

（4）操作元件。顺序控制指令的操作元件是顺控继电器（S）。顺控继电器又称状态元件，是构成顺序控制功能图的基本元素。S7-200 系列 PLC 顺控继电器共 256 位，采用八进制编号（S0.0 ～ S0.7、S1.0 ～ S1.7…S31.0 ～ S31.7）。

表 3-10　顺序控制指令

指令	梯形图	指令表	功能	操作元件
LSCR	bit SCR	LSCR　S-bit	顺控开始	S（位）
SCRT	bit SCRT	SCRT　S-bit	顺控转移	S（位）
SCRE	SCRE	SCRE	顺控结束	无

●【任务实施】

3.5.2　送料小车顺序控制

1. 控制案例

某送料小车自动往返运行的工艺过程如图 3-43 所示。其控制要求如下：

（1）按下启动按钮 SB1，小车电动机 M 正转，小车第一次前进，碰到限位开关 SQ1 后小车电动机 M 反转，小车后退。

（2）小车后退碰到限位开关 SQ2 后，小车电动机 M 停转，停 10 s 后，小车第二次前进，碰到限位开关 SQ3，再次后退。

（3）小车第二次后退碰到限位开关 SQ2 时，小车停止。

2. 顺序控制功能图

小车的工作过程，如果用"工步"加以描述，可表示如下：工步 0（停车）→工步 1（一次前进）→工步 2（一次后退）→工步 3（停车延时）→工步 4（二次前进）→工步 5（二次后退）→工步 0（停车）。

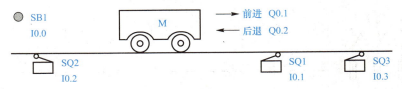

图 3-43　运料小车示意

　　将每个"工步"用"状态"表示，再依据工艺过程加上工作任务及状态与状态之间转移的条件，就构成了顺序控制功能图，如图 3-44 所示。

　　（1）"状态"是构成顺序控制功能图的基本环节，其物理意义是顺序控制过程中的"工步"，如工步 0（S0.0）、工步 1（S0.1）…工步 5（S0.5）等。

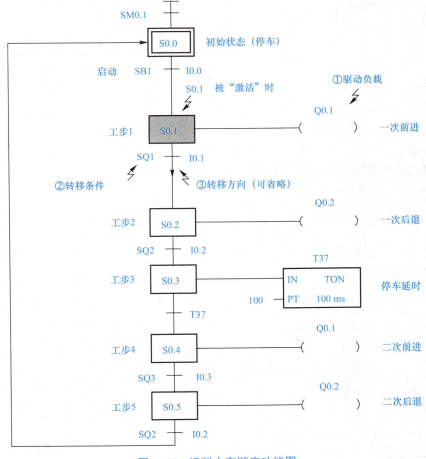

图 3-44　运料小车顺序功能图

　　（2）每一状态都有负载驱动、指定状态转移条件和状态转移方向三个要素，这三个要素描述了一个状态的基本特征和功能。一旦某一状态被"激活"（如 S0.1），与该状态连接的负载（Q0.1）就得以驱动；然后判断状态转移条件是否满足，如果转移条件成立（I0.1 为 ON），就按顺序（箭头指示，但可省略）转向下一状态（S0.2）；当 S0.2 被"激活"时，前一个状态（S0.1）就会自动"关闭"。

　　3．输入 / 输出信号分配及硬件接线

　　运料小车外部接线如图 3-45 所示。

121

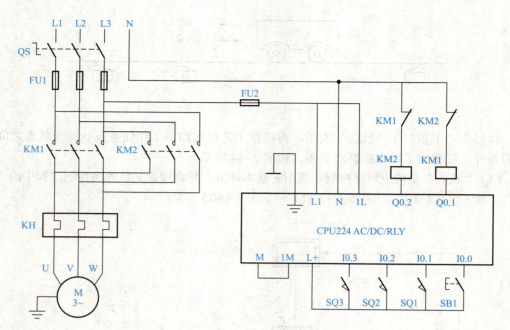

图 3-45 运料小车外部接线

4. 控制程序

运料小车控制程序接线如图 3-46 所示。

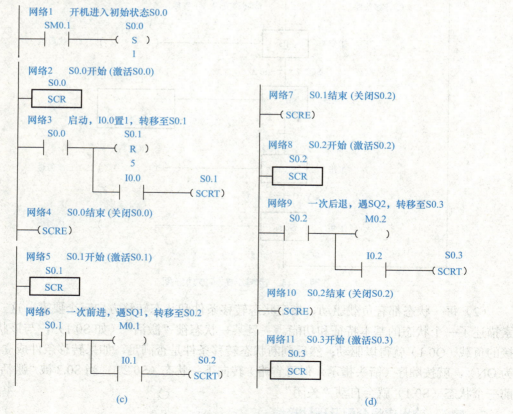

图 3-46 运料小车控制程序接线
（a）程序（一）；（b）程序（二）

122

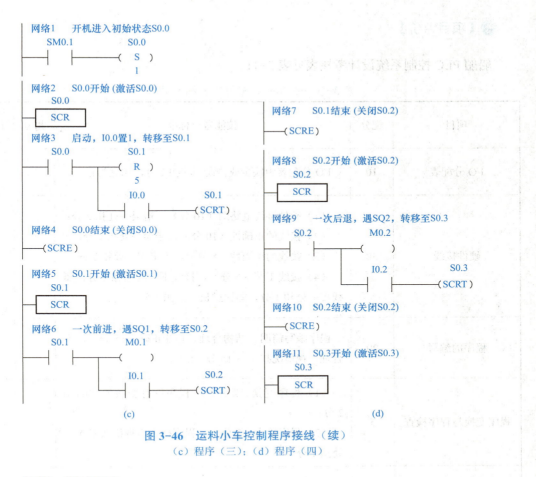

图 3-46　运料小车控制程序接线（续）
(c) 程序（三）；(d) 程序（四）

5. 编辑、调试程序

（1）按图 3-45 所示的电路完成主电路与 PLC 输入 / 输出硬件接线。检查并确认接线正确无误。

（2）接通电源，将 PLC 状态开关置于"TERM"（终端）位置。

（3）启动编程软件，单击工具栏停止图标，使 PLC 处于"STOP"状态。

（4）根据图 3-44 所示的顺控功能图，编辑程序。编译无误（参考图 3-46 所示的程序）后下载到 PLC 中。

（5）单击工具栏运行图标，使 PLC 处于"RUN"状态。

（6）按下启动按钮 SB1，小车第 1 次前进（电动机正转）；遇行程开关 SQ1 小车第 1 次后退（电动机反转）；后退至 SQ2 停车延时；10 s 后自动启动第 2 次前进；遇行程开关 SQ3 小车第 2 次后退；后退至 SQ2 停车。

（7）如果小车运行不符合控制要求，应修改、调试程序，直到满足控制要求为止。

（8）断开电源。总结实训要点，写出实训报告。

●【任务小结】

在学习 S7-200 顺序控制指令的基础上，学会了 S7-200 顺序功能图的绘制，进一步掌握了基于 S7-200 的顺序控制方法，为船舶电气控制设计奠定基础。

● 【项目评价】

船舶 PLC 控制系统设计考核表见表 3-11。

表 3-11　船舶 PLC 控制系统设计考核表

项目	配分	技能考核标准	扣分	得分
I/O 分配表	10	I/O 分配表中缺少或错误一项扣 2 分，扣完为止		
硬件接线	30	（1）硬件接线电路图（10 分），错误一处扣 2 分； （2）接线的正确性（10 分），错误一处扣 2 分； （3）接线的牢固性（5 分），不牢固一处扣 2 分； （4）接线工艺（5 分），接线不入线槽扣 2 分，压线皮一处扣 1 分，露铜过长一处扣 1 分		
程序的编写	20	程序编写简明、结构合理、功能正确（15 分），不合理，视情况扣 1 ～ 15 分		
程序变换与程序检查	5	（1）程序变换（2 分），程序没有变换成功的扣 2 分； （2）程序检查（3 分），程序检查出现语法错误一处扣 1 分		
传输设置与程序下载	5	（1）传输设置（3 分），PC-PLC 传输设置不正确的，扣 5 分； （2）程序下载（2 分），程序下载不成功的，扣 5 分		
程序运行	10	不能实现任务功能或部分完成任务功能的，酌情扣 1 ～ 10 分		
实训报告	20	没按照报告要求完成实训报告或内容不正确的，视程度扣 2 ～ 15 分		
合计				

● 【练习与思考】

1. 已知图 3-47 所示的控制时序图，试用启保停电路设计法分别设计出图 3-47（a）和（b）所示的梯形图程序。

124

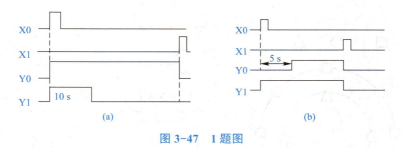

图 3-47　1 题图

2. 初始状态时，某压力机的冲压头停在上面，限位开关 X2 为 ON，按下启动按钮 X0，输出继电器 Y0 控制的电磁阀线圈通电，冲压头下行。压到工件后压力升高，压力继电器动作，使输入继电器 X1 变为 ON，用 T1 保压延时 5 s 后，Y0 为 OFF，Y1 为 ON，上行电磁阀线圈通电，冲压头上行。返回到初始位置时碰到限位开关 X2，系统回到初始状态，Y1 为 OFF，冲压头停止上行。画出控制系统的顺序功能图。

3. 小车在初始状态停在中间，限位开关 X0 为 ON，按下启动按钮 X3，小车按图 3-48 所示的顺序运动，最后返回并停在初始位置。用经验设计法设计小车控制的梯形图。

4. 设计出图 3-49 所示的顺序功能图的梯形图程序。

5. 设计出图 3-50 所示的顺序功能图的步进梯形图程序。

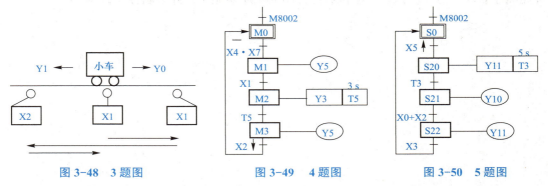

图 3-48　3 题图　　　　图 3-49　4 题图　　　　图 3-50　5 题图

6. 设计出图 3-51 所示的顺序功能图的步进梯形图程序。

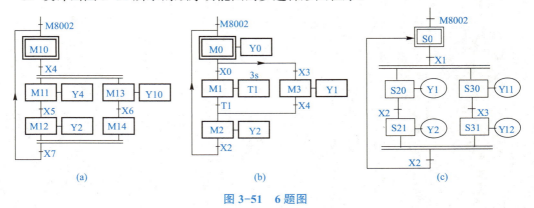

图 3-51　6 题图

7. 喷泉组示意及时序图如图 3-52 所示。其中 X001 为启动输入信号。Y001、Y002 和 Y003 分别为 A 组、B 组和 C 组喷头的输出控制信号。试设计喷泉控制系统的顺序功能图并转化为梯形图。

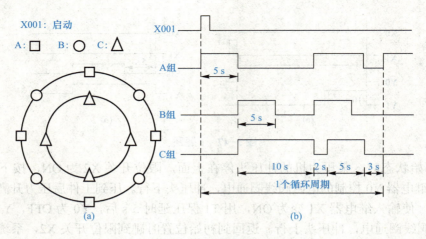

图 3-52　7 题图

（a）喷泉组示意；（b）时序图

8．现有 4 台电动机，要求按时间原则（间隔 10 s）实现顺序启 / 停控制，启动顺序为 M1 → M2 → M3 → M4；停止顺序为 M4 → M3 → M2 → M1，并在启动过程中，也要能按此顺序启动和停车。试设计电机启停控制的顺序功能图，并编制程序。

04 项目 4　船舶信号与报警系统的 PLC 应用

项目描述

　　船舶信号与报警系统较多使用 PLC 功能指令，应用合适的功能指令，可以使程序简化，提高效率。

　　FX2N 系列 PLC 有 200 多条功能指令。功能指令实际上是许多功能不同的子程序，所以又称为应用指令。

　　功能指令和基本指令不同，它不表达梯形图符号间的逻辑关系，而是直接表达该指令要做什么，如程序流向控制、数据传送与比较、算术与逻辑运算、移位与循环移位、数据处理、高速处理、外部输入输出处理、外部设备通信、点位控制、时钟运算与触点比较等。

知识点

1. 掌握功能指令的形式、要素及手册查阅方法。
2. 掌握常用数据传送指令、算术运算指令、循环移位指令的功能及使用方法。
3. 掌握常用程序控制指令功能及使用方法。

技能点

1. 会用常用功能指令编写简单控制程序。
2. 通过查阅手册，会使用特殊功能指令编程。

任务 4.1　简易密码锁 PLC 控制

【任务描述】

　　一条基本逻辑指令只完成一个特定的操作，而一条功能指令能完成一系列的操作，相当于执行了一个子程序，所以功能指令的功能更加强大。

　　本任务利用 PLC 数据传送等功能指令编程，实现密码锁控制。密码锁有 3 个置数开关（12 个按钮），分别代表 3 个十进制数，如果所拨数据与密码锁设定值相等，则 3 s 后开锁，20 s 后重新上锁。

【任务分析】

　　了解 FX2N 功能指令的要素和格式，在学习 FX2N 数据传送指令、比较指令的基础上，实现简易密码锁控制，完成实验程序的运行调试。

4.1.1 PLC 功能指令的要素与格式

功能指令采用梯形图和助记符相结合的形式，每一条功能指令都有一个助记符和一个功能号（FNC XX）与之对应。

1. 功能指令中的位元件组和字元件

（1）位元件：只具有 ON 或 OFF 两种状态，用一个二进制位就能表达的元件，称为位元件，如 X、Y、M、S 等均为位元件。

（2）位元件组：将多个位元件按 4 位一组的原则来组合，称为位元件组。它将 1 位的"位元件"成组使用。位元件组的表示方法如下：

$$K_n + 位元件组的最低位元件号$$

K_n 指有 n 个位元件组。例如，K_nX、K_nY、K_nM 就是位元件组。K_nX0 代表从 X0 开始的 n 组位元件组合。若 n 为 1，则 K1X0 表示 X3、X2、X1、X0 四位输入继电器的组合；若 n 为 2，则 K2X0 是指 X7～X0 八位输入继电器的组合；若 n 为 4，则 K4X0 是指 X017～X010、X7～X0 十六位输入继电器的组合。

（3）字元件：以存储器字节或字作为存储单位，能同时处理多个二进制位数据的元件统称为"字元件"。三菱 FX 系列 PLC 中 1 个字元件由 16 位存储单元构成。

2. 功能指令的格式

（1）编号。功能指令用编号 FNC00～FNC294 表示，并给出对应的助记符。例如，FNC12 的助记符是 MOV（传送），FNC45 的助记符是 MEAN（求平均数）。若使用简易编程器时应输入编号，如 FNC12、FNC45 等，若采用编程软件时可输入助记符，如 MOV、MEAN 等。

（2）助记符。指令名称用助记符表示，功能指令的助记符为该指令的英文缩写词。如传送指令 MOVE 简写为 MOV，加法指令 ADDITION 简写为 ADD 等。采用这种方式容易了解指令的功能。如图 4-1 所示，梯形图中的助记符 DMOV、MOVP。其中，DMOV 中的"D"表示数据长度，"P"表示执行形式。

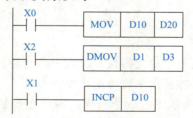

图 4-1　功能指令的数据长度与执行形式

（3）数据长度。功能指令按处理数据的长度分为 16 位指令和 32 位指令。其中，32 位指令在助记符前加"D"，若助记符前无"D"，则为 16 位指令，如 MOV 是 16 位指令，DMOV 是 32 位指令。

（4）执行形式。功能指令有脉冲执行型和连续执行型两种。执行形式如图 4-1 所示的梯形图。在指令助记符后标有"P"的为脉冲执行型,无"P"的为连续执行型,如 MOV 是连续执行型 16 位指令,MOVP 是脉冲执行型 16 位指令,而 DMOVP 是脉冲执行型 32 位指令。脉冲执行型指令在执行条件满足时仅执行一个扫描周期。例如,一条加法指令,在脉冲执行时,只将加数和被加数进行一次加法运算。而连续型加法运算指令在执行条件满足时,每个扫描周期都要相加一次。

(5)操作数。操作数是指功能指令涉及或产生的数据。有的功能指令没有操作数,大多数功能指令有 1～4 个操作数。操作数分为源操作数、目标操作数及其他操作数。源操作数是指令执行后不改变其内容的操作数,用 [S] 表示。目标操作数是指令执行后将改变其内容的操作数,用 [D] 表示。m 与 n 表示其他操作数。其他操作数常用来表示常数或者对源操作数和目标操作数进行补充说明。表示常数时,K 为十进制常数,H 为十六进制常数。某种操作数为多个时,可用数码区别,如 [S1]、[S2]。

4.1.2　传送指令与比较指令

1．数据传送指令

传送指令是功能指令中使用最频繁的指令。在 FX2N 系列可编程序控制器中,传送指令包括 MOV、SMOV、BMOV、FMOV 等。这里主要介绍 MOV 指令。

传送指令 MOV（FNC 12）。

格式：MOV　　[S·]　　[D·]

操作数说明：其中 [S·] 是源操作数；[D·] 是目的操作数,指令中给出的是存放源和目的操作数的首地址（标号最小的那个）。

可以作为 [S·] 的操作数有 K, H, KnX, KnY, KnM, KnS, T, C, D, V, Z。

可以作为 [D·] 的操作数有 KnY, KnM, KnS, T, C, D, V, Z。

功能：当执行条件满足时,将源操作数 [S·] 送到目标操作数 [D·] 中。在 MOV 指令前加"D"表示传送 32 位数据,指令后加"P"表示指令为脉冲执行型。

示例：如图 4-2 所示,当 X0=OFF 时,MOV 指令不执行,D0 中的内容保持不变；当 X0=ON 时,MOV 指令将 K50 传送到 D0 中。定时器、计数器设定值可以由 MOV 指令间接设定,如图 4-2 中的指令 MOV D0 T0；定时器和计数器的当前值也可用 MOV 指令读出,如图 4-2 中的指令 MOV T0 D1。

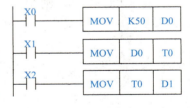

图 4-2　MOV 指令应用示例

2．比较指令

（1）比较指令 CMP（FNC10）。

格式：CMP　　[S1·]　　[S2·]　　[D·]

操作数说明：其中 [S1·]、[S2·] 是两个参与比较的源操作数；[D·] 是存放比较结果的软元件,指令中给出的是存放比较结果软元件的首地址（标号最小的那个）。

可以作为 [S1·]、[S2·] 的操作数有 K, H, KnX, KnY, KnM, KnM, KnS, T, C, D, V, Z。

可以作为［D·］的操作数有 Y，M，S。

功能：将两个源操作数［S1·］和［S2·］进行代数减法操作，以便进行比较，比较结果送到目的操作数［D·］中。CMP 指令有脉冲执行方式，用来比较两个 16 位二进制数。比较 32 位数据时可使用 DCMP 指令。

示例：如图 4-3 所示，如果 X0 接通，将执行比较操作，将 100 减去 D10 中的内容，再将比较结构写入相邻三个软元件 M0～M2。结果位的操作规则如下：

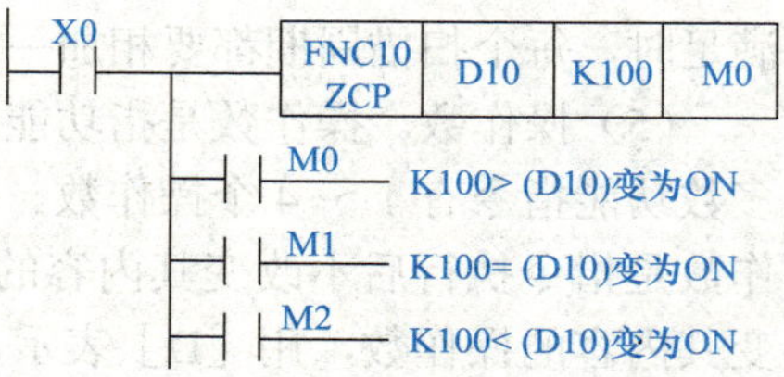

若 K100>（D10），则 M0 被置 1；

若 K100=（D10），则 M1 被置 1；

若 K100<（D10），则 M2 被置 1。

图 4-3 CMP 指令应用示例

（2）区间比较指令 ZCP（FNC 11）。

格式：ZCP ［S1·］ ［S2·］ ［S3·］ ［D·］

操作数说明：其中［S1·］、［S2·］是区间起点和终点；［S3·］是另一比较软元件；［D·］是存放比较结果的软元件，指令中给出的是存放比较结果软元件的首地址。

可以作为［S1·］、［S2·］、［S3·］的操作数有 K，H，KnX，KnY，KnM，KnM，KnS，T，C，D，V，Z。可以作为［D·］的操作数有 Y，M，S，由 3 个连续的标志软元件组成。

功能：将某个指定的源操作数［S3·］与一个区间数据进行代数比较，源数据的上下限由［S1·］和［S2·］指定，比较结果送到目的软元件［D·］中。结果位的操作规则：若源数据［S3·］处在上下限之间，则第二个标志位置 1；若源数据［S3·］大于上限，则第三个标志位置 1；否则，第一个标志位置 1。

示例：如图 4-4 所示，如果 X0 接通，将执行区间比较操作，将 C0 的内容与区间的上下限进行比较，比较结果写入相邻 3 个标志软元件 M0～M2。标志位操作规则如下：

若 K100 > C0，则 M0 被置 1；

若 K100 ≤ C0 ≤ K200，则 M1 被置 1；

若 K200 < C0，则 M2 被置 1。

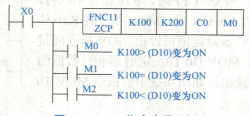

图 4-4 ZCP 指令应用示例

3. 其他传送指令

（1）移位传送指令 SMOV。该指令使用格式：SMOV ［S］ m1 m2 n ［D］。SMOV 指令用于把 4 位十进制数中的位传送到另外一个四位数指定的位置。

（2）取反传送指令 CML。该指令使用格式：CML ［S］ ［D］。CML 指令先把源操作数按位取反，然后将结果存放到目标元件中。

（3）块传送指令 BMOV。该指令使用格式：BMOV ［S］ ［D］ n。BMOV 指

令用于把从源操作数指定的元件开始的 *n* 个数组成的数据块的内容传送到目标元件中。

（4）多点传送指令 FMOV。该指令使用格式：FMOV　［S］　［D］　n。FMOV 指令用于将源元件中的数据传送到指定目标元件开始的 *n* 个目标元件中，这 *n* 个元件中的数据完全相同。

（5）数据交换指令 XCH。该指令使用格式：XCH　［D1］　［D2］。XCH 指令用于交换两个目标元件 D1 和 D2 中的内容。

传送指令的基本用途如下：

（1）用以获得程序的初始工作数据；

（2）机内数据的存取管理；

（3）运算处理结果向输出端口传送。

● 【任务实施】

4.1.3　简易密码锁 PLC 控制

1．分析系统控制要求

密码锁控制程序的核心部分是密码识别部分，可采用比较指令来实现。

2．列出 I/O（输入 / 输出）分配表

用比较器实现密码系统。密码锁有 12 个按钮，分别接入 X0 ～ X13，其中 X0 ～ X3 代表第一个十进制数，X4 ～ X7 代表第二个十进制数，X10 ～ X13 代表第三个十进制数，密码锁的控制信号从 Y0 输出。其 I/O 分配表见表 4-1。另外，密码锁的密码由程序指定，假定为 K316。

表 4-1　I/O 分配表

输入		输出	
设备名称及代号	输入点编号	设备名称及代号	输出点编号
（密码个位）按钮 1 ～ 4	X0 ～ X3	密码锁开锁装置控制	Y0
（密码十位）按钮 5 ～ 8	X4 ～ X7		
（密码百位）按钮 9 ～ 12	X10 ～ X13		

3．程序设计

根据控制要求，如要解锁，则从 X0 ～ X13 处送入的数据和程序设定的密码相等，可以使用比较指令实现判断，密码锁的开启由 Y0 的控制输出。梯形图如图 4-5 所示。

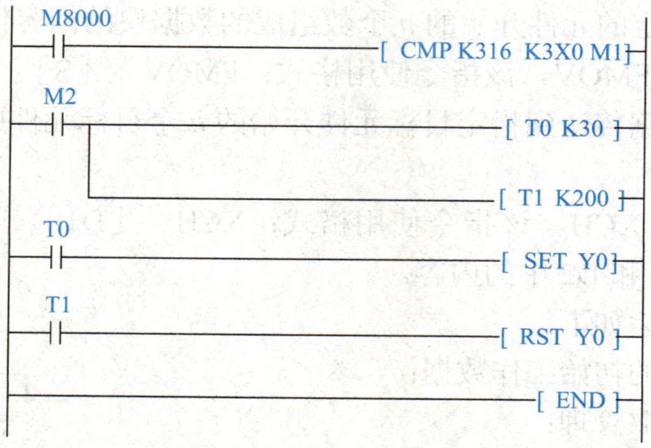

```
        M8000
        ├──┤├──────────────────────────[ CMP K316 K3X0 M1 ]
        M2
        ├──┤├──────────────────────────[ T0 K30 ]
        │
        └───────────────────────────── [ T1 K200 ]
        T0
        ├──┤├──────────────────────────[ SET Y0 ]
        T1
        ├──┤├──────────────────────────[ RST Y0 ]
                                        [ END ]
```

图 4-5　密码锁控制功能指令程序设计

● 【任务小结】

　　了解了 FX2N 功能指令的要素和格式，在学习 FX2N 数据传送指令、比较指令的基础上，实现简易密码锁控制，完成实验程序的运行调试。

任务 4.2　LED 数码管显示 PLC 控制

📇 【任务描述】

　　设计一个数码管从初始值 6 开始显示，按下加 1 按钮，数码管显示值加 1，显示到 9 时，再按加 1 按钮，则显示 0；按下减 1 按钮，则数码管显示值减 1，显示到 0 时，若再按下减 1 按钮，则显示 9，如此循环。数码管工作原理如图 4-6（a）所示；使用共阴极的 LED 码时，数码管与 PLC 输出端接线如图 4-6（b）所示。

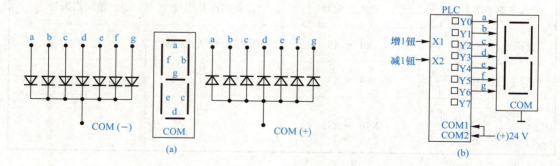

图 4-6　数码管
（a）数码管工作原理；（b）数码管与 PLC 外部接线

📖 【任务分析】

　　在学习 FX2N 算术运算指令、触点比较指令的基础上，实现 LED 数码管的控制，完成实验程序的运行调试。

132

4.2.1　算术与逻辑运算指令

1. 算术运算类指令

（1）加法指令 ADD。

格式：ADD　　[S1]　　[S2]　　[D]

功能：将两个源操作数 [S1] 与 [S2] 的数据内容相加，然后存放在目标操作数 [D] 中。

允许操作数：源操作数 [S1] 与 [S2] 的形式可以为 K，H，KnX，KnY，KnM，KnS，T，C，D，V，Z；而目标操作数的形式可以为 KnY，KnM，KnS，T，C，D，V，Z。

其他说明：

①指定源中的操作数必须是二进制数据，其最高位为符号位。如果该位为"0"，则表示该数为正；如果该位为"1"，则表示该数为负。

②操作数是 16 位的二进制数时，数据范围为 −32 768 ～ +32 767。操作数是 32 位的二进制数时，数据范围为 −2 147 483 648 ～ +2 147 483 647。

③运算结果为零时，零标志 M8020=ON；运算结果为负时，借位标志 M8021=ON。

④运算结果溢出时，进位标志 M8022=ON。在指令前加"D"表示其操作数为 32 位的二进制数，在指令后加"P"表示指令为脉冲执行型。

示例：如图 4-7 所示。当 X0=ON 时，将 K123 与 K456 相加，结果保存于 D0 中；当 X2 有上升沿时，K1X0 和 K1X4 相加，结果保存于 D1 中。

（2）减法指令 SUB。

格式：SUB　　[S1]　　[S2]　　[D]

功能：将两个源操作数 [S1] 与 [S2] 的数据内容相减，然后将结果存放在目标操作数 [D] 中。

允许操作数：源操作数 [S1] 与 [S2] 的形式可以为 K，H，KnX，KnY，KnM，KnS，T，C，D，V，Z；而目标操作数的形式可以为 KnY，KnM，KnS，T，C，D，V，Z。

其他说明：

①指定源中的操作数必须是二进制数据，其最高位为符号位。如果该位为"0"，则表示该数为正；如果该位为"1"，则表示该数为负。

②操作数是 16 位的二进制数时，数据范围为 −32 768 ～ +32 767。操作数是 32 位的二进制数时，数据范围为 −2 147 483 648 ～ +2 147 483 647。

③运算结果为零时，零标志 M8020=ON；运算结果为负时，借位标志 M8021=ON。

④运算结果溢出时，进位标志 M8022=ON。在指令前加"D"表示其操作数为 32 位的二进制数，在指令后加"P"表示指令为脉冲执行型。

示例：如图 4-8 所示。当 X0=ON 时，将 D0 与 D1 相减，结果存于 D2 中；当 X2 有上升沿时，D10 和 T0 相减，结果存于 D20 中。

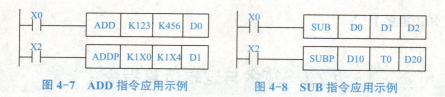

图 4-7　ADD 指令应用示例　　　　图 4-8　SUB 指令应用示例

（3）加 1 指令 INC、减 1 指令 DEC。

INC 指令的使用格式：INC［D］。使用 INC 指令时，执行条件每满足一次，目标元件的内容加 1。

DEC 指令的使用格式：DEC［D］。使用 DEC 指令时，执行条件每满足一次，目标元件的内容减 1。

注意，上述指令不影响零标志、借位标志和进位标志。在实际控制中，一般不允许每个扫描周期目标元件都要减 1，所以，INC 和 DEC 指令经常使用的是脉冲执行方式。

（4）乘法指令 MUL。

格式：MUL　［S1］　［S2］　［D］

功能：将两个源操作数［S1］与［S2］的数据内容相乘，然后将结果存放在目标操作数［D+1］～［D］中。

允许操作数：源操作数［S1］与［S2］的形式可以为 K，H，KnX，KnY，KnM，KnS，T，C，D，V，Z；而目标操作数的形式可以为 KnY，KnM，KnS，T，C，D。

其他说明：

①若［S1］、［S2］为 32 位二进制数，则结果为 64 位，存放在［D+3］～［D］中。

②在指令前加"D"表示操作数为 32 位数据，在指令后加"P"表示指令为脉冲执行型。

示例：如图 4-9 所示。当 X0=ON 时，将 D0 与 D1 两个 16 位二进制数相乘，结果保存于 D3D2 中。

（5）除法指令 DIV。

格式：DIV　［S1］　［S2］　［D］

功能：将两个源操作数［S1］与［S2］的数据内容相除，然后将商存放在目标操作数［D］中，将余数保存在［D+1］中。

允许操作数：源操作数［S1］与［S2］的形式可以为 K，H，KnX，KnY，KnM，KnS，T，C，D，V，Z；而目标操作数的形式可以为 KnY，KnM，KnS，T，C，D。在指令前加"D"表示操作数为 32 位数据，在指令后加"P"表示指令为脉冲执行型。

示例：如图 4-10 所示，当 X0=ON 时，将 D0 与 D1 两个 16 位二进制数相除，［D1］/［D2］=［D3］…［D4］。

图 4-9　MUL 指令应用示例　　　　图 4-10　DIV 指令应用示例

2. 逻辑运算类指令

（1）字逻辑与指令 WAND。

格式：WAND　［S1］　［S2］　［D］。该指令将两个源操作数相与，结果存放到目标元件中。双字逻辑与指令为 DAND。

（2）字逻辑或指令 WOR 和 DOR，字逻辑异或指令 WXOR 和 DXOR，以及字求补指令 NEG 和 DNEC。前两条指令的使用方法同字逻辑或指令。字求补指令没有源操作数，只有一个目标操作数。

3．七段码译码指令 SEGD（FNC）

格式：SEGD　［S］　［D］

功能：将源操作数［S］指定元件的低 4 位确定的 16 进制数（0～F）译码后送到七段显示器，译码信号存于目标操作数［D］中，［D］的高 8 位不变。在指令后加"P"表示指令为脉冲执行型。

允许操作数：源操作数［S］的形式可以为 K，H，KnX，KnY，KnM，KnS，T，C，D，V，Z；目标操作数［D］的形式可以为 KnY，KnM，KnS，T，C，D，V，Z。

示例：如图 4-11 所示，当 X1=ON 时，将 K5 存于 D1 中，然后将 D1 译码，从 Y7～Y0 中显示。其中 Y0～Y7 分别接七段数码管的 a～h 段。

图 4-11　SEGD 指令编程示例

4.2.2　触点比较指令

1．指令列表

触点比较指令相当于一个触点，指令执行时，比较两个操作数［S1］、［S2］，满足比较条件则触点闭合。触点分为 LD 类、AND 类、OR 类三类，具体指令有多条，见表 4-2。

表 4-2　触点比较指令

分类	指令助记符	指令功能
LD 类	LD=	［S1］=［S2］时，运算开始的触点接通
	LD>	［S1］>［S2］时，运算开始的触点接通
	LD<	［S1］<［S2］时，运算开始的触点接通
	LD<>	［S1］≠［S2］时，运算开始的触点接通
	LD<=	［S1］≤［S2］时，运算开始的触点接通
	LD>=	［S1］≥［S2］时，运算开始的触点接通
AND 类	AND=	［S1］=［S2］时，串联开始的触点接通
	AND>	［S1］>［S2］时，串联开始的触点接通
	AND<	［S1］<［S2］时，串联开始的触点接通
	AND<>	［S1］≠［S2］时，串联开始的触点接通
	AND<=	［S1］≤［S2］时，串联开始的触点接通
	AND>=	［S1］≥［S2］时，串联开始的触点接通

分类	指令助记符	指令功能
OR 类	OR=	[S1] = [S2] 时，并联开始的触点接通
	OR >	[S1] > [S2] 时，并联开始的触点接通
	OR <	[S1] < [S2] 时，并联开始的触点接通
	OR <>	[S1] ≠ [S2] 时，并联开始的触点接通
	OR <=	[S1] ≤ [S2] 时，并联开始的触点接通
	OR >=	[S1] ≥ [S2] 时，并联开始的触点接通

2. 指令格式

三类触点比较指令的使用格式如图 4-12 所示。

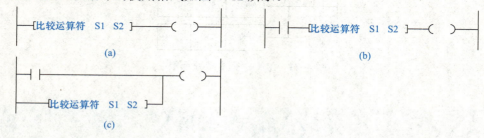

图 4-12　触点比较类指令使用格式

（a）LD 类触点比较指令；（b）AND 类触点比较指令；（c）OR 类触点比较指令

3. 使用说明

（1）触点比较类指令，当满足比较条件时，触点接通。

（2）比较运算符包括 =、>、<、<>、>=、<= 6 种形式。

（3）两个操作数的形式可以是 K，H，KnX，KnY，KnM，KnS，T，C，D，V，Z 等字元件，以及 X，Y，M 等位元件。

（4）在指令前加"D"表示操作数为 32 位数据，在指令后加"P"表示指令为脉冲执行型。

4. 编程示例

在图 4-13 中，当 C10=K20 时，Y0 被驱动；当 X10=ON 并且 D100>58 时，Y10 被复位；当 X1=ON 或者 K10>C0 时，Y1 被驱动。

```
LD=     K20    C10
OUT    Y0
LD=     X10
AND>   D100   K58
RST    Y10
LD=     X1
OR>    K10    C0
OUT    Y1
```

图 4-13　触点比较指令编程示例

4.2.3　LED 数码管显示 PLC 控制

1. 分析系统控制要求

数码管显示值有加 1 或减 1 操作，需要用到 INC、DEC 指令；设置初值，需要传送指令 MOV；七段码显示需要用到指令 SEGD；数值 0～9 循环显示需要用到比较指令。

2. 列出 I/O（输入 / 输出）分配表

根据控制要求，实现 LED 在 9 和 0 之间做增减循环显示控制。需要一个加 1 按钮，一个减 1 按钮，连接 PLC 的两个输入点；数码管需要占用 8 个输出点，按照 a～g 的顺序对应接在 Y0～Y7 端子上。I/O 分配表见表 4-3。

表 4-3　I/O 分配表

输入		输出	
设备名称及代号	输入点编号	设备名称及代号	输出点编号
加 1 按钮	X1	数码管 a～h 段	Y0～Y7
减 1 按钮	X2		

3. 程序设计

根据控制要求，在程序设计过程中主要解决以下两个问题：

（1）显示的实现，即如何对七段数码管进行驱动的问题。有两种方法：一是使用 MOV 指令实现，但需要提供 0～9 的共阴极七段编码，程序较长；二是使用 SEGD 指令实现。为了使程序简练，考虑采用译码指令实现。

（2）显示数值在递增和递减过程中，如何实现循环的问题。即显示到 9，如果再加 1，则要回 0；显示到 0，如果再减 1，则要显示 9。可采用与两个端点值进行比较的方法，给待显示数值寄存器重新赋值。

按照上述思路设计出的梯形图如图 4-14 所示。

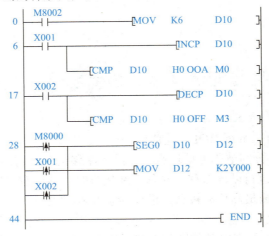

图 4-14　数码管循环显示 PLC 控制程序设计

【任务小结】

通过对 LED 数码管控制程序的设计运行调试，加深了对 FX2N 算术运算指令、比较指令、七段码译码指令的理解，掌握了 FX2N 算术运算指令、逻辑运算指令的使用方法，为使用功能指令进行系统设计奠定基础。

任务 4.3　艺术彩灯造型 PLC 控制

【任务描述】

艺术彩灯造型模拟演示板如图 4-15 所示。图中 a～h 为 8 组灯，模拟彩灯显示，上面 8 组形成一个环形，下面 8 组形成一字形，上下同时动作，形成交相辉映的效果。

艺术彩灯由一个开关控制，分别由字元件 K2Y0 驱动，通过改变 K2Y0 中的数值，可以显示不同的花样：

快速正序点亮，然后正序熄灭；

快速逆序点亮，然后全部熄灭；

慢速正序点亮，然后逆序熄灭；

快速闪烁；

慢速闪烁；

自动循环。

试用循环移位等功能指令设计彩灯控制程序。

图 4-15　艺术彩灯造型
模拟演示板

【任务分析】

在学习 FX2N 循环移位指令、解码及编码指令的基础上，实现艺术彩灯造型的控制，完成实验程序的运行调试。

视频：彩灯循环控制

【知识准备】

4.3.1　循环移位指令

1. 循环移位指令（ROR 和 ROL）

格式：ROR　[D]　n 或 ROL　[D]　n

功能：ROR、ROL 分别被称为循环右移、循环左移指令。它们的功能是用来对 [D] 中的数据以 n 位为单位进行循环右移、左移。在执行时，各位数据依次向右（或向左）循环移动 n 位，最低位（或最高位）被移进借位标志 M8022 中。

其他说明：

（1）目标操作数 [D] 可以是如下的形式：KnY，KnM，KnS，T，C，D，V，Z；操

作数 n 用来指定每次移位的"位"数，其形式可以为 K 或 H。

（2）目标操作数［D］可以是 16 位或 32 位数据。若为 16 位操作，n<16；若为 32 位操作，需在指令前加"D"，并且此时的 n<32。

（3）若［D］使用位元件组，则只有 K4（16 位指令）或 K8（32 位指令）有效，即形式如 K4Y10、K8M0 等。

（4）指令通常使用脉冲执行型操作，即在指令后加字母"P"；若连续执行，则循环移位操作每个扫描周期都会被执行一次。

编程示例如图 4-16 所示。

2．位右移、位左移指令 SFTR、SFTL

格式：SFTR ［S］ ［D］ n1 n2 或 SFTL ［S］ ［D］ n1 n2

功能：SFTR 和 SFTL 指令的功能使元件中的状态向右或向左移位，由 n1 指定位元件的长度，n2 指定移动的位数（n2 ≤ n1 ≤ 1 024）。

SFTR 指令的功能如图 4-17 所示。当 X10 由 OFF 变为 ON 时，执行 SFTR 指令，数据按以下顺序移位：M3 ～ M0 中的数溢出，M7 ～ M4 → M3 ～ M0，M15 ～ M12 → M11 ～ M8，M11 ～ M8 → M7 ～ M4，X3 ～ X0 → M15 ～ M12。

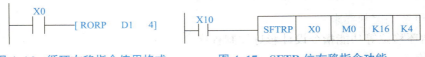

图 4-16　循环右移指令使用格式　　图 4-17　SFTR 位右移指令功能

SFTL 指令的功能如图 4-18 所示。当 X11 由 OFF 变为 ON 时，执行 SFTL 指令，数据按以下顺序移位：M15 ～ M12 中的数溢出，M11 ～ M8 → M15 ～ M12，M7 ～ M4 → M11 ～ M8，M3 ～ M0 → M7 ～ M4，X3 ～ X0 → M3 ～ M0。

图 4-18　SFTL 位左移指令功能

其他说明：

（1）源操作数［S］为数据位的起始位置，目标操作数［D］为移位数据位的起始位置；

（2）源操作数［S］的形式可以为 X，Y，M，S；目标操作数［D］的形式可以为 Y，M，S；n1、n2 的形式可以为 K，H；

（3）SFTL、SFTR 指令通常使用脉冲执行型，即使用时在指令后加"P"。SFTLP、SFTRP 在执行条件的上升沿时执行；用连续指令时，当执行条件满足时，每个扫描周期执行一次。

3．区间复位指令 ZRST

格式：ZRST ［D1］ ［D2］

功能：可用于数据区的初始化，如图 4-19 所示，当 PLC 由 OFF → ON 时，执行 ZRST 指令，使位元件 Y0 ～ Y7、字元件 D0 ～ D100 及状态元件 S0 ～ S127 成批复位（清零）。

需要注意的是，目标操作数［D1］代表要复位的元件区间下限，［D2］代表区间上限。两者应为同类元件。

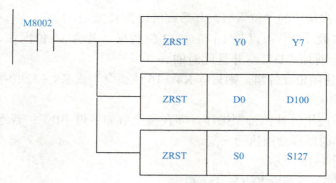

图 4-19 ZRST 指令使用说明

● 【任务实施】

4.3.3 艺术彩灯造型 PLC 控制

1. 分析系统控制要求

使用循环移位等功能指令设计彩灯控制程序。

2. 列出 I/O（输入 / 输出）分配表

根据控制要求，系统控制需要一个输入点连接启停控制开关，需要 8 个输出点接 8 个灯组。I/O 点分配见表 4-4。

表 4-4 I/O 分配表

输入		输出	
设备名称及代号	输入点编号	设备名称及代号	输出点编号
启停开关 S1	X0	灯组 a ~ h	Y0 ~ Y7

3. 程序设计

提示：

（1）根据彩灯顺序动作的要求，应用位左移指令（SFTL）可实现彩灯的正序依次点亮、依次熄灭，每次移动 1 位；应用位右移指令（SFTR）可实现彩灯的逆序依次点亮、依次熄灭。

（2）通过传送控制字的方法，可实现彩灯的闪烁；

（3）用区间复位指令可实现所有状态的复位，然后把每种动作作为一个状态，以单流程的形式实现循环，即可实现彩灯的顺序自动循环动作。

按照上述思路设计出的艺术彩灯造型 PLC 控制程序（SFC），如图 4-20 所示。

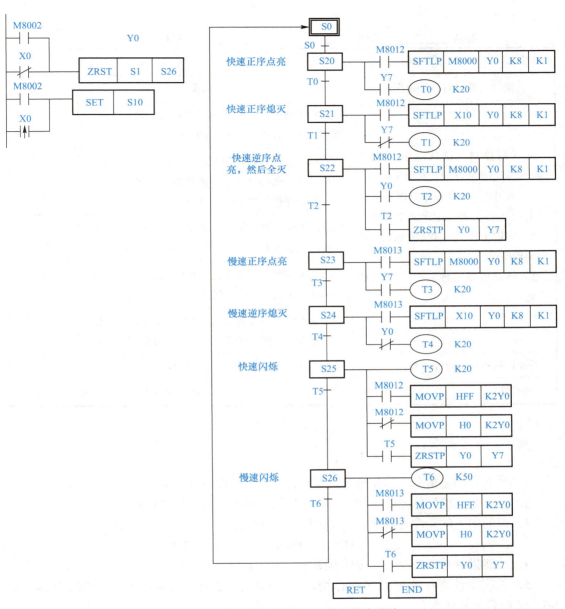

图 4-20 艺术彩灯造型 PLC 控制程序设计

● 【任务小结】

通过对艺术彩灯造型控制程序的设计运行调试，加深了对 FX2N 循环移位指令、解码及编码指令的理解，掌握了 FX2N 循环移位指令、解码及编码指令的使用方法，为使用功能指令进行系统设计奠定基础。

● 【项目评价】

"PLC 功能指令典型应用" 项目考核要求见表 4-5。

表 4-5 "PLC 功能指令典型应用"项目考核要求

姓名_____ 班级_____ 学号_____ 总得分_____

项目编号	7	项目选题		考核时间	
技能训练考核内容（60分）			考核标准		得分
从下列控制系统选题中选择两题，进行系统程序设计和调试运行。 1. 利用数据传送指令实现三相异步电动机 Y-△降压启动 PLC 控制； 2. 一位十进制计数器 LED 显示驱动程序设计； 3. 移位指令实现彩灯造型 PLC 控制			能够正确进行 PLC 外部硬件接线；接线错误、操作错误一次扣2分（共10分）		
			能自行正确设计符合要求系统控制程序；程序关键错误一处扣2分，整体思路不对扣5分，没有预先编好程序扣10分（共10分）		
			能够正确地操作编程器将程序输入 PLC 中；操作错误或输入方法不明一次扣2分（共10分）		
			能正确按照控制要求进行程序调试与修改；操作步骤不明或不会程序调试一次扣2分（共10分）		
			能爱护实验室设备设施，有安全、卫生意识；违反安全文明操作规程一次扣5～20分（共20分）		
知识巩固测试内容（40分）			见思考与练习		
完成日期		年 月 日	指导教师签字		

● 【思考与练习】

1. 什么是功能指令？功能指令共有几大类？其用途与基本指令有什么区别？

2. 什么是"位"软元件？什么是"字"软元件？它们有何区别？

3. 试问如下软元件为何种类型软元件、由几位组成。

$$X1 \quad D20 \quad K4X0 \quad V2 \quad M19$$

4. 功能指令有哪些要素？在梯形图中如何表示？

5. 说明变址寄存器 V 和 Z 的作用。当 V=10、Z=2 时，符号 K20V、D5V、Y10Z 和 K4X0Z 的含义是什么？

6. 在图 4-21 所示的功能指令表达式中，"X0""（D）""（P）""D10""D14"分别表示什么？该指令有什么功能？

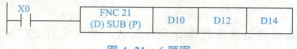

图 4-21 6 题图

7. 3 台电动机相隔 3 s 启动，各运行 30 s 停止，循环往复。试使用 MOV 和 CMP 比较指令编程，实现这一控制要求。

8. 实现一控制程序，当输入条件 X1=ON 时，依次将计数器 C0～C9 的当前值转换成 BCD 码后传送到输出元件 K4Y0 输出。

9．设计一个八位抢答器电路，任一位抢先按下抢答器按键时，数码管（七段）则显示出相应编号，蜂鸣器鸣叫，同时抢答器锁住，其他组按键无效，直到按下复位键后，可重新开始抢答。设计要求如下：①填制 I/O 分配表。②绘制 PLC 外部接线图。③用自己熟悉的指令编写梯形图。

10．试用 DECO 指令实现某喷水池的花式喷水控制：第一组喷水 4 s→第二组喷水 3 s→第三组喷水 2 s→三组同时喷水 1 s→三组同时停止 5 s→重复上述过程。

05 项目 5　船舶模拟量信号的 PLC 控制

项目描述

现代船舶有许多模拟量信号需要采集和控制，如船舶电站、船舶电动机调速系统、船舶空调制冷系统及船舶辅助锅炉系统等。PLC 不仅广泛应用于开关量的逻辑控制，同时，也越来越多地应用于模拟量控制，掌握 PLC 模拟量控制和编程方法，可以进一步扩大 PLC 的应用领域。本项目选择船舶上几个典型任务，基于 FX2N-4AD、FX2N-2DA、FX0N-0A 模块，分别介绍 PLC 模拟量输入、模拟量输出、模拟量输入输出闭环控制的软硬件设计方法。

知识点

1. 了解 FX 系列 PLC 常用模拟量输入 / 输出模块的技术指标。
2. 理解 FX2N-2AD、FX2N-4AD、FX2N-2DA 及 FX0N-3A 模块 BFM 分配的含义。
3. 掌握 PLC 基本单元、特殊模块及扩展模块的连接方法与模块地址编号方法。
4. 掌握通道参数设置及编程实现的方法。
5. 掌握 FX 系列 PLC 常用模拟量输入 / 输出模块的功能用法。
6. 掌握 FROM、TO、CMP 等功能指令的用法。

技能点

1. 能够正确选用合适的 PLC 模拟量输入 / 输出模块。
2. 能够正确实现 PLC 基本单元、特殊模块、扩展模块、检测元件及执行元件的硬件连接。
3. 能够正确设置通道参数并编程实现。
4. 能够编程实现 PLC 对模拟量输入 / 输出模块数据的读写。
5. 能够实现 PLC 模拟量控制系统的设计、安装与调试。

任务 5.1　船舶空调制冷温度的控制

【任务描述】

如图 5-1 所示，船舶空调的作用是对船员的住舱、公共舱室及上层建筑的工作室进行过滤、加热、冷却、加湿、除湿等空气调节，使房间的空气在温度、湿度、气流和清新程度等方面符合生活与工作要求，使舱室内形成适宜的人工气候，为船员提供一个舒适的工作和生活环境。

图 5-1　船舶空调系统

中央空调的制冷由多台压缩机组实现，随着温度的不同，开启不同数量的压缩机组。现有一制冷系统使用两台压缩机组，系统要求温度在低于 12 ℃时不启动机组，当温度高于 12 ℃时，两台机组顺序启动，温度降低到 12 ℃时停止其中一台机组。要求先启动的一台停止，当温度降到 7 ℃时，两台机组都停止。温度低于 5 ℃时，系统发出超低温报警。

【任务分析】

实现船舶模拟量信号的 PLC 控制，只有了解 PLC 模拟量输入 / 输出模块的技术指标，理解模块缓冲寄存器 BFM 分配的含义，确定模块的地址编号，编程实现对通道参数设置，PLC 才能通过对模块数据的读写实现相应的控制。

5.1.1　模拟量输入模块

FX2N 常用的模拟量模块有 FX2N-2AD、FX2N-4AD、FX2N-8AD 和温度检测模块。FX2N-2AD 的技术指标见表 5-1，它是一种具有高精度的输入模块，是 2 通道 12 位 A/D 转换模块。

表 5-1　FX2N-2AD 的技术指标

项目	输入电压	输入电流
模拟量输入范围	0 ～ 10 V 直流，0 ～ 5 V 直流（输入电阻 200 kΩ），绝对最大量程：−0.5 ～ +15 V 直流	4 ～ 20 mA（输入电阻 250 Ω），绝对最大量程：−2 ～ +60 mA
数字输出	12 位	
分辨率	2.5 mV（10 V/4 000），1.25 mV（5 V/4 000）	4 μA［（20−4）μA/4 000］
总体精度	±1%（满量程 0 ～ 10 V）	±1%（满量程 4 ～ 20 mA）
转换速度	2.5 ms/ 通道（顺控程序和同步）	
隔离	模拟和数字电路之间光电隔离，直流 / 直流变压器隔离主单元电源，模拟通道之间没有隔离	
电源规格	5 V、20 mA 直流；24 V ±10%/50 mA 直流	
占用的 I/O 点数	8 个输入点或 8 个输出点	
适用的控制器	FX1N /FX2N/FX2NC	
尺寸：宽 × 厚 × 高	43 mm×87 mm×90 mm	
质量 /kg	0.2	

从表 5-1 可以看到，FX 系列模拟量输入模块可以接收电压 / 电流两类输入信号。模块 FX2N-4AD 输入端口的连接如图 5-2 所示。使用时，根据外部连接方法及 PLC 指令选择电压输入类型和电流输入类型，通过简易调整或根据 PLC 的指令可改变模拟量的输入范围。

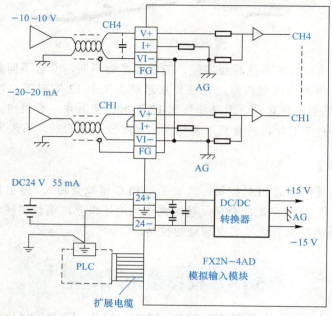

图 5-2　模块 FX2N-4AD 的输入端口的连接

测量值和设定值等数据的读出与写入是通过 PLC 外部 I/O 指令 FROM/TO 来实现的。指令 FROM 从特殊功能模块读出，指令 TO 则是向特殊功能模块写入。

5.1.2　模拟量模块的使用

1. 确定模块的编号

在 FX 系列 PLC 基本单元的右侧，可以连接最多 8 块特殊功能模块，它们的编号从最靠近基本单元的那一个开始顺次编为 0 ~ 7 号。图 5-3 所示为一种连接方式。

在这一使用配置中，FX2N-48MR 的基本单元依次连接了 FX2N-4AD、FX-8EX、FX2N-4DA、FX-16ER 及 FX2N-2AD 五个模块。模拟量模块 FX2N-4AD、FX2N-4DA 及 FX2N-2DA 的编号依次为 0、1、2 号。这 3 个模块不影响右边 2 个扩展模块，但会影响到总的输入输出点数。3 个模拟量模块共占用 24 点，那么基本单元和扩展的总输入输出点数只能有 232 点。

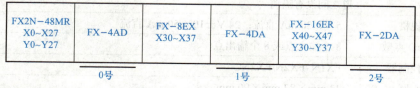

图 5-3　PLC 基本单元与特殊功能模块、扩展模块的一种连接方式

2．缓冲寄存器（BFM）分配

FX 系列 PLC 基本单元与 FX-4AD、FX-2DA 等模拟量模块之间的数据通信是由 FROM 指令和 TO 指令来实现的。实际上，读写操作都是对模块 FX-4AD、FX-2DA 的缓冲寄存器 BFM 进行的。这一缓冲寄存器区由 32 个 16 位的寄存器组成，编号为 BFM#0 ～ #31。

FX-4AD 模块 BFM 分配见表 5-2，带 * 号的缓冲寄存器中的数据可以通过 TO 指令改写，改写 BFM 的设定值即改变模块的运行参数，用来调整其输入方式、输出增益和偏移值等。用 FROM 指令可以将其他的 BFM 内的数据读入 PLC，从指定的模拟量输入模块读入数据前，应先将设定值写入，否则按默认值执行。

表 5-2　FX2N-4AD 模块 BFM 的分配表

BFM	内容								
*#0	通道初始化，默认设定值为 H0000								
*#1	通道 1	通道平均值取样次数，默认值为 8							
*#2	通道 2								
*#3	通道 3								
*#4	通道 4								
#5	通道 1	平均值							
#6	通道 2								
#7	通道 3								
#8	通道 4								
#9	通道 1	当前值							
#10	通道 2								
#11	通道 3								
#12	通道 4								
#13 ～ #19	保留								
*#20	复位到默认设定值默认值为零								
*#21	禁止调整偏移增益值，默认值为 0（1 为允许调整）								
*#22	偏移、增益、调整	b7	b6	b5	b4	b3	b2	b1	b0
		G4	O4	G3	O3	G2	O2	G1	O1
*#23	偏移量，默认值为 0								
*#24	增益值，默认值为 500								

BFM	内容
#25 ~ #28	保留
#29	错误状态
#30	识别码 K2010
#31	禁用

编写程序时，首先要对模块初始化，即在 BFM#0 中写入各通道的设定值。FX-4AD 中的 BFM#0 初始值为 H0000，4 个通道由 4 个十六进制数字控制，最低位数值控制通道 1，次低位数值控制通道 2，次高位数字控制通道 3，最高位数字控制通道 4。4 位数字可以设定为 0 到 3：

0	电压输入	输入范围	−10 ~ +10 V
1	电流输入	输入范围	−4 ~ +20 mA
2	电流输入	输入范围	−20 ~ +20 mA
3	该通道关闭		

初始值为 H0000 说明 4 个通道出厂设定为电压输入，输入范围为 −10 ~ +10 V，如果在使用时仅需两个通道，且通道 1 为电压输入，通道 2 为 −4 ~ +20 mA 电流输入，通道 3 和通道 4 关闭则需要将 BFM#0 的值设定为 H3310。

BFM#30 中保存的是特殊功能模块的识别码，只有确定了模块的编号并确认识别码正确，才能进行模拟量的读写，FX-AD 的识别码是 K2010，FX2D 的识别码是 K3010。

3. 通道参数设定编程

在图 5-2 中，FX-4AD 模拟量输入模块连接在最靠近基本单元 FX2N-48MR 的地方，那么它的编号为 N0，如果仅开通 CH1 和 CH2 两个通道，作为电压量输入通道，计算平均值的取样次数定为 4 次，PLC 中的 D0 和 D1，分别接收这两个通道输入值平均值数字量并编写梯形图程序。梯形图程序如图 5-4 所示。

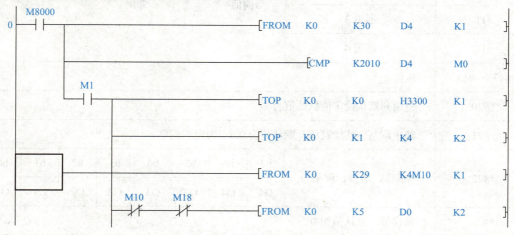

图 5-4 通道参数设定编程实例

148

5.1.3　PLC 温度控制系统的设计

在这个控制系统中，温度点的检测可以使用带开关量输出的温度传感器来完成，但是船用空调系统的温度检测点很多，或根据环境温度变化需要经常调整温度点，这样要用很多开关量温度传感器，占用较多的输入点，安装布线不方便，将温度信号用温度传感器转换成连续变化的模拟量，那么这个制冷机组的控制系统就是一个模拟量控制系统，对于一个模拟量控制系统，采用可编程控制器控制，控制性能可以得到极大改善，在这里选用FX2N-32MR 基本单元与 FX2N-4AD-PT 模拟量输入单元，就能方便地实现控制要求。

1．I/O 分配及硬件设计

系统的输入信号：启动按钮、停止按钮、压力保护 1、压力保护 2、过载保护 1、过载保护 2、手动 / 自动转换、手动启动 1、手动启动 2 等。

系统输出信号：1 号和 2 号机组的控制，压力、过载、超低温报警等。

模拟量输入通道选用通道 1。系统硬件接线如图 5-5 所示。

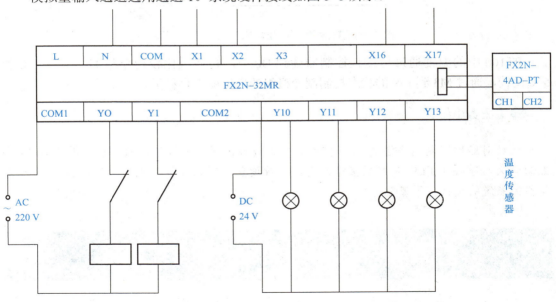

图 5-5　硬件接线示意

FX2N-4AD-PT 模拟特殊功能模块提供三线式铂电阻 PT100 使用，有 12 位 4 通道，驱动电流为 1，直接使用有主单元或扩展单元提供的 5 V 电源。分辨率为 0.2 ℃～ 0.3 ℃，综合精度为 1%（相对于最大值）。测量单位可以用摄氏度或华氏度，额定温度范围是 −100 ℃～ +600 ℃，输出数字量 −1 000 ～ +6 000，转换速度为 15 ms/ 通道，模拟电路和数字电路之间有光电隔离，在程序中占用 8 个 I/O 点，所有的数据传输和参数设置都由 TO/FROM 指令完成。在配线时，应使用 PT100 传感器的电缆或双屏蔽电缆作为模拟量输入电缆，并且和电源线或其他可能产生的电磁干扰的电线隔开。

2. 软件设计

模拟量模块的读取可以通过图 5-6 所示的梯形图完成。

图 5-6　模拟量模块中温度读取部分的梯形图

PT100 中的温度通过可编程控制器读到 D0 中，再通过比较指令与 12 ℃、7.5 ℃ 和 5 ℃ 比较，通过 M3 到 M9 的状态控制制冷机组的启停就很容易了。

● 【任务小结】

通过对船舶空调制冷温度 PLC 控制系统的设计，深入理解了模拟量输入模块 BFM 分配的含义，掌握了 PLC 对模拟量输入模块参数设置及写入读取的编程方法，为 PLC 模拟量控制系统的设计打下基础。

任务 5.2　船用照明灯亮度控制

【任务描述】

为了船员工作、学习的方便，船舶有一部分的照明灯的亮度需要控制。通过船舶照明灯亮度的控制，掌握 PLC 对模拟量输出模块的控制方法。

下面是对图 5-7 中照明灯亮度的控制的例子，具体要求如下：

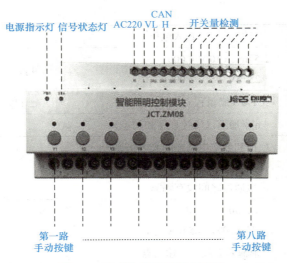

电源指示灯 信号状态灯 AC220 VL H 开关量检测

CAN

第一路
手动按键

第八路
手动按键

图 5-7　船舶智能照明控制系统

按下启动按钮 SB1 时，系统根据不同的操作方式对灯泡（额定电压为 12 V）亮度进行实时控制，按下停止按钮 SB2 时，系统停止对其亮度控制，系统还要求：

（1）系统操作方式有"手动"和"自动"两种。

（2）在"手动"操作方式下，可手动调节灯泡的亮度。每按 1 次"增亮"键灯泡两端工作电压增加 1 V 直至 10 V；按 1 次"减亮"键灯泡两端工作电压减少 1 V 直至 0 V。

（3）在"自动"操作方式下，灯泡由暗变亮，然后再由亮变暗，如此循环，循环周期为 10 s。

（4）系统要求有操作方式指示。

【任务分析】

使用 PLC 对照明灯亮度的控制，需要使用模拟量输出模块。首先要了解模拟量输出模块 FX2N-2DA 的技术性能指标，掌握该模块与一次元件、PLC 的连接方法，理解该模块 BFM 分配的含义，掌握 PLC 对模拟量输出模块 FX2N-2DA 进行通道设置、写入读取的编程方法。

5.2.1　模拟量输出模块

FX2N 常用的模拟量输出模块有 FX2N-2DA、FX2N-4DA、FX2N-8DA。FX2N-2DA 为 2 通道 12 位 A/D 转换模块，它是一种具有高精度的输入模块。FX2N-2DA 的技术指标见表 5-3。

表 5-3　FX2N-2DA 的技术指标

项目	输入电压	输入电流
模拟量输出范围	0～10 V 直流，0～5 V 直流 （外部负载电阻 2 kΩ～1 MΩ）	4～20 mA （外部负载电阻不超过 500Ω）
数字输出	12 位	

151

项目	输入电压	输入电流
分辨率	2.5 mV（10 V/4 000） 1.25 mV（5 V/4 000）	4 μA［（20–4）μA /4 000）］
总体精度	±1%（满量程 0 ～ 10 V）	±1%（满量程 4 ～ 20 mA）
转换速度	4 ms/ 通道（顺控程序和同步）	
隔离	模拟和数字电路之间光电隔离， 直流 / 直流变压器隔离主单元电源， 模拟通道之间没有隔离	
电源规格	5 V、30 mA 直流 24 V±10%、85 mA 直流	
占用的 I/O 点数	8 个输入点或 8 个输出点	
适用的控制器	FX1N /FX2N/FX2NC	
尺寸：宽 × 厚 × 高	43 mm×87 mm×90 mm	
质量 /kg	0.2	

从表 5-3 可以看出，FX 系列模拟量输出模块可以输出电压 / 电流两类输入信号，模块 FX2N-2DA 输出端口的连接如图 5-8 所示。使用时，根据外部连接方法及 PLC 指令选择电压输入类型和电流输入类型，通过简易调整或根据 PLC 的指令可改变模拟量的输入范围。

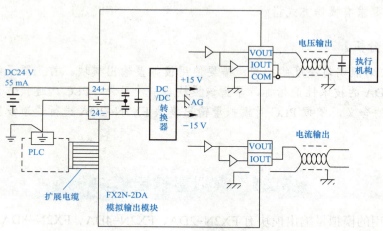

图 5-8　模块 FX2N-2DA 输出端口的连接

5.2.2　缓冲寄存器（BFM）分配

FX 系列 PLC 基本单元与 FX2N-2DA 等模拟量模块之间的数据通信是由 FROM 指令和 TO 指令来实现的。实际上，读写操作都是对模块 FX2N-2DA 的缓冲寄存器 BFM 进行的。这一缓冲寄存器区由 32 个 16 位的寄存器组成，编号为 BFM#0 ~ #31。

FX2N-2DA 模块 BFM 分配见表 5-4。缓冲寄存器中的数据可以通过 TO 指令改写，改写 BFM 的设定值即改变模块的运行参数，用来调整其输入方式、输出增益和偏移值等。用 FROM 指令可以将其他的 BFM 内的数据读入 PLC，从指定的模拟量输入模块读入数据前，应先将设定值写入，否则按默认值执行。

表 5-4　FX2N-2DA 模块 BFM 的分配表

BFM 编号	b15 ~ b8	b7 ~ b3	b2	b1	b0
#0 ~ #15	保留				
#16	保留	输出数据的当前值（8 位数据）			
#17	保留		D/A 低 8 位数据保持	通道 CH1 的 D/A 转换开始	通道 CH2 的 D/A 转换开始
#18 ~ #31	保留				

FX2N-2DA 模块 BFM 分配见表 5-5。

表 5-5　FX2N-2DA 模块 BFM 的分配表

BFM 编号	内容
#0	输出模式选择，出厂设定为 H0000
#1 ~ #4	CH1 ~ CH4 转换输出数据
#5	输出数据保持模式，出厂设定为 H0000
#6 ~ #7	保留
#8	CH1、CH2 偏移 / 增益设定命令，初始值为 H0000
#9	CH3、CH4 偏移 / 增益设定命令，初始值为 H0000
#10	CH1 偏移数据
#11	CH1 增益数据
#12 ~ #13	CH2 偏移和增益数据
#14 ~ #15	CH3 偏移和增益数据
#16 ~ #17	CH4 偏移和增益数据
#18 ~ #19	保留
#20	初始化，初始值为 0
#21	禁止调整 I/O 特性（初始值为 1）
#22 ~ #28	保留
#29	错误状态
#30	识别码 K3020
#31	保留

5.2.3 增益和偏置调整

FX2N-2DA 模块在出厂时，调整为输入数字值为 0 ～ 4 000 对应于输出电压 0 ～ 10 V。若用于电流输出，则需使用 FX2N-2DA 上的调节电位器对偏置值和增益值重新进行调整，电位器向顺时针方向旋转时，数字值增加。

增益可以设置任意值，为了充分利用 12 位的数字值，建议输入数字范围为 0 ～ 4 000。例如，4 ～ 20 mA 电流输出时，调节 20 mA 模拟输出量对应的数字值为 4 000。电压输出时，其偏置值为 0；电流输出时，4 mA 模拟输出量对应的数字输入值为 0。

1. FX2N-2DA 的偏置和增益的调整

D/A 输出为 CH1 通道，在调整偏置时将 X0 置 ON，在调整增益时将 X1 置 ON，偏置和增益和调整方法如下：

（1）接万表调至直流电压挡（50 V）。

（2）当调整偏置 / 增益时，应按照偏置调整和增益调整的顺序进行。

（3）通过 OFFSET 旋钮对通道 1 进行偏置调整，即旋动旋钮使万用表电压指示为 0 V。

（4）通过 GAIN 旋钮对通道 1 进行增益调整，即旋动旋钮使万用表电压指示为 10 V。

2. FX2N-2DA 的偏置和增益的调整程序

FX2N-2DA 的偏置和增益的调整程序如图 5-9 所示。

图 5-9　FX2N-2DA 的偏置和增益的调整程序

3. FX2N-4DA 的通道参数设置程序

FX2N-4DA 的通道参数设置程序如图 5-10 所示。

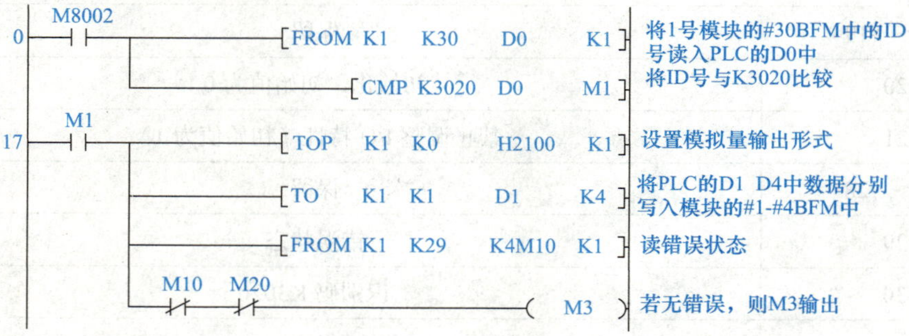

图 5-10　FX2N-4DA 的通道参数设置程序

154

5.2.4 船用照明灯亮度控制系统的设计

在学习相关知识的情况下，我们开始设计。

1. 制定 I/O 分配表

根据控制要求制定 I/O 分配表，见表 5-6。

表 5-6 I/O 分配表

输入		输出	
输入元件	输入继电器	输出元件	输出继电器
启动按钮 SB1	X000	手动方式指示灯 HL1	Y000
停止按钮 SB2	X001	自动方式指示灯 HL2	Y001
增亮键 SB3	X002		
减亮键 SB4	X003		
转换开关 SA 手动方式	X004		
转换开关 SA 自动方式	X005		

2. 画出硬件接线图

根据控制要求及 I/O 分配表，画出硬件接线图，如图 5-11 所示。

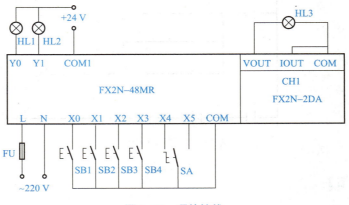

图 5-11　硬件接线

155

3．梯形图设计

梯形图设计如图 5-12 所示。

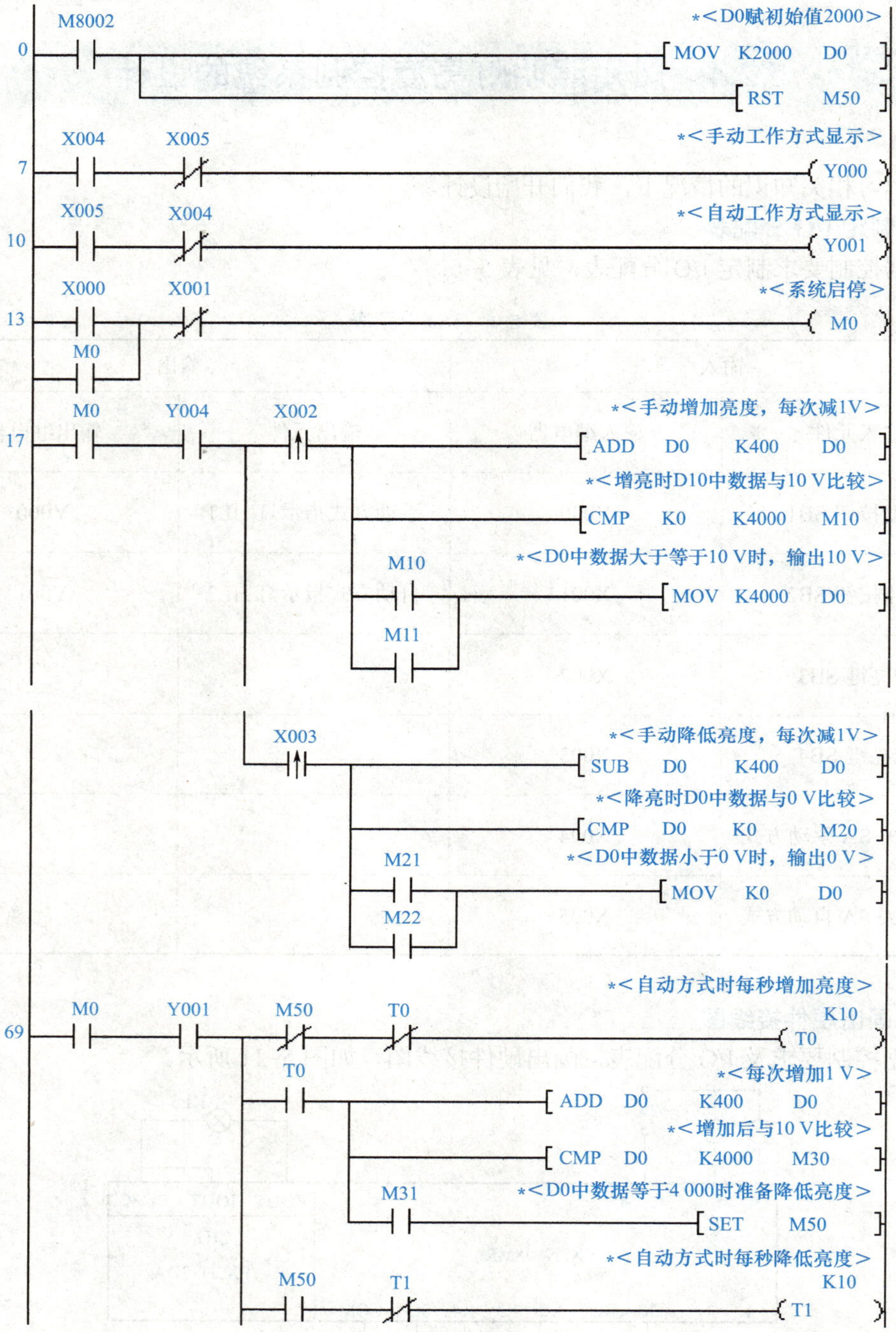

```
       M8002                                                    *<D0赋初始值2000>
  0 ────┤ ├──────┬──────────────────────────────────[ MOV   K2000   D0 ]
                 │
                 └──────────────────────────────────────────[ RST    M50 ]

       X004   X005                                             *<手动工作方式显示>
  7 ────┤ ├───┤/├────────────────────────────────────────────( Y000 )

       X005   X004                                             *<自动工作方式显示>
 10 ────┤ ├───┤/├────────────────────────────────────────────( Y001 )

       X000   X001                                             *<系统启停>
 13 ──┬─┤ ├──┬─┤/├────────────────────────────────────────────( M0 )
      │  M0  │
      └─┤ ├──┘

       M0    Y004   X002                                       *<手动增加亮度，每次减1V>
 17 ────┤ ├───┤ ├────┤↑├───┬────────────────────[ ADD   D0    K400    D0 ]
                          │
                          │                                    *<增亮时D10中数据与10 V比较>
                          ├────────────────────[ CMP   K0    K4000   M10 ]
                          │
                          │   M10                              *<D0中数据大于等于10 V时，输出10 V>
                          ├───┤ ├──────────────────[ MOV   K4000   D0 ]
                          │   M11
                          └───┤ ├──┘

                     X003                                      *<手动降低亮度，每次减1V>
                    ─┤↑├────┬────────────────────[ SUB   D0    K400    D0 ]
                           │
                           │                                   *<降亮时D0中数据与0 V比较>
                           ├────────────────────[ CMP   D0    K0    M20 ]
                           │   M21                             *<D0中数据小于0 V时，输出0 V>
                           ├───┤ ├──────────────────[ MOV   K0    D0 ]
                           │   M22
                           └───┤ ├──┘

       M0    Y001   M50    T0                                  *<自动方式时每秒增加亮度>
                                                                              K10
 69 ────┤ ├───┤ ├───┤/├───┤/├─┬──────────────────────────────( T0 )
                             │
                             │   T0                            *<每次增加1 V>
                             ├───┤ ├──────────────[ ADD   D0    K400    D0 ]
                             │                                 *<增加后与10 V比较>
                             ├──────────────────[ CMP   D0    K4000   M30 ]
                             │   M31                           *<D0中数据等于4 000时准备降低亮度>
                             ├───┤ ├────────────────────────[ SET    M50 ]
                             │                                 *<自动方式时每秒降低亮度>
                             │   M50    T1                                    K10
                             └───┤ ├───┤/├──────────────────────────────( T1 )
```

图 5-12　梯形图程序

● 【任务小结】

通过对船舶照明灯亮度 PLC 控制系统的设计，深入理解了模拟量输出模块 BFM 分配的含义，掌握了 PLC 对模拟量输出模块参数设置及写入读取的编程方法，为 PLC 模拟量控制系统的设计打下基础。

任务 5.3　船用电动机变频调速控制

【任务描述】

随着变频调速技术应用日益广泛和应用水平的不断提高，对变频调速系统的精度要求也越来越高。目前，许多变频调速装置属于开环控制方式，已经不能满足高精度控制的要求。为了提高开环变频调速器的控制精度，系统可以采用带编码器速度检测和 PLC 控制的闭环系统。在电动机转速闭环控制中，同轴编码器测量电动机转速，经 PLC 内部 A/D 转换后与给定值进行比较，然后由 PID 运算控制得出的数值经 D/A 转换后输出给变频器，从而闭环控制电动机转速。

【任务分析】

变频器控制电动机，电动机上同轴连接旋转编码器。编码器根据电动机的转速变化而输出电压信号 Vi1，信号 Vi1 反馈到 PLC 模拟量输入模块的电压输入端，在 PLC 内部与给定量比较，经过运算处理后，通过 PLC 模拟量输出模块的电压输出端输出一路可变电压信号 Vout 来控制变频器的频率输出，达到闭环控制转速的目的（图 5-13）。

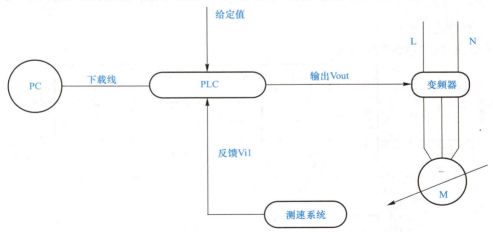

图 5-13　PLC 模拟量方式的变频器闭环调速控制系统原理

5.3.1　模拟量输入 / 输出模块

FX0N-3A 的数据传输和参数设置都是通过 TO/FROM 指令对缓冲存储器 BFM 的读写实现的。缓冲存储器 BFM 的地址分配见表 5-7。

表 5-7　缓冲存储器的分配（BFM）

缓冲存储器编号	b8～b15	b7	b6	b5	b4	b3	b2	b1	b0
0	保留	通过 17# 的 b0 选择的 A/D 通道的当前值输入 8 位数据							
16	保留	在 D/A 通道上的当前值输出 8 位数据							
17	保留				D/A 启动		A/D 启动		A/D 通道选择
0～15、18～31	保留								

BFM0：存储外部模拟信号经 D/A 转换后的数值；

BFM16：存储主机传送来的数据，准备 A/D 转换为模拟信号，输出控制负载；

BFM17：b0=0 时选择模拟输入通道 1；b0=1 时选择模拟输入通道 2；

b1 由 0 上升为 1 时，启动 A/D 转换；b1 由 1 下降为 0 时，启动 D/A 转换。

● 【任务实施】

5.3.2　船用电动机变频调速控制的设计

1. 系统硬件配置

系统硬件接线如图 5-14 所示。

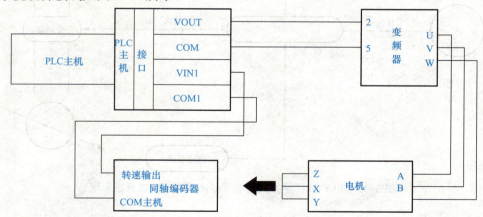

图 5-14　PLC 模拟量方式的变频器闭环调速控制系统接线

（1）选用 FX2N-64MR-001AC 系列 PLC，32 位开关量输入，32 位继电器输出。

（2）选用最大分辨率为 8 位的 FX0N-3A 模拟量模块，2 路模拟量输入，1 路模拟量输出。输入通道接收模拟信号，并转换为数字值；输出通道采用数字值并输出等量模拟信号。

（3）选用三菱 D740-0.75K 变频器。

（4）同轴编码器可以将电动机的转速按比例转换成电压信号，通常是 0 ～ 5 V。

2．系统控制流程图

系统控制流程如图 5-15 所示。控制过程：首先读取给定值，即读取给定转速，读取反馈值，即读取电动机的实际转速的测量值，将给定值与反馈值进行比较，计算偏移量；然后调用 PID 算法，由偏移量计算出控制输出值，再将输出电压给变频器，达到调整电动机转速的目的。

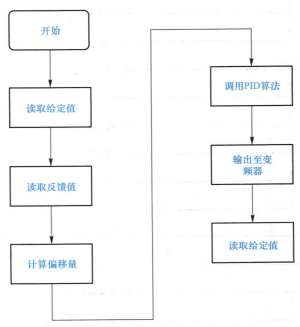

图 5-15　系统控制流程

3．梯形图参考程序

按照系统控制流程图编写的梯形图参考程序，如图 5-16 所示。

4．操作步骤

（1）对变频器进行参数设置，设置完毕后，断电保存参数：

Pr.160=0，Pr.73=0，Pr.79=4，Pr.340=0

（2）按接线列表正确将导线连接完毕后，将程序下载至 PLC 主机，将"RUN/STOP"开关拨到"RUN"。

（3）设定给定值。单击标准工具条上的"软元件测试"快捷项（或执行"在线"菜单下"调试"项中的"软元件测试"命令），进入"软元件测试"对话框。在"字软元件 / 缓冲存储区"栏中的"软元件"项中键入 D1，设置 D1 的值，确定电动机的转速。

（4）启动电动机转动。电动机转动平稳后，记录给定值和反馈值（反馈值可能通过监视模式读取）。再改变给定值，观察电动机转速的变化并记录数据。

（5）按变频器面板上的"STOP/RESET"，使电动机停止转动。

（6）观察并记录数据添入下列位置：

给定值 =　　　反馈值 =　　　变频器输出频率（Hz）=　　　最大振荡偏差 =

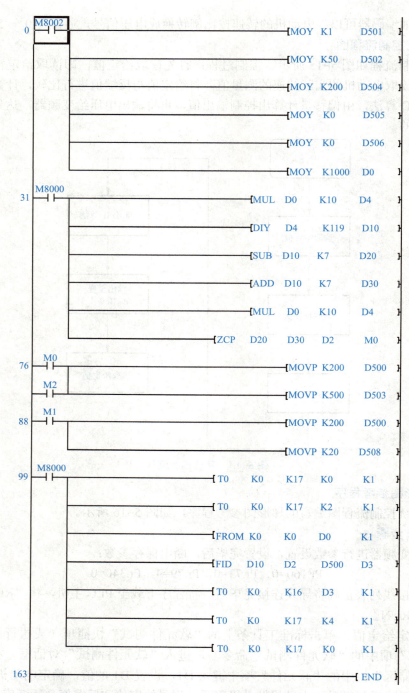

图 5-16　PLC 模拟量方式的变频器闭环调速控制系统梯形图程序

●【任务小结】

通过对船用电动机变频调速控制系统的设计，深入理解了模拟量输入 / 输出模块 BFM 分配的含义，掌握了 PLC 对模拟量输入 / 输出模块参数设置及写入读取的编程方法，为 PLC 模拟量控制系统的设计打下基础。

160

【项目评价】

船舶模拟量信号的 PLC 控制考核表见表 5-8。

表 5-8　船舶模拟量信号的 PLC 控制考核表

项目	配分	技能考核标准	扣分	得分
I/O 分配表	10	I/O 分配表中缺少或错误一项扣 2 分，扣完为止		
硬件接线	30	（1）硬件接线电路图（10 分），错误一处扣 2 分； （2）接线的正确性（10 分），错误一处扣 2 分； （3）接线的牢固性（5 分），不牢固一处扣 2 分； （4）接线工艺（5 分），接线不入线槽扣 2 分，压线皮一处扣 1 分，露铜过长一处扣 1 分		
梯形图的编写	20	程序编写简明、结构合理、功能正确（15 分），不合理，视情况扣 1～15 分		
程序变换与程序检查	5	（1）程序变换（2 分），程序没有变换成功的扣 2 分； （2）程序检查（3 分），程序检查出现语法错误一处扣 1 分		
传输设置与程序下载	5	（1）传输设置（3 分），PC–PLC 传输设置不正确的，扣 5 分； （2）程序下载（2 分），程序下载不成功的，扣 5 分		
程序运行	10	不能实现任务功能或部分完成任务功能的，酌情扣 1～10 分		
实训报告	20	没按照报告要求完成实训报告或内容不正确的，视程度扣 2～15 分		
合计				

【练习与思考】

1. 选择题

（1）模拟量输入模块 FX–2AD 的模拟量输入范围为（　　）。

　　A．DC 0～5 V　　B．DC 0～10 V　　C．0～10 mA　　D．4～20 mA

（2）模拟量输入模块 FX–2AD 的数字输出是（　　）。

　　A．8 位　　　　B．10 位　　　　C．12 位　　　　D．16 位

（3）模拟量输出模块 FX–2DA 的转换速度是（　　）。

　　A．2 s　　　　B．3 s　　　　C．3 ms　　　　D．4 ms

161

（4）在 FX 系列可编程控制器基本单元的右侧依次连接 FX-4AD、FX-16EX、FX-4DA、FX-8EX、FX-2AD，则三个特殊功能模块 FX-4AD、FX-4DA、FX-2AD 的地址编号依次为（　　）。

A．1 号、3 号、5 号　　B．0 号、2 号、4 号

C．1 号、2 号、3 号　　D．0 号、1 号、2 号

（5）FX-4AD 的识别码是（　　）。

A．K2010　　B．K3010　　C．K3020　　D．4010

（6）FX-4AD 的 BFM#0 初始值为 H0000 说明 4 个通道出厂设定为（　　）。

A．电压输入 0 ～ 5 V　　B．电压输入 -10 ～ +10 V

C．电流输入 4 ～ 20 mA　　D．电流输入 -20 ～ 20 mA

（7）如果使用 3 个通道且 1 通道为电流输入 4 ～ 20 mA、2 通道为电流输入 -20 ～ 20 mA、2 通道为电压输入 -10 ～ +10 V，则 FX-4AD 的 BFM#0 的设定值应为（　　）。

A．H3210　　B．H0123　　C．H1203　　D．H3021

（8）关于图 5-17 中梯形图程序功能叙述正确的是（　　）。

M8000
0
FROM K0 K30 D4 K1
CMP K3010 D4 M0

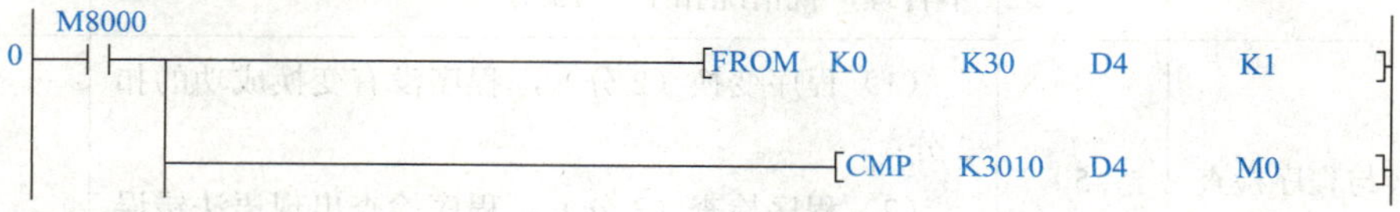

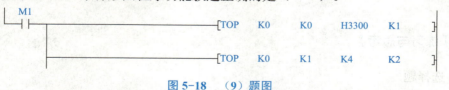

图 5-17　（8）题图

A．在程序初始化时，PLC 从 0 号特殊功能模块的 BFM30# 读取模块的识别码，并与 K3010 进行比较，若相等说明识别成功，接下来可能利用 M1 的常开触点继续对该模块执行读写动作

B．在程序运行时，PLC 将特殊功能模块的 BFM30# 的数据读入到数据寄存器 D4 中，并与 K3010 进行比较，若相等接下来可能利用 M0 的常开触点继续对该模块执行读写动作

C．在程序初始化时，PLC 将特殊功能模块的 BFM30# 的数据读入到数据寄存器 D4 中，并与 K3010 进行比较

D．在程序运行时，PLC 不断地读取 0 号特殊功能模块的识别码，并验证是否为模拟量输出模块 FX-2DA

（9）关于图 5-18 中梯形图程序功能叙述正确的是（　　）。

M1
TOP K0 K0 H3300 K1
TOP K0 K1 K4 K2

图 5-18　（9）题图

A．触点 M1 接通时，设置 0 号特殊功能模块的通道参数

B．触点 M1 接通时，关闭通道 CH3、CH4，将通道 CH1、CH2 设置为电压输入方式

C．仅在触点 M1 由 OFF 变为 ON 时，关闭通道 CH3、CH4，将通道 CH1、CH2 设置为电压输入方式，并将计算平均值的次数设为 4 次

D．仅在触点 M1 由 OFF 变为 ON 时，将通道 CH1、CH2 设置为电压输入方式，将通道 CH3、CH4 设置为电流输入方式，并将计算平均值的次数设为 4 次

（10）图 5-19 中梯形图程序功能是在条件成立的情况下，将 0 号特殊功能模块 BFM29# 的状态信息分别写到 M25 ～ M10，如果没有出错并且设备准备好，则将通道 5 和通道 6 的平均值分别读到数据寄存器 D0 和 D1 中。上述说法（　　　）。

图 5-19 （10）题图

A．正确　　　　　B．错误　　　　　C．无法确定

2．在图 5-2 中，FX-4AD 模拟量输入模块儿连接在最靠近基本单元 FX2N-48MR 的地方，那么它的编号是多少？如果仅开通 CH1 和 CH2 两个通道，作为电压量输入通道，计算平均值的取样次数定为 6 次，PLC 中的 D10 和 D11，分别接收这两个通道输入值平均值数字量。试编写梯形图程序。

3．使用模拟量输入 / 输出模块设计 PLC 控制系统时，需要完成哪些步骤和内容？

项目描述

以往的船舶大多使用继电器－接触器控制系统，经多年的使用，线路、元器件老化，导电性能及接触可靠性降低，经常造成各继电器的误动作，影响设备正常工作，甚至烧毁电器设备，造成事故。

目前应用较多的控制器有单片机与可编程控制器（PLC），由于单片机的开发和应用需要专业人员，抗干扰能力较差，维护也比较困难，因此在船舶设备技术改造方面的应用受到限制。相比单片机，PLC 的输入输出端更接近现场设备，且不断吸收计算机技术使之功能不断增强，逐渐适合复杂的控制任务，因此，其在船舶设备上的应用日益广泛。

本项目包括三速交流起货机 PLC 控制系统、应急发电机组 PLC 自动启动控制系统、船舶辅助锅炉 PLC 控制系统及船舶电站自动化 PLC 监控系统四个典型应用。根据船舶设备控制的原理、特点，选定 PLC 的机型，绘制相应的 PLC 控制系统的硬件接线图，设计程序流程图及系统控制程序等，从而从技术层面上揭示用 PLC 控制技术取代继电器控制技术的可行性和优越性。

知识点

1. 掌握三速交流起货机及其控制系统的工作原理。
2. 掌握应急发电机组 PLC 自动启动的控制要求和工作过程。
3. 了解船舶辅助锅炉自动控制的技术要求。
4. 了解船舶电站自动化系统的技术要求。
5. 掌握典型船舶 PLC 控制系统的设计步骤、内容及方法。

技能点

1. 能够根据船舶设备技术要求归纳总结系统输入输出信号及控制要求。
2. 能够根据控制要求选择合适的 PLC 模块及其规格型号。
3. 能够根据控制要求进行 PLC 程序流程图的设计。
4. 能够根据 PLC 程序流程图编写梯形图程序。
5. 能够正确分析典型船舶 PLC 控制系统的工作过程。

交流三速起货机在船舶上的应用较为广泛，但其仍然采用传统的继电器控制，系统中的活动触点多，线路复杂，主令控制器工作电流较大，可靠性差，需经常维护保养，且不能提供受操作频率限制的保护措施，直接影响船舶的航行和生产。为了克服继电控制系统的缺陷，采用三菱 FX 系列 PLC 对交流三速变极调速起货机控制线路进行改造，除保留原系统的所有功能外，还使控制系统的功能和可靠性都得到进一步提高，其性能远优于原继电接触器控制系统。

采用三菱 FX 系列 PLC 对交流三速变极调速起货机控制线路进行改造，除保留原系统的所有功能外，还使控制系统的功能和可靠性都得到进一步提高，其性能远优于原继电接触器控制系统。根据交流三速变极调速起货机的工作要求，确定采用 PLC 控制的方法，进行控制系统的硬件设计和软件设计，并分析工作原理。

6.1.1 交流变极调速起货机控制系统的功能要求

船舶交流变极调速起货机由于其工作的特殊性，控制系统必须具备如下功能：

（1）使用简单凸轮开关完成起货机提升一挡（低速）、二挡（中速）、三挡（高速）和下降一挡（低速）、二挡（中速）、三挡（高速）速度操纵，中间为零位，并可用"紧急停车"按钮实现应急状态下停车。

（2）在加速换挡过程中电磁制动器保持释放，且当高速绕组接通后才能断开低速绕组，以防换挡过程中电动机失电。

（3）当手柄从零位直接至高速挡时能逐级按以下顺序自动启动：低速绕组通电后制动器松闸，0.4 ~ 0.6 s 后中速绕组接通，断开低速绕组，0.9 ~ 1.1 s 后高速绕组接通，断开中速绕组。

（4）当手柄从高速挡迅速至零位时能按以下顺序实现三级制动停车：首先高速、中速绕组立即断开，低速绕组和方向接触维持闭合，进入再生制动，0.5 ~ 0.9 s 后电磁制动器抱闸制动，实现再生制动与机械制动同时联合制动，0.2 ~ 0.3 s 后低速绕组断开，进入单一的机械制动。

（5）具有逆转矩控制功能。在高速挡突然换向时，首先如（4）所述实现三级制动，在电磁制动器抱闸制动后 0.5 ~ 0.6 s 后再如（3）所述进入反向逐级自动启动。

（6）风机与主电动机连锁：当主电机过载时，风机应继续运行，当风机出现过载故障时，起货机仅可使用下降一挡（低速）放下重物。

（7）当主电动机出现非临界高温时，起货机自动至低速挡，当出现临界性高温或其他故障时，自动紧急停车。此类停车与按下"紧急按钮"相同，均要求手柄放至零位才能复位。

（8）对各类故障应具有声光报警，并能予以消声应答。

6.1.2　系统的硬件配置

根据上述控制要求，可考虑系统的输入、输出开关信息及其接点数。输入开关量包括主令控制信号及运行状态反馈信号；输出开关为控制和改变电动机运行状态的执行指令。按控制要求构成的系统输入输出接点配置如图 6-1（a）所示。

在图 6-1 中，占用 PLC 输入接点共 12 个，其中 X0 ～ X4 是小型主令控制器的输入接点，其接点的闭合表如图 6-1（b）所示，小型主令控制器为起货电动机启停、正反转及速度调节的操纵器件。另外，其他输入接点分配如下：

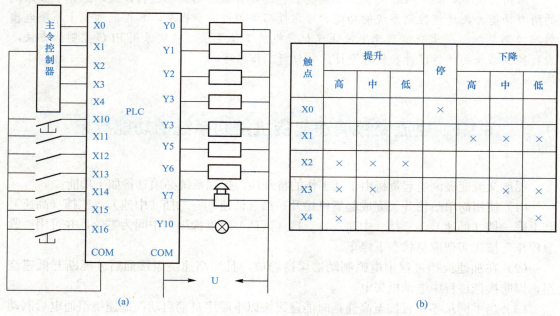

(a)　　　　　　　　　　　　　　(b)

触点	提升			停	下降		
	高	中	低		高	中	低
X0				×			
X1					×	×	×
X2	×	×	×				
X3	×	×				×	×
X4	×						×

图 6-1　系统 I/O 接点配置图
（a）输入输出接点配置；（b）接点的闭合表

X10——应急停车；

X11——风机故障；

X12——风机风门关闭；

X13——电动机过热（非临界性高温）；

X14——临界性高温；

X14——电动机其他故障；

X16——警铃消声。

PLC 的输出接点共 9 个，分别连接下列器件：

Y0——正转接触器 KM1；

Y1——反转接触器 KM2；

Y2——机械制动接触器 KM3；

Y3——低速接触器 KM4；

Y4——中速接触器 KM5；

Y5——高速接触器 KM6；

Y6——风机接触器 KM7；

Y7——警铃 HA；

Y10——报警灯光指示 HL。

● 【任务实施】

6.1.3　系统的软件结构

按控制要求，除输入上述开关信息外，系统还需使用 PLC 的一些内部辅助继电器和定时器。程序中用作状态标志的辅助继电器及其功能如下：

M0——紧急停车标志；

M1——高中速标志；

M2——过零换向标志；

M3——重大故障标志；

M4——制动标志；

M5——机械制动标志；

M6——报警标志；

M7——风机运行且主电机无过热标志。

程序中使用的软件定时器：

T0——突停操作计时；

T1——过零计时；

T2——低速挡制动计时；

T3——机械制动定时；

T4——低速至中速间延时；

T5——中速至高速间延时；

T6、T7——报警闪光；

T10、T11——换挡和复位延时。

根据控制要求及由这些要求所决定的输入输出接点及其中间环节之间的逻辑关系，可设计如图 6-2 所示的梯形图程序。整个梯形图程序按控制要求可分为 5 部分。

6.1.3.1　故障监视及报警

图 6-2 中（1）所示为故障监视及报警，这部分程序完成下列功能：

（1）风机无故障（X11），风机启动运行（Y6）。

（2）当主电动机出现临界高温（X14）或其他故障时（X15），建立起故障标志（M3）。

（3）当有故障标志（M3）或有紧急停机命令时（X10），紧急停车标志（M0）置位，主控母线切断，电动机停车。

（4）当主令手柄置零位时（X0），延时 1 s（T11），使 M0 复位，接通主控母线，电动机准备工作。

（5）当有故障标志（M3）或风机停车（Y6）或电动机过热（X13）时，建立报警标志（M6）。

（6）当有报警标志时（M6），警铃响（Y7）、报警灯（Y10）以 0.5 s 间歇闪烁（T6、T7）。

（7）当警铃消声命令输入时（X16），警铃切断，警灯继续闪烁。

6.1.3.2　电动机三级制动控制及逆转矩控制

图 6-2 中（2）所示为电动机三级制动控制及逆转矩控制。这部分程序完成下列功能：

（1）当电动机进入中速或高速时，建立起中高速标志 M1。

（2）当手柄折回零位时，建立起过零标志（M2），并使中高速标志（M1）延时 1.9 s 后（T0）复位。

（3）同时具有过零标志（M2）及中高速标志（M1）时，建立起制动标志（M4）。

（4）在具有制动标志（M4）的情况下，当手柄离开中高速位置扳回零位时实现三级制动。

首先低速绕组仍然接通，进行再生制动；0.6 s 后（T3）机械制动器释放（M5、Y2），实现机械与再生同时制动；0.9 s 后（T2）低速绕组切断（Y3），开始单独机械制动。

（5）当主令手柄由正转中高速扳向反转时，首先完成上述三级制动过程，然后反向启动，实现逆转矩控制。

6.1.3.3　电磁制动器控制

图中 6-2 中（3）所示为电磁制动器控制。在 M0 复位的前提下，当低速（Y3）、中速（Y4）、高速（Y5）任一接通时，电磁制动器通电释放。

6.1.3.4　逐级延时加速控制

图 6-2 中（4）所示为逐级延时加速控制。这部分程序完成下列功能：

（1）当手柄从零位突然扳向高速时，保证首先进入低速（M4、T2、Y3），延时 0.5 s 后（T4）进中速，再延时 1 s 后（T5）进入高速，实现三级时间原则启动。

（2）只有在电动机正常运转无过热情况下，才能进入中高速。

（3）中速与高速连锁，保证高速绕组接通后断开中速绕组；高速绕组断开接通后接通中速绕组。

（4）低速与中高速连锁，保证中高速绕组接通后才断开低速绕组，中高速绕组断开后才能接通低速绕组。

图 6-2 所示为 PLC 控制交流三速起货机梯形图。

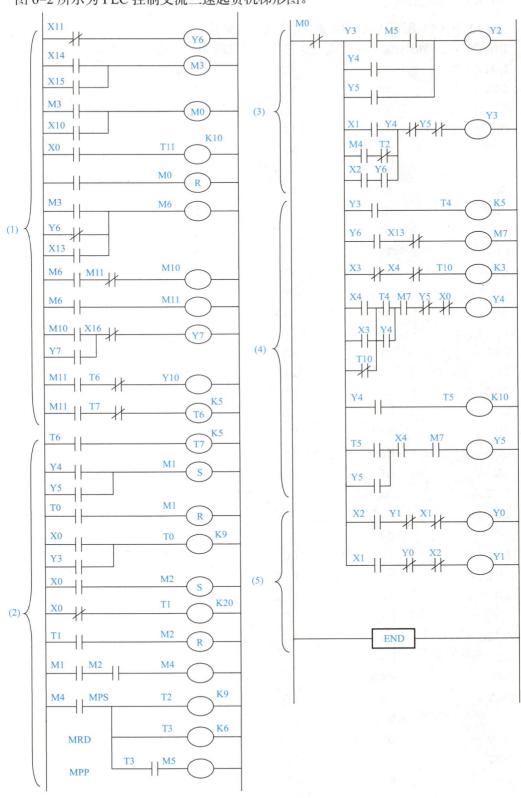

图 6-2　PLC 控制交流三速起货机梯形图

6.1.3.5 转向控制

图 6-2 中（5）所示为转向控制，并实现正反转连锁。

根据图 6-2 梯形图编制的交流三速起货电动机的 PLC 控制指令如下：

LDI	X11	LD	M11
OUT	Y6	ANI	T6
LD	X14	OUT	Y10
OR	X15	LD	M11
OUT	M3	ANI	T7
LD	M3	OUT	T6
OR	X10	K	5
SET	M0	LD	T6
LD	X0	OUT	T7
OUT	T11	K	5
K	10	LD	Y4
LD	T11	OR	Y5
RST	M0	SET	M1
LD	M3	LD	T0
ORI	Y6	RST	M1
OR	X13	LD	X0
OUT	M6	OR	Y3
LD	M6	OUT	T0
ANI	M11	K	19
OUT	M10	LD	X0
LD	M6	SET	M2
OUT	M11LDI		X0
LD	M10	OUT	T1
OR	Y7	K	20
ANI	X16	LD	T1
OUT	Y7	RST	M2
LD	M2	LDI	X3
AND	M1	ANI	X4
OUT	M4	OUT	T10
LD	M4	K	3
MPS	MRD		
OUT	T2	LD	X4
K	9	OR	X3
MRD	ORI	T10	
OUT	T3	LD	T4
K	6	OR	Y4

```
MPP                ANB
LD        T3       AND     M7
OUT       M5       ANI     Y5
LDI       M0       ANI     X0
MPS       OUT      Y4
LD        Y3       MRD
ANI       M5       LD      Y4
OR        Y4       OUT     T5
OR        Y5       K       10
OUT       Y2       MRD
MRD       LD       T5
LD        X1       OR      Y5
LD        M4AND X4
ANI       T2       AND     M7
ORB       OUT      Y5
LD        X2       MRD
AND       Y6       LD      X2
ORB       ANI      Y1
ANI       Y4       ANI     X1
ANI       Y5       OUT     Y0
OUT       Y5       MPP
MRD       LD       X1
LD        Y3       ANI     Y0
OUT       T4       ANI     X2
K         5        OUT     Y1
MRD       END
LD        Y6
ANI       X13
OUT       M7
MRD
```

● 【任务小结】

根据交流三速变极调速起货机的工作要求，确定采用 PLC 控制的方法，进行控制系统的硬件设计和软件设计，并分析工作原理。

任务 6.2　应急发电机组 PLC 自动启动控制

【任务描述】

　　应急发电机组是船舶及其他海上设施在主电源突然断电时对重要航行设备、消防救险设备和必要的照明提供应急电源的重要设备。采用 PLC 和数字显示仪表结合组成的应急发电机组自动启动控制器，能适应不同电压等级及频率的应急发电机组，能自动检测主电网的欠压，自动启动应急发电机组，自动合闸供电，并能发出启动成功或启动失败的报警信号，很适合单台应急发电机组的自动启动控制。

【任务分析】

　　采用三菱 FX 系列 PLC 对应急发电机组自动启动装置进行改造，除保留原系统的所有功能外，还使控制系统的功能和可靠性都得到进一步提高，其性能远优于原继电接触器控制系统。根据应急发电机组自动启动装置的工作要求，确定采用 PLC 控制的方法，进行控制系统的硬件设计和软件设计，并分析工作原理。

6.2.1　应急发电机组自动启动的技术要求

　　应急发电机组是船舶及其他海上设施在主电源突然断电时对重要航行设备、消防救险设备和必要的照明提供应急电源的重要设备，它对于船舶安全航行、处理突发事故以及遭遇海难时的呼救逃生等都具有特别重要的意义。在陆地的小范围供电区域也常使用应急发电机组作为临时停电的应急供电设备。

　　由于在主电源突然断电时应急发电机组需要立即启动，正常发电后立即并入电网供电；而在主电源恢复供电后，要使应急发电机组脱离电网并关机，停止运行。因此，大多数情况下应急发电机组启动、停止都采用自动控制的方式。

　　传统的老式应急发电机组自动启动装置采用若干中间继电器、时间继电器组成逻辑电路，有的还包括复杂的定时机构、传动电动机和速度继电器等，结构复杂、故障率高，现已被逐步淘汰。近年来市场上出现的全电子型的应急发电机组自动控制装置功能较齐全，能实现应急发电机组的自动启动、供电、停机。但对电压、频率等参数无直观显示，修改设定参数需要专用的仪表设备，且某些故障报警、故障处理功能在发电机组的自动控制部分已经具备，属于多余功能。本项目介绍的一种采用 PLC 和数字显示仪表结合组成的应急发电机组自动启动控制器，能适应不同电压等级及频率的应急发电机组，能自动检测主电网的欠压，自动启动应急发电机组，自动合闸供电，并能发出启动成功或启动失败的报警信号，很适合单台应急发电机组的自动启动控制。

6.2.2 电路设计及器件选择

电路的设计主要分为主电路及 PLC 控制电路两大部分。其电路框图如图 6-3 所示。

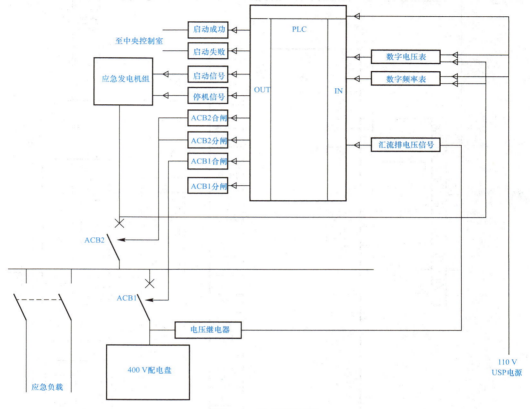

图 6-3 控制器框图

主电路主要包括控制 400 V 配电屏向应急负载供电的自动空气开关 ACB1 和控制应急发电机组向应急负载供电的自动空气开关 ACB2。ACB1 和 ACB2 选用可以自动合闸与分闸的 DW914 或其他合适的型号。

自动控制电路以 PLC 为中心，加上提供输入信号的数字电压表、数字频率表和电压继电器，以及作为输出执行功能的一组中间继电器组成。其电路如图 6-4 所示。

这部分是整个应急发电机组自动启动控制器的核心，主要分为信号变换及输入部分、输出执行部分和程序控制部分。总体工作程序如下：400 V 主汇流排电压下降至 310 V 以下，延时 5 s，即发出欠压信号，PLC 控制 ACB1 分闸，同时发出应急发电机组启动信号，应急发电机组开始启动，电压逐渐上升，转速加快，逐渐接近额定转速。通过数字电压表和数字频率表测量应急发电机组的电压与频率，并将两表的 BCD 码数字信号送入 PLC 进行比较、运算。在启动后 15 s 内应急发电机电压达到 370 ~ 390 V，频率达到

48～52 Hz，即认为启动成功，向 ACB2 发出合闸信号。如果在 15 s 内未能达到上述电压和频率，即认为第一次启动失败，PLC 发出第二次启动信号。如果连续 3 次启动失败（共 45 s），则向中央控制室发出报警信号，同时向应急发电机组发停机信号，程序终止。应急发电机组启动成功后，如 400 V 配电板恢复供电，则向应急发电机组发出停机信号，同时使 ACB2 分闸，ACB1 合闸。下面简述各部分设计原则及器件选用。

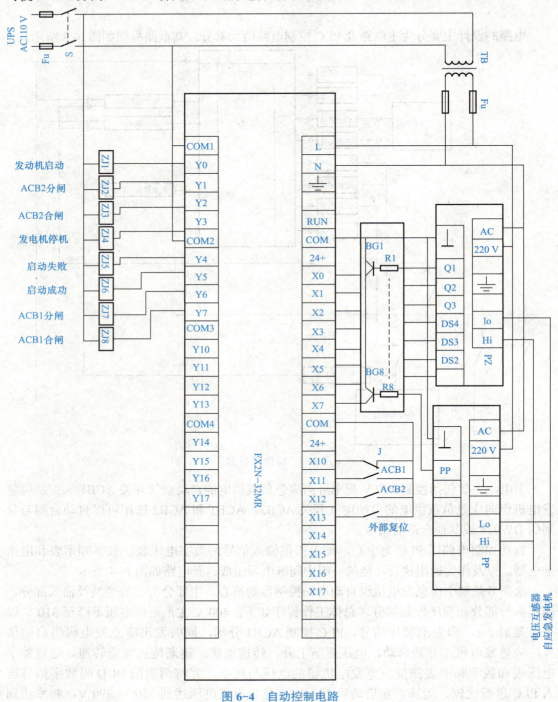

图 6-4　自动控制电路

6.2.3　PLC 的选型与配置

应急发电机组自动启动的控制程序并不十分复杂，是属于对单一设备的程序控制，因此，我们选用性能价格比高、体积小巧的三菱超小型可编程控制器 FX2N 系列的产品。

6.2.3.1　I/O 点数的确定

数字电压表 PZ101-C 和数字频率表 PP34-F1（均为南京电表厂产品）具有 4 位 BCD 码输出端（Q0 ～ Q3）和个位至千位选通端，每只表需 8 个 PLC 输入点。现为了压缩输入点数，数字电压表取 BCD 码 4 点，个位至百位选通端 3 点，数字频率表取频率脉冲信号 1 点。这样，两只表共占用 8 个输入点，再加上 400 V 配电屏电压检测，ACB1、ACB2 开关状态检测及适当的备用输入端，PLC 总共应具备 16 个输入点。根据图 6-3 要使用 8 个输出点，加上备用点，应具有 8 ～ 16 个输出点。PLC 型号规格可选用 FX2N-32MR。

6.2.3.2　输入部分

数字电压表和数字频率表内部的工作原理基本相同，主芯片都是采用 MC14433 单片 32 位 A/D 转换器。MC14433 除在 LED 数码显示管上显示测量值外，还具有 BCD 码输出功能，可送入 PLC 内进行数据处理、比较，并据此控制程序的流向。另外，MC14433 的转换速率为 3 ～ 10 次 / s，远远大于 PLC 的扫描周期（本程序约为 9 ms），所以程序的读取非常稳定。

但是，PLC 输入端一般只能接收频率小于 25 Hz 的脉冲，而对于 50 Hz 左右的频率脉冲将不能被 PLC 直接处理，必须要用 PLC 的特殊功能应用指令——调整滤波时间指令（REFF）来加以解决。

需要注意的是，PLC 的输入电路采用的是负逻辑方式，即输入 ON 的状态是 X 输入端与 COM 端间呈低阻（接通）状态，输入 OFF 状态是 X 与 COM 间为高阻（断开）状态。而 MC14433 的 BCD 码和位选通信号均为正逻辑脉冲，因此，必须对这些输入脉冲信号进行倒相处理。为此，在数字表输出端和 PLC 输入端之间增加了由 BG1 ～ BG8 和 R1 ～ R8 组成的 8 路反相器。

其他一些输入信号，如配电屏电压检测、主开关状态检测等均为继电器触点输入方式。

6.2.3.3　输出部分

PLC 的输出部分比较简单，采用 HH62P 型小型中间继电器作为输出驱动元件，完成相应的分闸、合闸和报警功能。

6.2.4　程序设计

6.2.4.1　控制流程

应急发电机组自动启动控制流程如图 6-5 所示。

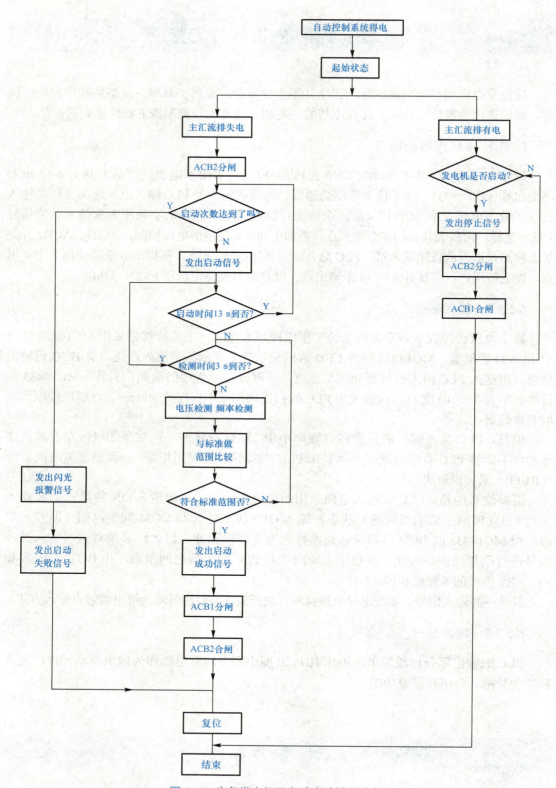

图 6-5　应急发电机组自动启动控制流程

6.2.4.2　内部元件定义

1．输入继电器

X0 ～ X3：数字电压表的 BCD 码的输出信号（Q0 ～ Q3）；

X4 ～ X6：数字电压表个位、十位和百位选通信号（DS4、DS3 及 DS2）；

X7：数字频率计频率脉冲信号（PP）；

X10：主母线的 400 V 电压信号，接通为失压，断开为有压；

X11：ACB1 已合闸；

X12：ACB2 已合闸；

X13：外部复位信号。

2．输出继电器

Y0：发电机启动；

Y1：ACB2 已分闸；

Y2：ACB2 已合闸；

Y3：发电机停止；

Y4：启动失败；

Y5：启动成功；

Y6：ACB1 已分闸；

Y7：ACB1 已合闸；

Y13：发出启动信号指示；

Y14：电压符合设定值指示；

Y15：频率符合设定值指示。

3．辅助继电器

M100：应急发电机运行中，主汇流排有电；

M101：主汇流排失电；

M102：启动信号；

M103：启动失败警报；

M104：启动成功信号；

M120 ～ M122：存储电压比较结果；

M124 ～ M126：存储频率比较结果。

4．定时器

T1 ～ T6：模拟操作开关微动时间继电器；

T11：启动时间 15 s；

T12：检测时间 3 s；

T14、T15：警报闪烁时间 0.5 s；

T100：频率脉冲计数时间定时 0.5 s。

5．计数器

C10：检测周期内测得电压符合标准值的次数，10 次；

C11：检测周期内测得频率符合标准值的次数，3 s；

C12：启动失败次数，3 次；

C13：警报闪烁次数，300 次。

6.2.4.3　检测程序

在整个系统的运行过程中，对电压和频率的检测结果是准确判断应急发电机组是否启动成功的关键，也是程序设计的重点所在。使用 PLC 进行步进顺控即位置控制方面的应用比较简单、方便。即便是作为过程控制，对于各种物理量的控制、运算往往也要采用专用扩展模块来加以解决。本项目为了简化系统，降低成本，采用数字式仪表进行电量测量和模数转换，再让 PLC 接收数字式仪表经转换的数字信号（已转换为 BCD 码），利用 BIN 指令将电压数据个位、十位、百位的 BCD 码移位后存入 3 个寄存器，再用 SMOV 指令将个位、十位、百位的 BCD 码移位后存入个位的寄存器，原来存入个位 BCD 码的寄存器中就存有 3 位数字组合成的一组 BCD 码，这三位数即为测得的电压值。最后，再使用 ZCP 指令将这组 BCD 码与希望达到的电压标准值的上、下限相比较（这里上限为 390、下限为 370），在这一区间内检测到的次数将被 C10 计数。PLC 反复快速地进行检测，如果在一个检测周期内（3 s）有 10 次正确值被 C10 计数，则认为电压已达到预定值。频率的检测过程与上述过程类似。下面列出检测部分的子程序段。

135	LD	M8000				
136	REFF	K0				
139	LD	X4				
140	BIN	K1X0	D100			
145	LD	X5				
146	BIN	K1X0	D101			
151	LD	X6				
152	BIN	K1X0	D102			
157	LD	M8011				
158	SMOV	D101	K1	K1	D100	K2
169	SMOV	D102	K1	K2	D100	K3
180	ZCP	K370	K390	D100	M120	
189	LD	M121				
190	OUT	C10	K10			
193	LD	M121				
194	RST	M121				
195	LD	X7				
196	ANT	T100				
197	INC (P)	D10				
200	LD	M102				
201	OUT	T100	K5			
204	ZCP	K24	K26	D10	M124	
213	AND	M125				
214	OUT	C11	K3			
217	LD	T100				
218	RST	D10				

221	RST	T100
223	LD	C10
224	AND	C11
225	OUT	M104
226	LD	M102
227	AND	T11
228	RST	M121
229	RST	M125
230	SRET	

● 【任务小结】

本任务介绍的自动启动控制器具备参数设定、修改方便的特点。例如，对于不同电压、频率的发电机组，只要使用 PLC 配用的编程器修改上列程序段中的 180 和 204 句，即可改变设定电压和频率。另外，对于启动时间、检测周期、启动次数也可以方便地修改。在无编程器的情况下，非专业人员无法接触和修改程序，因此确保了设备的安全。

任务 6.3　PLC 在船舶辅助锅炉自动控制系统中的应用

【任务描述】

船用锅炉是远洋运输船舶必备的辅助设备之一。锅炉产生的蒸汽主要用来加热燃油、加热润滑油、主机暖缸、驱动其他辅助机械及生活杂用等。目前，经济全球化和一体化的飞速发展促进了船舶朝大型和超大型方向发展，因此，对锅炉蒸发量的要求将越来越大。与此同时，对锅炉经济性和安全性的要求也将越来越高。

锅炉是船舶动力装置中最早实现自动控制的设备之一，它包括锅炉点火及燃烧时序控制系统、水位自动控制系统、蒸汽压力自动控制系统、安全报警和手动控制系统等。PLC在船舶辅助锅炉燃烧自动控制系统中的应用，替代传统辅助锅炉燃烧自动控制系统是一种必然。

【任务分析】

根据辅助锅炉自动控制系统的特点，构建了船舶辅助锅炉监控系统结构的组成和控制方案。本任务对系统的输入、输出进行设计，同时对输入输出信号的采集与转换进行分析。在明确三菱 FX2N 系列 PLC 工作原理和开发特点的基础上，设计了锅炉点火时序控制程序、锅炉水位自动控制程序、蒸汽压力自动控制程序及锅炉的安全保护程序等。辅助锅炉点火及燃烧时序控制是指给锅炉一个启动信号后，系统按时序的先后顺序进行预扫风、预点火、喷油点火、点火成功后对锅炉进行预热、接着转入正常燃烧的负荷控制阶段，同时对锅炉进行一系列的安全保护。

6.3.1　船舶辅助锅炉自动控制系统技术要求

总体要求：锅炉水位采用电极式双位控制；锅炉汽压在低负荷时采用双位控制，正常负荷时采用压力比例调节器—电动比例操作器的比例控制；火焰监视器采用光电池；有危险水位、低风压、超压保护等安全保护装置；自动控制系统失灵时可转为手动操作。

在启动锅炉前，轮机员先要做一系列的准备工作。如合上电源总开关；观察锅炉水位是否在危险低水位以下，若是，则要向锅炉补足水，否则锅炉不能启动；让燃油系统的温度、压力自动控制系统投入工作；把"自动—手动"转换开关转到"自动"位置等。做好这些工作以后，就可按锅炉启动按钮，燃烧时序控制系统投入工作。时序控制系统的功能如下。

1. 预扫风

预扫风就是在启动锅炉时先用空气吹除残留在炉膛内的油气，防止炉膛内集油过多而在点火时发生冷爆。预扫风的时间根据锅炉的结构形式不同而异，一般是 20 ～ 60 s。给锅炉一个启动信号后，控制系统能自动启动油泵和风机。这时，燃油电磁阀是关闭的，不能供油，风门开得最大以大风量进行预扫风。

2. 点火

当整定的预扫风时间达到后，控制系统会自动关小风门以利于点火。点火变压器通电，点火电极产生电火花进行预点火（时间为 3 s 左右）。然后打开燃油电磁阀进行供油点火。有些锅炉没有预点火，在点火变压器通电的同时，打开燃油电磁阀进行供油点火。

在点火时间内要求小风量少喷油。对只有一个油头工作的辅锅炉，要开大回油阀减少供油。点火是否成功由光电池来监视。在调定的点火时间内，如果炉膛内有火焰说明点火成功。如果炉膛内无火焰说明点火失败，自动停炉，待故障排除后再重新启动。

3. 负荷控制

点火成功后，维持一段时间低火燃烧，对锅炉进行预热，然后开大风门，关小回油阀，以大风量多喷油来增强炉膛内的燃烧强度，使锅炉进入正常燃烧的负荷控制阶段。负荷控制就是对锅炉蒸汽压力进行自动控制。

4. 安全保护

如果发生点火失败、风机失压、中间熄火、水位太低等现象，锅炉会自动停炉进行安全保护。待故障排除后，按复位按钮才能重新启动锅炉。

6.3.2　PLC 选型及输入输出点的设计

1. PLC 选型

考虑到以下几个方面，可选用 FX2N PLC。

（1）FX2N 配置灵活，除主机单元外，还可以扩展 I/O 模块、A/D 模块、D/A 模块和其他特殊功能模块。本系统设计需 I/O 40 点（输入 24 点、输出 16 点）。主机采用小型化基本单元 FX2N-40MR。

（2）FX2N 指令功能丰富，有各种指令 107 条，且指令执行速度快。

（3）FX2N PLC 可用内部辅助继电器 M、状态继电器 S、定时器 T、寄存器 D、计数器 C 的功能和数量满足系统控制要求的需要。

（4）FX2N PLC 的编程，可用编程器，也可以在 PC 上使用三菱公司的专用编程软件包 MELSEMEDOC 进行。编程语言可用梯形图或指令表。尤其是可用 PC 机对系统实时进行监控，为调试和维护提供了极大的方便。

2．输入、输出点的设计

输入、输出点的设计见表 6-1。

表 6-1　输入、输出点的设计

元件	功能	元件	功能
X000	水泵转换旋钮—停止	X023	油泵转换旋钮—停止
X001	水泵转换旋钮—自动	X024	油泵转换旋钮—自动
X002	水泵转换旋钮—手动	X025	油泵转换旋钮—手动
X003	停炉按钮	X026	手动点火按钮
X004	启动按钮	X027	光电池控制触点
X005	燃烧旋钮—停止	Y000	水泵
X006	燃烧旋钮—自动	Y001	风机
X007	燃烧旋钮—手动	X002	油泵
X010	风压保护	Y003	点火变压器
X011	超压保护	Y004	回油及风量调节
X012	危险低水位	Y005	压力比例调节器
X013	高水位	X006	燃油电磁阀
X014	低水位	Y007	熄火保护手动复位
X015	水泵热保护	Y010	水泵运行指示灯
X016	风机热保护	Y011	风机运行指示灯
X017	油泵热保护	Y012	油泵运行指示灯
X020	风机转换旋钮—停止	Y013	熄火指示灯
X021	风机转换旋钮—自动	Y014	危险低水位指示灯
X022	风机转换旋钮—手动	Y015	报警器

● 【任务实施】

6.3.3　系统梯形图

系统控制梯形图如图 6-6 所示。

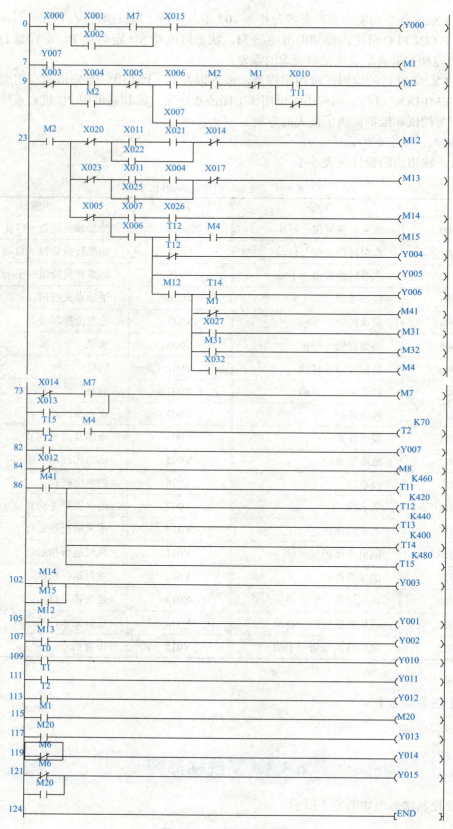

图 6-6 系统控制梯形图

6.3.4.1　启动前的准备

（1）合上总电源开关，控制电路接通电源。

（2）若炉内水位低于危险低水位，X012 断开，锅炉无法自动启动。此时应将给水泵旋钮放在"手动"位置，X002 闭合，Y000 闭合，启动水泵向炉内供水，当水位上升到正常水位后，水泵旋钮放在"停止"位置，水泵停止工作。

（3）将燃烧控制旋钮和风机旋钮转到"手动"位置，油泵转换开关转到"停止"位置，然后按下启动按钮 X004，M2 通电，于是 M2 触点闭合自锁，M12 通电，启动风机进行预扫风，手动进行预扫风 1 min 后，再按停止按钮 X003，使风机停止工作。

（4）将水泵开关、燃烧开关、风机开关和油泵开关都转到"自动"位置，准备自动启动。

6.3.4.2　燃烧的时序控制

（1）预扫风。当按下启动按钮 X004 时，由于水位正常，M8 有电，其常开触点闭合；T11 没有电，其常闭触点闭合，M2 有电，Y001 得电，风机开始运转；Y002 得电，油泵开始运转。但此时燃油电磁阀无电关闭，燃油从油泵排出后在管路中循环，不能进入炉内，风机对炉膛进行预扫风。

由于 Y004 得电，压力比例调节器 YBD 发讯电位器的滑动触点动作，逐渐把风门关小，回油阀开大，为点火做好准备。

由于在 40 s 之前尚未点火，所以光电池感受不到火焰的光照，X027 断开，M31 无电，M4 有电，相应的 M4 触点闭合，为点火变压器通电和熄火保护 T2 通电做好准备。

（2）点火。在预扫风 40 s 后，T14 闭合，燃油电磁阀 Y006 有电，打开油泵到喷油器的供油管路。但因回油阀已开大，故向炉内喷油量很少。与此同时，T15 也闭合，点火变压器 Y003 通电，使点火电极之间产生电火花进行点火；T2 通电。但是，它要在通电 7 s 后才能将 Y007 闭合。所以，这时只对点火进行监视，为熄火保护做好准备。

如果在 7 s 内点火成功，炉内有火焰，光敏电池受到光照，X027 闭合，M31 得电，M32 失电，使 M4 失电，M4 触点断开，使 T2 断电，其触点因未达到闭合时间继续断开，维持 M1 为断电状态。

到 46 s 时，T11 断开，风压保护 X010 已闭合，使 M2 仍有电。

正常点火时序控制结束。

（3）点火失败。如果点火时序控制从 40 s 时开始点火，延时时间超过 7 s，光敏电池仍未感受到炉膛火焰的照射，X027 断开，M31 失电，M32 失电，M4 得电，使 M4 触点一直闭合，当 T2 达到设定时间 7 s 后，使触点 T2 闭合，Y007 得电，其常开触点闭合，M1 得电，使 M2 失电，将控制回路电源切断。使风机、油泵停转，电磁阀关闭，发出报警信号。

（4）再次启动。在第一次点火失败后，必须在排除故障后进行再次启动。首先将熄火保护继电器触点 Y007 手动复位，使其断开。只有 M1 断电，其常闭触点恢复闭合后，才能重新启动。

（5）中途熄火。在燃烧过程中，如果中途熄火，光电池失去火焰光照，X027断开。M31失电，M32失电，M4得电，使M4触点闭合，所以点火变压器Y003通电，重新进行点火；同时，开始7 s计时，对点火时间进行监视。若在7 s内点火成功，即转入正常燃烧；若仍未点燃，则同点火失败情况一样，使锅炉停止燃烧，并发出熄火声光报警信号。也就是，在中途熄火后，自动点火一次，如不成功，停炉并发出报警。

6.3.4.3　汽压的自动控制

在点火时序控制过程中，到了44 s后，Y004失电，使压力比例调节器YBD的滑动触点和电动比例操作器DBC的滑动触点动作，由于此时锅炉是低压启动，所以YBD滑动触点移动到低压端，电动比例操作器DBC的滑动点也向低压端跟踪，使风门开大，回油阀关小（喷油量加大），锅炉进入正常比例燃烧自动控制。

当汽压上升到控制汽压的下限值时，如果汽压再升高，则相应地关小风门和减少喷油量，维持正常负荷的汽压比例控制。当锅炉的负荷低于30%，风油量已调到最低程度，汽压达到控制汽压的上限值时，比例控制失去作用，汽压转入双位控制。即达到超过保护继电器的整定上值，X011断开，接触器M2失电，风机和油泵停止工作，此时为正常熄炉，不发出报警信号。当锅炉的汽压又降低到控制汽压的下限值时，X011又重新闭合，M2通电，风机和油泵重新启动，开始自动点火控制，使锅炉重新燃烧。因此，锅炉在低负荷运行时，汽压的比例控制作用不大，燃烧接近双位控制。

6.3.4.4　安全保护

该系统的安全保护有危险低水位和风压过低自动熄炉保护。锅炉在运行中，当水位下降到危险低水位时，最低的一根电极脱离水面，X012断开，断电，使M2断电，切断整个控制程序，使锅炉自动熄火停炉。

当风压过低时，风压保护继电器触点X010断开、主继电器M2断电，锅炉自动熄火停炉。

6.3.4.5　停炉

停炉时，可手按停止按钮X003，M2断电，燃烧系统停止工作当水位降到低于危险低水位时，应把水泵开关放在"手动"位置，向锅炉供水，直到水位达到正常水位时，再把水泵开关放在"停止"位置上。切断总电源开关，并把燃烧开关置于"手动"位置，风机、油泵开关放在"停止"位置上。

6.3.4.6　手动操作

当锅炉某些自动控制设备出现故障（如多回路时间继电器故障、压力比例调节器或电动比例操作器失灵等），难以立即修复时，可改为手动操作。在手动操作之前，应做好以下准备工作：检查锅炉水、油、电的供给情况是否正常；自动控制箱上的各个转换开关是否处于点火前的准备位置；锅炉水位应高于最低水位；将燃油电磁阀置于常开状态，而手动速关阀置于关闭状态；将燃烧转换开关置于手动位置，风机和油泵转换开关置于停止位置；将风油配比机构与电动比例操作器DBC脱开，把风门和油门调到小火燃烧位置；合上总电源开关QS。

手动操作具体步骤如下：

（1）按下启动按钮X004接通控制电路；

（2）将风机转换开关转到手动位置，风机投入运行，进行预扫风；

（3）预扫风后，把油泵转换开关转到手动位置，油泵启动，建立起油压；

（4）按下点火按钮 X026，点火变压器通电，点火电极产生电火花，打开燃油管路上的速关阀，向炉膛内喷油进行点火；

（5）从观火孔看到火焰时，放开按钮 X026，终止点火变压器工作；

（6）点火成功后，调整风油配比机构，使炉内燃烧和锅炉负荷相适应；

（7）如果手动点火失败，应立即关闭速关阀，停止向炉膛内喷油，并进行后扫风，待查明原因并排除故障后，再重新点火。

● 【任务小结】

机舱辅助设备自动化是轮机自动化的重要组成部分。随着船舶电气技术的发展，船舶的自动化程度越来越高。船舶锅炉若以微机控制，可以使执行过程更加精确，减少继电器等机械控制中的机械滞后性和设备老化问题。并且微机控制可精确地控制空燃比，从而减少浪费，节约燃油等。使用计算机监控还可以实时地监视和记录设备运行过程中的参数，从而更加准确地确定设备的状况。

任务 6.4　PLC 在船舶电站自动化监控系统的应用

【项目描述】

船舶电站是船舶所需全部电能的来源，在船舶电力系统中处于核心地位。船舶电站自动化监控系统由 1 个主站（上位机）和 3 个子站组成。每个子站由 1 台三菱 FX2N PLC 构成，独立控制 1 台发电机组，包括 1 台柴油机和 1 台发电机，主站和子站之间采用 RS485 通信连接。该电站自动化监控系统实现数据的采集及对相关设备的控制。

【任务分析】

针对船舶电站自动化系统的特点，设计以上位机为中心，3 台 PLC 控制器为子设备的网络化控制系统的方案，构造有设备层、监控层和网络层的 3 层网络监控系统。设计 PLC 控制系统的各功能流程，完成 PLC 控制程序编写，包括发电机组的自启动、自动准同步并车、自动调频调载及自动解列等模块程序，实现了船舶电站的自动控制；利用 MCGS 工控组态软件设计了上位机监控软件，人机界面友好，便于操作。

6.4.1　船舶电站监控系统概述

船舶电站由原动机、发电机及配电板、信号处理板等组成，是船上重要的电力辅助装置，供给整条船连续不断的电能，因此，它是船舶电力系统的重要装置（图6-7）。本系统采用的原动机是柴油机，因此，船上产生电力的发电机也称柴油发电机组。

图 6-7　船舶电站

本系统采用的是 3 台发电机，电网电压为 380 V，频率为 50 Hz。平时只使用一台发电机组对设备进行供电，当船舶电站系统产生重载的情况下，就需并联上第二台机组，视情况而定，假设是发生了故障，则需并上第二台机组后自身解列，第三台机组是备用发电机组，当前两台机组都不能使用的情况下开启，通过应急配电板分配电力。

发电机通过原动机带动而产生电力，发出的电力再通过配电板进行分配，目前我国船舶使用的大多是交流发电机，交流电压是 380 V，国外的一些船舶使用的是 440 V。配电板给船上的舵机、空调、照明、信号等合理分配电力，平时还配备 24 V 的后备电源，以防电力系统发生故障时能够给一些应急设备供电，如照明。

船舶综合自动化系统一般包括两个工作母站，一个设置在驾驶室；另一个设置在机舱室。两个母站之间相互通信，且相互独立，都可对设备进行操作。母站下面连接几个子站，分别监控各自设备。所有的母站、子站都可通过特定的通信网络连接，相互之间进行数据通信，实现分散控制和集中管理。另外，整个工作站又可作为一个整体，借助发达的计算机技术实现船与船之间，船与陆地之间的通信，进行信息交流，如船舶管理、资料查询、故障维修等。保障船舶的行驶安全，提高船舶航行的经济性。

6.4.2　船舶电站自动化系统的总体设计

随着船舶自动化程度的不断提高，电站自动化由局部的、就地的监控，发展到综合的、集中的电站自动化。

6.4.2.1　电站自动化系统总体设计方案

根据船舶电站自动化监控系统所要实现的功能要求，构造了有设备层、监控层和网络层的三层网络监控系统，如图 6-8 所示。它包含了船舶电站自动化应具备的各项功能，由总体控制把它们有机地组织在一起，各种功能相互独立又相互联系，共同完成船舶电站的自动化运行。

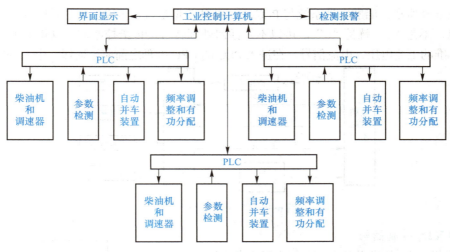

图 6-8 监控系统总体框图

利用 PLC 和智能仪器采集运行数据，监控现场设备，PLC 主要承担发电机组的启动、停止控制，调频调压，并联运行控制，机组运行台数及大功率负荷投入管理，机组故障处理等任务。采用 RS-485 方式实现上位机与下位机 PLC 的通信，主站与船舶总监控室（工程师工作站）及船长室、轮机长室监控机的通信可由工控组态软件 MCGS 的网络版实现。

本系统选用 3 台三菱 FX2N 来分别监控 3 台柴油发电机组。根据实际情况来选择发电机组的台数，正常运行时只启动一台机组，当重载时并上一台机组，或者在行机组发生故障时并上一台机组而自身解列，两台机组因某些原因而无法启动时运行备用机组。

在图 6-8 中，3 台 PLC（FX2N）分别监控各自的柴油发电机组，每台 PLC 的硬件连接和程序设计相对于其他 PLC 是独立的，它们各自通过各种转换器、变送器等智能仪器仪表采集数据，并独立完成指令的运行，运算后的数据传送到各自的执行结构，由它们来控制设备的运行。因为它们相互间没有数据的来往，非常独立，即使某台 PLC 出现故障，也不会影响其他的控制器，实现了集散控制中的分散控制。

上位机又能够集中管理所有的 PLC，协调它们的工作。在上位机的监控画面中，能够观察到机组的运行情况，如电网电压、电流、频率等参数，可以以报表的形式打印，还有单击按钮可以控制设备启停，实现船舶电站的自动化管理。上位机是应用 WWW 版本的 MCGS 工控组态软件，能够实现系统网络化，驾驶室、船长室等都可浏览监控画面，并对下位机进行操作。船舶电站自动化监控系统用到的主要硬件有三菱 FX2N、工业监控 PC、各种传感器和变送器，以及打印机等。

6.4.2.2　测控单元设计

1. 测控单元的原理

平常测量仪表只能检测到发电机组的电压、电流及电网的电压、电流，而并车时需要机组与电压间的电压差、频率差及相位差，这些量都需要相应的转换电路才能得到。测控单位直接跟柴油发电机、继电器、变送器等相连，完成数据的采集，管理系统接收这些数据，按照事先的程序运行，将运行结果输出给执行结构。这些测控模块包括模拟量输入 / 输出模块、温度调节模块、数字量输入 / 输出模块、报警系统等。

187

如图 6-9 所示，船舶电站系统与 PLC 之间的开关量是直接传输的，这是因为开关量是二进制信息，不是"1"就是"0"，可以不做任何处理就直接传给控制器。这里的模拟量信号应该是标准的工业电压、电流信号，在进入 PLC 的 CPU 处理之前应该连接一个 FX0N-3A。

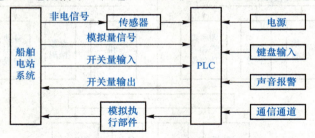

图 6-9　测控单元原理框图

2. FX2N 控制信号

柴油机、发电机及电网都是以 PLC 控制为中心，输送数据到 PLC，再由 PLC 发送回处理后的数据，以此连接成一个控制系统。船舶电站大体的一些工作是机组启动、并车解列。这些步骤要按规定的程序执行，执行之前要对一些条件进行判断，依据就是各种检测到的数据，包括电压、电流、温度、压力等信号（图 6-10）。

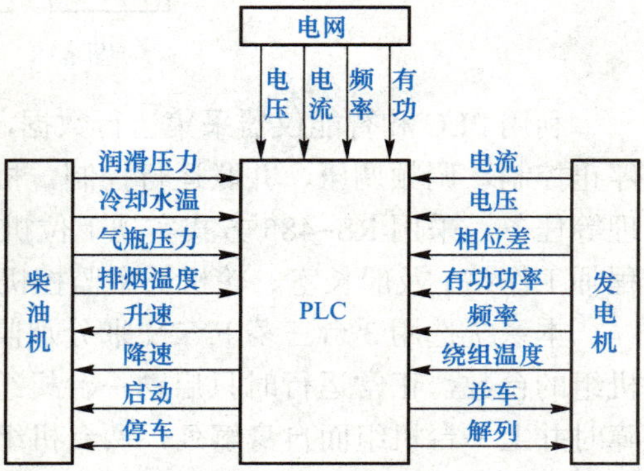

（1）电网信号：电压、电流、频率、总的有功功率等。

图 6-10　PLC 与发电机组之间信号图

（2）柴油机信号：温度、压力、转速等。

（3）发电机信号：电压、电流、频率、有功功率等。

（4）PLC 信号：开关量的输入 / 输出、模拟量等。

6.4.2.3　上位机的选择

在自动化产业中，PLC 因适用性高所以常用于第一线的控制器，但还有一些功能上的限制，如存储器容量、数据处理分析能力、报表打印，而这些限制可以利用 Computer Link 解决。这里选用工控组态软件 MCGS 来设计上位机监控系统。

利用三菱公司提供的 SW3D5F 软件可以实现 Excel 监控，而且仅需要做应用软件的设置而不需要复杂的程序设计，此种方式可以迅速达成 PLC 集中监控的目的，可选用 MCGS 软件来设计人机交互界面，达到 FX 系列 PLC 与计算机链接的可视化图形集中监控相同的目的。MCGS 能够在基于 Microsoft 的各种 32 位 Windows 平台上运行，通过对现场数据的采集处理，以动画显示、报警处理、流程控制和报表输出等多种方式向用户提供解决实际工程问题的方案，在自动化领域有着广泛的应用。

操作者经过计算机显示的图像了解或控制设备的动作，而且监控中的图像具有可视化的效果，可以大幅提升操作者的使用性。日常生活中常可见到一些开关及仪表，如船舶的发电机、报警器等，非常形象而且方便使用，从而使得这些开关及仪表有了人性化的功能，利用这些人性化的仪表、开关设计图形监控时，能产生可视化的效果，即可视化的图形监控，从而使得操作人员能一目了然地监控整个设备。

在计算机通信模式中，因其通信的数据有固定的格式，可以用16台PLC与1台计算机来构成一个集中监控系统，这里我们只选用了3台PLC，所以可以使用。计算机通信模式的优点如下：

（1）计算机能以一个通信口与多台PLC数据通信，但最多为16台PLC；

（2）以一问一答的通信方式取得各台PLC元件的数据；

（3）能写入各台PLC元件数据；

（4）利用MCGS的图形表示PLC元件数据；

（5）利用程序将PLC元件的数据记录或存于数据库；

（6）通过网络来传送PLC元件的数据。

PLC的计算机通信模式，其实是为了达成PLC与计算机的"集中图形监控"的目的。PLC的计算机通信模式以计算机为通信对象，故在计算机中所使用的软件必须具备串行口控制的性能；能做程序的书写；能设计可视化的图形界面；具有数据库管理的功能及能与其他软件整合等功能。

6.4.2.4　自动化电站实现功能

（1）发电机组能够自启动。在监控程序的管理下，当主发电站发生故障（如阻塞）时能自动的启动另一台机组。在45 s内，备用发电机组也能随时自启动投入电网供电。

（2）当汇流排不带电时，发电机组自动并入电网。禁止2台及以上发电机组同时接入，禁止短路后尝试多次接入。

（3）自动检测有关的电气参数，记录诸如电压电流之类的数据，产生故障时有声光报警功能，监控各个发电机组。

（4）发电机组自动准同步并车。当电网上已有一台发电机组在供电，此时有重载情况发生，需要再并上另一台机组。新机组启动后系统要检测电网与机组之间的频率差，当频差小于规定范围时新机组自动并上电网供电。

（5）有功功率自动分配和自动恒频。单机运行时不存在功率分配问题，只有频率的二次调整，恒频精度为 ±0.1 Hz。并联运行时，既有频率调整也有功率分配，原动机调速器和自动调频调载装置共同工作，使频差小于 ±0.2 Hz，功差小于 $\pm0.5\%$。

（6）无功功率自动分配和自动恒压。

（7）负载自动分级启动。分为两个方面：一方面当自动卸载发生后，随着备用发电机组的投入电网供电，已卸去的次要负荷不能同时投入，要保证发电机组不能再次过载；另一方面，电网从断电恢复到重新供电时，负载不能一次性投入，应分级、分批投入，重要的负载先启动。

（8）自动分级卸载。具有自动电力系统管理的船舶电站，正常情况下不会发生卸载。但当发电机组出现故障并停机后，系统会发生分级卸载，逐渐卸去次要负荷，保证对船舶上重要设备的连续供电。

（9）自动无功功率调整。通过改变发电机的励磁电流也就是改变发电机的电势来调整无功功率，方法有均压线、环流补偿装置及带差动电流互感器的环流补偿装置。

（10）自我保护。出现机械或电气故障时能够自动保护，以免引起装置的进一步损坏，造成不必要的损失。

（11）应急电站和主电站的自动转换。

（12）重载询问。在启动大功率设备之前会自动检测现有的发电机组能否满足运行，如果有余量会直接启动设备，否则先并上另一台机组后再启动此设备，以免重载情况发生。

（13）发电机组自动解列。当某一较大的负荷停止运行后，为了实现最经济的管理就需要对机组进行解列。减机的负荷率大约可以选择 0.7，自动停机解列时应在规定时间内逐渐执行电荷的转移，故障状态下则需立刻转移负荷，最终使剩余的机组脱离轻载状态。

（14）发电机组自动停机。发电机组自动停机包括自动停机和故障停机两种情况。

6.4.3 PLC 监控系统程序总体框架

下位机 PLC 的各个监控程序采用模块化结构，运行时便于主程序的调用。整个船舶电站自动化系统要做的工作如下：采集来自各柴油机、发电机、断路器、汇流排及各主要负载的参数，信号处理板加以分析，把数据转换成工业的标准信号输给 PLC 判断，在一定条件下，自动地采取符合逻辑的措施，处理电站运行中可能发生的故障情况，确保电力系统安全可靠、经济运行。本系统的主要模块有机组的自启动模块、自动并车模块、自动调频模块、重载询问模块、自动解列模块等。

图 6-11 所示为船舶电站自动化系统运行的整体过程。

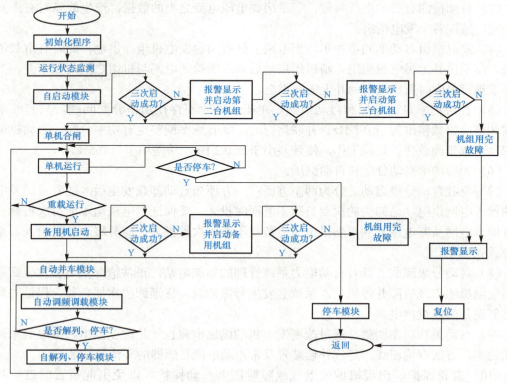

图 6-11 PLC 监控系统流程图

（1）当程序启动后，先进行初始化，设置各类启动条件后开始运行状态监测。

（2）首次启动发电机无须考虑并车模块的条件，每台发电机都有三次启动机会，第一台启动失败后程序转入启动第二台机组，再次失败启动备用电机，如果三台都失败则报警。

（3）任一台发电机启动成功后合闸供电，循环监测是否重载，如重载再调用并车模块。

（4）监测待并发电机与电网的电压差、频率差、相位差，调用自动调频模块，三个条件都符合后并上电网运行供电，如此台发电机不符合条件，则启用备用发电机。

（5）并车条件符合后调用自动并车模块，运行后调用自动调频调载模块，维护发电机供电平衡。

（6）随时检测运行状态，观测是否有轻载、重载或故障发生，如轻载，则调用自动解列模块，开闸停机，实现经济运行。重载则再次调用自动并车模块。

（7）故障停车或者是启动失败都设置声光报警，最后程序返回。

6.4.4　子模块的程序设计

6.4.4.1　自启动模块的程序设计

1．自启动模块程序流程

发电机启动的原因很多，如重载、运行机组发生故障解列后需要增加新的发电机供电。根据这些不同因素，设计了以下自启动模块的流程，如图6-12所示。

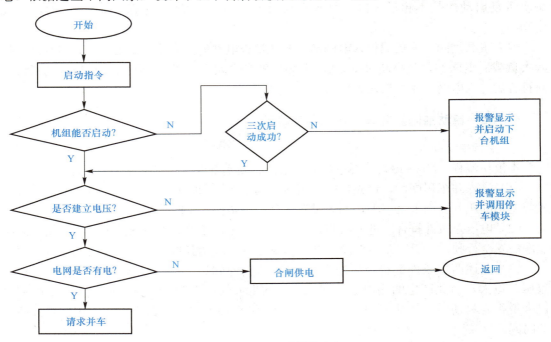

图 6-12　自启动模块流程

当系统检测到因电网重载或机组故障后发出要求增机的命令，就开始执行自启动模块程序。

（1）检测机组能否正常启动，有三次启动机会，本台机组启动失败则转入启动下台机组并声光报警，下台机组的自启动模块流程与这个一致。

（2）机组启动成功后开始判断并网条件，检测待并发电机的电压是否建立，延时一段时间后仍然没有电压，则停机并声光报警。

（3）待并发电机建立电压成功后，检测电网是否有电，如果没有则直接合闸上网供电，程序返回。

（4）待并机组电压建立，电网有电压，则转入请求并车程序模块。这里的报警显示除了工业现场的声光报警外，还可以在上位机的监控画面中报警显示，并可将这些报警数据打印出来，作为工程人员维修设备的依据。

2．自启动模块相关事项

（1）启动前的准备。

①停机状态下的副机需要预热。预热有两种方式：一是船舶停航整修时采用电加热；二是平时正常航行时则采用运行机组的冷却水预热。

②控制系统内没有阻塞。

（2）自启动指令的获取。按照电网运行功率的基本原则，系统发出启动或停机指令，使运行机发出的总功率满足电网实际消耗功率。为此，可将电力负荷，即得到的各负载总功率适当放大。根据船舶的时间情况，功率可在 1.2 ～ 1.5 之间选择放大系数，应选择各工况中数值最高的电站所需功率作为确定电站总容量的依据。

（3）柴油机的自启动。为防机组损坏，柴油机采用高压空气方式启动，每次不超过 2 s。每次重复启动次数不超过 3 次，每次间隔为 5 s。当启动转速达到 750 r/min 时，启动成功。

（4）重载询问。大负载投入电网前，要先检查电站的功率裕量是否允许直接加载。投入大负载后电网的负荷率超过了 0.8，则必须先自启动备用机组，经过并车模块的条件判断符合后并入电网，才可投入大负载。

6.4.4.2　自动准同步并车模块的程序设计

1．主程序流程

本模块流程（图 6-13）主要包含电压条件、频率条件、相位条件 3 个子程序。

（1）进入并车程序后，首先程序初始化。调用电压判断指令，在并车操作中待并发电机与电网的压差要小于 ±10%，如果没有达到这个条件，延时等待。

（2）电压差条件符合后进入频率差判断指令。频率相差太大时导致失步而跳闸，影响船舶的安全行驶，一般频差条件设在 ±0.5 Hz 以内。没达到这个条件调用自动调频程序。

（3）上述两项条件都符合后进入合闸指令，合闸时要考虑到相位差。相位差过大导致压差也大，由此产生的冲击电流在机轴上发生大的冲击转矩，对于惯性不大的船用电机来说很容易使转子扭曲，相位差的条件一般在 ±15° 以内。调用定时器来设置提前量的时间。

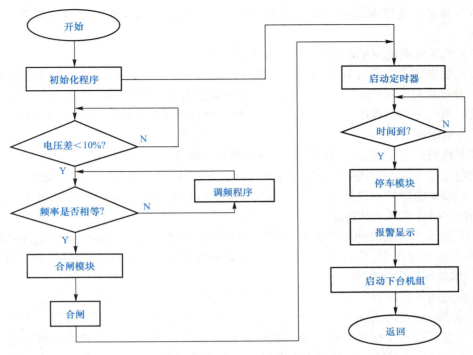

图 6-13　并车模块流程图

2.　频差判断程序流程图

频率相差太大时自整定不能完全发挥作用，因失步而跳闸，甚至整个电网失电，威胁到船舶的安全行驶，待并发电机跟电网间的频率差最好为 0。但实际船舶操作中必然存在一定的误差，只要在误差范围之内，就可以并车，一般频差条件设在 ±0.5 Hz 以内。由此可知，不存在理想的并车，只要既能实现并车，又不损坏发电机组就可以了。频差判断程序流程如图 6-14 所示。

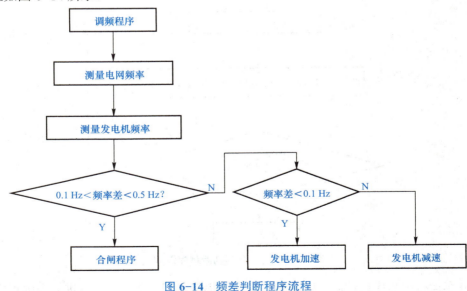

图 6-14　频差判断程序流程

当在并车主程序中检测到频率不相等时，就开始调用调频程序来调节频率。其步骤如下：

（1）测量电网的频率，测量待并发电机的频率。

（2）根据转换电路计算两者的频率差，当频差小于 0.1 Hz 时，PLC 发布发电机加速指令；当频差大于 0.5 Hz 时，PLC 发布发电机减速指令；当 0.1 Hz＜频差＜0.5 Hz 条件符合时，则调用合闸程序。经过以上几个步骤，测控系统就实现了对发电机频率的调整，保障了并机的可行性。

频率检测的方法很多，可以使用谐振式频率检测器或光电编码器。这里选用光电编码器，把它连接在被测发电机的轴上，同时转动，PLC 内部有高速计数器，分别为 16 位和 32 位。FX2N 的最高总计数频率可达到 20 kHz。PLC 接受光电编码器传送过来的脉冲信号，并把它换算成频率和转速。

电压条件的检测是利用 PLC 扩展的模拟量模块来实现的。模拟量模块把待并机相电压 U_P 和额定相电压 U_N 进行 A/D 转换；在 PLC 程序运算中把相对应的转换值做比较。

3. 相位同步合闸判定

实现自动并车的第三个条件是相位差不能过大，最好为 0，因为相位差过大会导致压差 ΔU 也大，由此产生的冲击电流在机轴上发生大的冲击转矩，对于惯性不大的船用电机来说很容易使转子扭曲，相位差一般控制在 ±15° 以内。带式待并发电机与电网的相位差不能用直接比较法，这是因为发电机主开关在接到合闸信号到主触头闭合需要一定的时间，假设没有一个提前量，那么主开关就会错过相角差为零的时刻。这就需要在差频脉冲电压过零之前发出指令。这里利用 PLC 来解决这个问题，如图 6-15 所示。

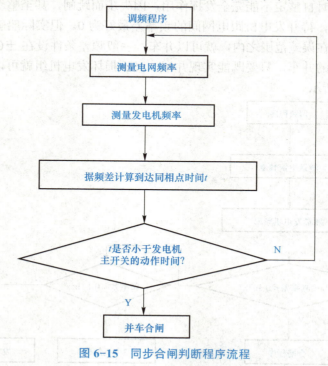

图 6-15　同步合闸判断程序流程

当并车运行主程序启动后，电压差、频率差都符合了并车条件，就进入合闸程序。

（1）测量电网频率，测量发电机频率。

（2）根据两者的频率差来计算到达相同点的时间 t。

（3）判断 t 是否小于发电机主开关的动作时间，如果没有达到则重新检测电网、发电机频率，如果条件符合则并车合闸。在并车主程序中还有延时程序，时间超过则报警显示，退出并车模块，程序返回。

在流程图中，t 为 PLC 发出合闸信号到断路器主触头闭合所需的时间。条件符合立刻发出合闸信号。PLC 具有高速的运算和逻辑判断能力，可以用软件实现同步合闸判定。

4．并车模块 PLC 接口通道的实现

自动并车原理框图如图 6-16 所示。

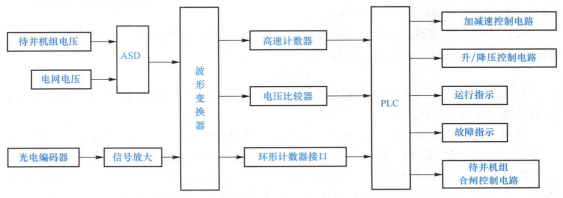

图 6-16　自动并车原理框图

以 PLC 控制器为中心，接收各种参数，经过程序处理后发送命令给各执行机构，并有报警显示。

（1）采集电网电压与待并机组的电压，经过波形变换、电压比较后输出电压差参数，PLC 根据电压差的正负来判断升 / 降压，以维持跟电网的平衡。

（2）利用光电编码器实现频率检测，它连接在发电机组的轴上，输出个数正比于脉冲信号数，由 PLC 的高速计数器统计速度，再换算成频率。PLC 根据实际频率跟额定频率的差值来判断速度调节器的增减。

（3）PLC 的高速计数器统计脉冲个数，计算合闸的提前量时间，尽量使电机在零相位合闸供电。

（4）PLC 控制待并机组的合闸电路，实现合闸监控。

（5）PLC 设置故障报警，有各类运行指示，如运行时指示灯点亮。

6.4.4.3　自动调频调载装置程序设计

1．基本功能

本系统具有 3 台机组，当需要两台以上的机组并联供电时，或者虽然只需单机供电，但为了能够不间断地供电，都需要进行并车、解列的负载转移和分配的操作。为了实现船舶电力系统自动化，"频率自动调整和有功功率的自动分配"是不可缺少的环节。通常我们把执行频率和有功功率自动调整任务的装置称为自动调频调载装置。它的基本功能如下：

（1）自动维持电力系统频率为额定值。

（2）接到"解列"命令时，能自动控制负载转移，待其负载接近零时，才使其发电机主开关自动跳闸，与电网脱离。

（3）并联运行各机组的容量按比例自动分配负载有功功率。

2．自动调频调载条件的检测

（1）频率条件检测。频率信号处理板将光电编码器传送过来的脉冲进行电平转换，再送入控制器 FX2N，由 FX2N 内部的高速计数器进行计数。

$$n=60\,f/p$$，n 是转速，f 是频率，p 是磁极数。

一旦确定电机类型，磁极数是固定不变的。只要电机的转速 n 测定后，就能够换算成频率 f。实现频率检测的关键设备是光电编码器，它连接在发电机组的轴上，输出个数正比于脉冲信号数，由 PLC 的高速计数器统计速度，再换算成频率。根据实际频率与额定频率的差值来判断速度调节器的增减。

（2）功率条件检测。功率信号处理板用来测量每台机组实际输出的有功功率 P，将测的有功功率转换成与之正比的直流电压信号。

$$U_P=K_P \cdot P$$

K_P 是指有功功率变换器变化系数（V/kW），P 是指发电机实际输出有功功率，U_P 就是有功功率变换器输出电压。

经过上述公式 V/F 变换后的电压值依旧是模拟量，PLC 的中央处理器 CPU 只能处理数字量，因此在送给 PLC 之前需要有 A/D 转换模块，可以采用三菱的 FX0N-3A 扩展模块。FX0N-3A 是 8 位模拟量输入/输出模块，有两个模拟量输入通道，一个模拟量输出通道，电压或电流的模拟量输入可以通过不同连线来改变，同样输出也是如此。当电流输入时，连接 FX0N-3A 的［VIN*1］端子和［IIN*1］端子。当输出电流时，不要连接［VOUT］端子和［IOUT］端子。

功率变送器输出的电压与发电机的功率关系为 $V=K \cdot P$，串行 A/D 转换时，输入电压与输出频率的关系为 $f_{out}=K_2 \cdot V_N$，而 $f_{out}=N/1$，其中 N 为 PLC 在时间 t 内的脉冲计数值，发电机的功率和串行 A/D 转换后的输出脉冲的关系为 $N/1=K \cdot K_2 \cdot P$，所以发电机的功率 $P=N/(t \cdot K \cdot K_2)$。

（3）各环节与 PLC 的连接。硬件结构（图 6-17）主要由频率信号变换、功率信号变换、CPU 检测与监控环节组成。

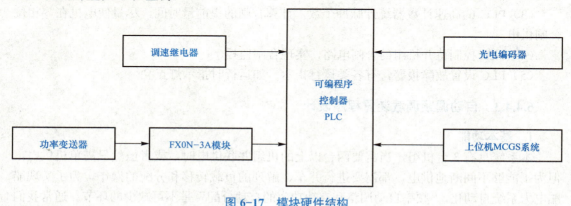

图 6-17　模块硬件结构

3．模块程序设计

自动调频调载模块工作流程如图 6-18 所示。

196

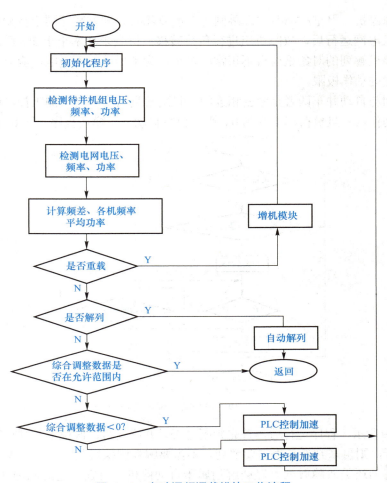

图 6-18　自动调频调载模块工作流程

模块程序工作过程如下：

（1）程序启动后，首先检测运行机组的电压，正常则进入下个环节，否则报警。

（2）检测运行机组的频率，控制在额定频率 50 Hz。

（3）检测运行机组的功率，负荷率超过 0.8 增加机组，执行待并发电机组的自启动和并车模块。假设负荷率小于 0.7，则执行减机程序模块。

（4）不是上述需要减机或增机的情况，则利用公式计算综合调整数据：

$$Y_\Sigma = K_f \cdot \Delta f + K_p \cdot (P_i - P_{mi})$$

当 Y_Σ 不在允许范围之内，若 $Y_\Sigma < 0$，则 PLC 发出脉冲监控低功率机加速；若 $Y_\Sigma > 0$，则 PLC 发出脉冲监控高功率机减速。

4. 自动解列与自动停机程序

发动机组停机可分为自动停机和故障应急停机。所谓自动停机就是并联运行时，随着电网负荷的减小而产生自动停机指令。

（1）自动停机。机组确认要解列时，先进行负荷转移，当待解列机所承担的负荷降至 5% 左右时，主开关跳闸，同时报告上位机。若给定时间到，负荷未能减至 5%，主开关也跳闸。作为正常停机，主开关跳闸后，柴油机需空转 10 ～ 20 min 后才执行停机操作。

（2）故障停机。严重故障时立即跳闸，一般故障时处理方案等同于自动停机，就是待备用机组投入电网运行后，故障机组进行负荷转移，待剩余功率小于5%后故障机组跳闸停机。故障停机解列的对象是运行不正常的机组。为了尽可能不断电，应分为两级预报，作为保护装置的动作极限。

自动解列与自动并车两者是紧密相连的。机组解列后要随时监测工控，假设负荷率没有变化则不动作，一旦负荷率上升到0.8则又执行自动并车模块程序（图6-19）。

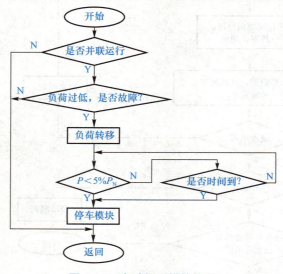

图6-19　自动解列模块流程

如图6-19所示，程序运行后，首先判断是否是并联运行，假设不是则执行其他程序，若是并联运行，则再来判断是否需要解列。不需要解列则执行其他程序，需要解列则分析究竟是轻载解列还是故障解列。轻载解列属于自动停机，可在一定时间内（$t<60$ s）完成负荷的转移（$P<5\%P_N$）再解列；轻故障解列程序可与自动停机程序相同，重故障下则要求立刻跳闸停机。程序返回。

6.4.5　安全检测及电机保护

船舶电力系统供电的基本要求：一是保证安全可靠供电；二是保证电能质量；三是经济运行。船舶电站在运行中可能会发生过载、过压、欠压、过频、欠频、逆功率等各种故障，往往会引发严重后果。因此，在船舶电力系统的设计和运行中，针对不同的故障采取有效的措施，设置保护装置，避免发电机不正常运行。保护装置要具备选择性、速动性、灵敏性、可靠性的特点。对船舶电力系统的保护实际上也就是对发电机的保护。

本监控系统设置了欠压保护、过流保护、逆功率保护和故障报警。

1. 欠压保护

在船舶电力系统中，当调压器失灵或发电机外部短路故障尚未切除时或发生严重欠频时，均将可能产生电压下降的情况。欠压就是指低于额定值的不正常电压。

欠压保护主要是针对并联运行机组的保护。有时发电机的外部产生连续短路故障或调压器失灵，都会导致电压下降，也就是发生了欠压的状态。欠压会增大励磁电流、电机过热、电机转矩下降、绝缘损坏，对运行及电机本身不利。一旦电机欠压，应该要保证电机自动解列或不能合闸。当然这个欠压在一定的范围内发电机是不必要立刻解列的，这样可以避免因大功率设备的启动而导致的电压瞬时下降。

除在机组上设置调压器外，还有一种方法就是利用 PLC 的程序设计来调节电压。本系统程序对经 A/D 转换后的电压值进行检测，如果电压值低于保护动作限值，则进行一次延时确认，若仍处于欠压状态，则将主开关断开。但在某些情况下，系统中如有大发电机启动或突然加较大负荷时，也可能引起电压的下降，这属于暂时的正常现象，欠压保护不应动作，欠压保护同样需要有延时。程序中通过适当整定欠压限值和主开关动作时限来回避欠压保护环节的误动作，欠压延时设为 3 s。

2．过流保护

在船舶电力系统中，短路故障所造成的后果是最严重的。因外部负载被短接，导致电机定子绕组上产生大的短路电流，电网电压急剧下降。长时间过流会使电机发热、绝缘老化及损坏，影响电机寿命，降低电站系统运行的可靠性。电压下降甚至会导致发电机全都断开，船舶停电。为了限制短路故障所带来的危害，必须装设继电保护装置，发生短路时自动切除故障，保护设备，让无故障设备正常运行。

一般在船舶发电机短路保护装置中，都设有两套过电流保护装置。一套为带时限的外部过电流保护装置，又称短路短延时保护装置，可延时 15 ～ 30 s 后断路器分断；另一套为不带时限的电路速断保护装置，也称短路瞬时动作保护装置。

3．逆功率保护

同步发电机的逆功率运行，是指该同步发电机不是发出有功功率，而是从电网吸收有功功率。例如，一台发电机发生故障，该台发电机不会发出有功功率，而是会从电网吸收功率即成为同步电动机运行。发电机组的逆功率运行对原动机是非常不利的，出现这种情况可能会使其他运行中的发电机发生过载。当同步发电机并车操作时，若待并机组在负差频下或滞后相位差下合闸，这时待并机组在并车瞬间会出现逆功率，这是允许的，此时的逆功率保护不应工作。逆功率保护同样需要延时。逆功率超过限值，延时确认后将逆功机组切除，同时发出报警指示。本系统设定逆功率限值为 P_e，延时确认时间为 4 s。

发电机逆功率保护主要是由逆功率继电器来承担的。

4．故障报警的设置

除启动失败报警、并车失败报警、机组用完报警和逆功率报警外，电站自动化系统还要设置过压、欠频故障报警。

●【任务小结】

本任务针对船舶电站自动化系统的特点，详细分析了发电机组自启动、发电机组并联运行时参数（电压、频率、有功功率、无功功率）的自调整、重载询问、发电机组解列的工作流程，设计了程序流程图，最后研究了发电机的保护方法。

●【项目评价】

现代船舶 PLC 系统的典型应用考核表见表 6-2。

表 6-2　现代船舶 PLC 系统的典型应用考核表

项目	配分	技能考核标准	扣分	得分
某船舶控制系统要求及其分析	20	归纳总结系统控制要求（10 分）；输入输出信号（10 分）		
系统的硬件配置	10	选型、配置		
系统的程序流程图	30	主程序流程图、子程序流程图		
梯形图的编写	10	程序编写简明、结构合理、功能正确。不合理，视情况扣 1～10 分		
系统工作过程分析	10	系统工作过程，包括步骤和内容		
实训报告	20	没按照报告要求完成实训报告或内容不正确的，视程度扣 2～15 分		
合计				

● 【练习与思考】

1. 结合应急发电机自启动流程图，说明其工作原理。
2. 设计船用辅助锅炉自动上水程序流程图。
3. 分别阐述船舶电站发电机组的自启动模块、自动并车模块、自动调频模块、重载询问模块、自动解列模块的功能。
4. 对照船舶电站发电机组自启动模块、自动并车模块及重载询问模块的程序流程图编写对应的梯形图程序。
5. 设计题

图 6-20 所示为港口散装货物装卸线示意。图中，系统运行后散装货物料由容器料口闸门流出，经传送带输送装料车，料车装满后，发出料车放行信号，接着空车到达装卸位置，整个装卸流水线要求自动循环运行。

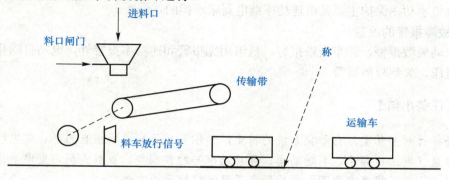

图 6-20　装卸自动线路示意

（1）下达系统启动指令后，传送带电动机运转。
（2）传送带运转且装料车到达规定装料位置后，闸门打开，物料经传送带装入料车。

200

（3）装料车在所装物料重量达设定值后，关闭料口闸门。

（4）关闭料口闸门 10 s 后（待传送带上剩余物料全部装入料车），发出料车放行信号。

（5）下节空车到达规定装料位置后重复（2）～（5）。

（6）料车放行后，下节空车因故在 20 s 内不能到达规定装料位置，传送带自动停止。

通过对上述控制要求的分析，本例为一个条件和时间为主要转换特征的顺序控制系统。

设计要求如下：

（1）系统的硬件配置：分析系统所需要的输入输出信息，确定 PLC 输入输出节点的类型、数量和 PLC 的配制，画出系统的 PLC 输入输出节点配置图。

（2）设计程序流程。

（3）编写梯形图程序。

07 项目 7 船舶主机遥控系统的 PLC 控制

船舶驾驶控制台如图 7-1 所示。根据操纵场所的不同,船舶主机可分为机房、集控室和驾驶台 3 种操纵方式。主机遥控是指对主机进行远距离控制,即把主机的操纵地点从主机旁延伸到集控室和驾驶台。

图 7-1 船舶驾驶控制台

首先驾驶人员可用车钟通过电子逻辑系统和气动系统直接操纵主机,也可以利用转换开关转到集控室遥控。一般在正常情况下,使用驾驶台自动遥控方式。当驾驶台自动遥控系统发生故障时,就转到集控室遥控。若是集控室遥控系统也发生故障,还可以转到机旁应急操纵。

船舶主机遥控电气控制系统的发展经历了 3 个阶段,第一代主机遥控系统是由继电器来完成控制功能的;第二代产品则主要通过逻辑电路和线性电路元件来完成;第三代产品由 PLC 机来完成控制功能。利用 PLC 来完成主机遥控系统的功能,主要基于 PLC 在工业控制现场的高可靠性、程序易于修改的性能、PLC 控制网络的便捷通信性能、系统外围电路简单等特点。

船舶主机遥控系统主要包括以下 4 个任务:

(1)船舶主机遥控系统的基本控制;

(2)PLC 网络控制总体结构设计;

(3)主机遥控的启停控制设计及安保系统的设计;

(4)主机转速控制系统的程序设计。

知识点

1. 了解 PLC 的基本概念、基本特点及发展应用情况。

2. 掌握 PLC 的基本结构及工作原理。

3. 了解 PLC 型号、模块性能及基本配置。

4. 掌握 PLC 的编程元件种类、功能。

5. 熟悉 FX-20P-E 编程器、GX Developer/STEP-7 编程软件的功能用法。

1. 能够根据任务要求正确选择 PLC 模块的规格型号。
2. 能够正确安装 PLC 模块并完成 PLC 的外部连接。
3. 能够进行 PLC 编程电缆的连接和通信测试。
4. 能够熟练使用 FX-20P-E 编程器及 GX Developer/STEP-7 编程软件。
5. 能够实现工程项目的创建和 PLC 程序的编写、下载与运行调试。

任务 7.1　船舶主机遥控系统的基本控制

【任务描述】

　　主机是船舶航行的动力源，主机遥控系统的控制主要包括主机的启停控制、转速控制及遥控系统中的限制环节。

【任务分析】

　　在设计船舶主机遥控系统之前，需要了解船舶主机的功能和基本技术要求。

【任务实施】

7.1.1　船舶主机遥控系统的组成及其主要类型

7.1.1.1　船舶主机遥控系统的组成

　　船舶主机遥控系统由遥控操纵台、车钟系统、逻辑控制单元、转速与负荷控制单元、主机气动操纵系统以及安全保护装置组成，如图 7-2 所示。

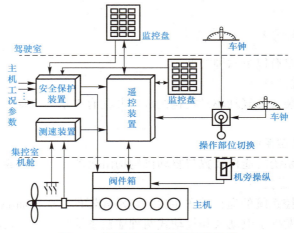

图 7-2　船舶主机遥控系统的组成

1．遥控操纵台

遥控操纵台设置在驾驶室和集控室内，分别与驾驶室盘台和集控室盘台形成一个整体。驾驶室操纵台主要安装有车令手柄、辅助车钟、车令记装置、指示灯和控制面板以及显示仪表等；集控室操纵台上主要包括车钟回令兼换向手柄、主机启动与调速手柄、操作部位切换装置、指示灯和控制面板及显示仪表等。

此外，在主机旁还设有应急操纵台，包括应急车钟和机旁应急操纵装置。

2．车钟系统

车钟系统是实现驾驶台与集控室、驾驶台与机旁之间进行车令传送与应答的重要设备，由驾驶台车钟、集控室车钟和机旁应急车钟组成。车钟系统一般有两种工作模式，一种是操控模式；另一种是传令模式。操控模式对应于驾驶台遥控主机的情况，此时驾驶台车钟直接通过逻辑控制单元和转速控制单元对主机进行自动遥控。传令模式对应于在集控室或机旁操作的情况，此时驾驶台车令首先传递到集控室或机旁，轮机员进行车令应答（回复）后，再对主机进行相应的操作。

3．逻辑控制单元

逻辑控制单元是自动遥控系统的核心，它根据遥控操纵台给出的指令、转速的大小和方向、凸轮轴位置以及主机的其他状态信息，完成对主机的启动、换向、制动、停油等逻辑控制功能。

4．转速与负荷控制单元

转速与负荷控制单元一方面通过闭环控制使主机最终运行在车令手柄设定的转速；另一方面在加减速过程中要对加减速速率，以及主机所能承受的机械负荷和热负荷进行必要的限制，以确保主机运转的安全。

5．主机气动操纵系统

主机的启动、换向、制动和停车等操作的逻辑控制通常都是以压缩空气作为动力源的，对于采用液压调速器的主机，其转速给定环节也是通过气路来实现的。

6．安全保护装置

安全保护装置用来监视主机运行中的一些重要参数。一旦某个重要参数发生严重越限，安全保护装置应能通过遥控系统使主机进行减速，或迫使主机停车，以保障主机安全。安全保护装置是一个不依赖于遥控系统而独立的系统，即使遥控系统出现故障，也应能正常工作。

7.1.1.2　主机遥控系统的主要类型

主机遥控系统主要有以下六种类型：

1．气动式主机遥控系统

主要由气动遥控装置和气动驱动机构组成，并配有少量的电动元件如电磁阀和测速电路等。

2．电动式主机遥控系统

电动式主机遥控系统的遥控装置与驱动机构均由电动元部件构成。

3．电 - 气式主机遥控系统

电 - 气式主机遥控系统的遥控装置主要由电动元器件构成，而驱动机构则由气动元件构成。这种结构充分发挥了电动式和气动式两种遥控系统的优点，是较完善的遥控系统。

4．电－液式主机遥控系统

电－液式主机遥控系统主要由电动遥控装置与液压执行机构组成。

5．微机控制的主机遥控系统

主要由 PLC 或微型计算机及其接口电路组成，只有驱动机构采用气动或电动元件。

6．现场总线型主机遥控系统

严格意义上说，现场总线型主机遥控系统同时也属于微机控制的范畴。

● 【任务实施】

7.1.2　船舶主机遥控系统的基本技术要求

7.1.2.1　主机遥控系统中的启停控制

1．启动控制

柴油机启动对控制电路的要求如下：

（1）发出启动指令。

（2）换向结束，即凸轮轴位置与车令一致。

（3）盘车机必须脱开。

（4）开始启动时，油门必须关闭。

（5）柴油主机的转速必须低于正常启动转速。

（6）无三次启动失败，或者在允许的启动时间内。

（7）柴油机转向正确，即柴油机运转方向与车令一致。

（8）启动空气压力足够。

2．重复启动

车钟手柄扳到启动位置后，由于某种原因，可能使主机第一次启动不成功，这时系统应能自动地进行多次启动。有的遥控系统允许连续启动 3 次，有的允许连续启动 4 次。在 3 次或 4 次启动失败以后，系统就不允许自动再启动，而且发出报警信号。待查明原因或排除故障后，方可重新启动。

3．慢转控制

如果主机停车时间较长，一般达 30 min 左右，则在下次第一次启动主机时，应首先以低速使主机旋转一圈，然后转入正常启动；或电源断电后恢复供电，也应该先以低速慢转一圈，目的是对机器进行预润滑和故障检测。这种使主机以低速旋转一圈的运动，叫作慢转。在应急操纵情况下，可取消慢转控制。

7.1.2.2　柴油机转速控制

图 7-3 所示为电子调速系统组成框图。电子调速器主要由 PI 调节器组成，因其输入、输出都是电压信号，所以电子调速器输入部分的设定值发送器、设定值限制器，以及加速度限制器等均用电路来实现，而其输出则必须通过执行器去控制柴油机的供油量。

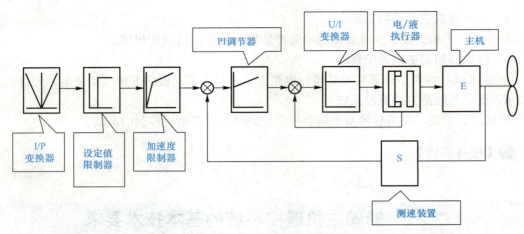

图 7-3　电子调速系统组成框图

7.1.2.3　遥控系统中的限制环节

1．临界转速限制

在主机遥控系统中，当车令转速落在临界转速区时，应避开临界转速区；当车令转速落在临界转速范围内靠近下限时，将主机转速限制在临界转速下限以下；当车令转速落在临界转速范围内靠近上限时，以最快上升速率将转速通过临界转速区限制在上限以上不变，如图 7-4 所示。

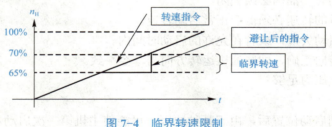

图 7-4　临界转速限制

2．最大、最小转速限制

正车最大限制转速是额定转速，它设置在车钟电位器的发送线上。当车钟指令大于正车最大转速时，就受到正车最大转速电位器的限制。紧急操纵指令通过逻辑电路解除最大转速限制，直接由电位器控制。

3．故障减速和故障停车

为了保护主机安全运转，免遭损坏，根据主机发生的故障情况，分别采取减速或停车措施进行处理。

当发生润滑油温度高，气缸和活塞冷却水温度高，废气透平温度高，曲柄箱油雾浓度大，废气锅炉有故障等不正常情况时，应发出故障减速信号。当故障排除后，利用集控室操纵台上的复位按钮复位，即可解除故障减速限制。

当发生润滑油压力低或气缸、活塞冷却水压力低于允许值（或整定值）时，不允许主机继续运转，应由故障停车电路经短时间延时，使转速给定值降到零，主机便断油停车。

4．负荷程序限制

负荷程序限制的限制值从 80% 增加到 100%。图 7-5 所示为热限制器程序曲线。

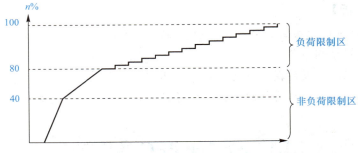

图 7-5　热限制器程序曲线

5．加速度限制器

加速度限制器应满足以下要求：

（1）把车钟指令信号变换成斜坡信号。

（2）根据主机不同工况、不同热负荷要求用不同速率发送。

图 7-6 所示为加速度限制曲线。

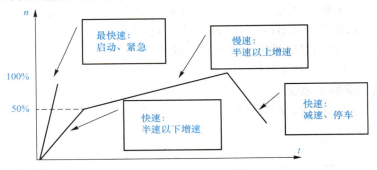

图 7-6　加速度限制曲线

●【任务小结】

　　主机是船舶推进的动力源，主机遥控系统主要包括主机的启停控制、转速控制以及遥控系统中的限制环节，通过学习了解了主机的功能和基本技术要求。

任务 7.2　PLC 控制网络的总体结构设计

【任务描述】

　　采用 PLC 工业控制网络来完成主机遥控系统的各种控制及监测功能，首先设计遥控系统网络的总体结构和通信方案。在此基础上，完成主机的启停自动控制及安保系统设计，同时，对主机转速模拟量信号进行处理，通过点对点的通信方式发送给电子调速器从而实现转速控制，另外，通过自由口通信方式使监测平台能实时监视。

📖 【任务分析】

S7-200 PLC 可以实现主从站通信功能，使用前需要了解其通信方式、通信协议、通信参数的设定及通信指令等。

本系统通信部分涉及的两个 PLC：一个作为启停控制和转速信号处理的主站，另一个作为电子调速器的从站。作为终端的计算机可以实时监视主机遥控系统的各种状态。

7.2.1　S7-200 PLC 通信方式

7.2.1.1　S7-200PLC 网络通信基本概念

1. 在网络中使用主站和从站

通信方式主要有两种：PPI 主从通信、自由口模式通信。S7-200 支持主–从通信方式并且可以被配置为主站或从站。

主站：网络中主站可以向网络中其他器件发出要求，也可以对网络上其他站的要求做出响应。典型主站器件包括 STEP7-Micro/WIN>TD200 和 S7-200PLC。当 S7-200 需要从另外一个 S7-200 读取信息时被定义为主站（点对点）。

从站：配置为从站的器件只能对其他主站的要求做出响应，自己不能发出要求。

2. 设置波特率和站地址

数据通过网络传输的速度是波特率。其单位通常为 kbaud 或 Mbaud。表 7-1 列出 S7-200 支持的波特率。

表 7-1　S7-200 支持的波特率

网络	波特率
标准网络	9.6 k ～ 187.5 k
使用 EM277	9.6 k ～ 12 M
自由口模式	1 200 ～ 115.2 k

在网络中要给每个设备指定唯一的站地址。唯一的站地址可以保证数据发送到正确的设备或来自正确的设备。S7-200 支持的网络地址从 0 到 126。对于有两个通信口的 S7-200，每个通信口可以有自己的站地址。表 7-2 列出 S7-200 设备的缺省地址。

表 7-2　S7-200 设备的缺省地址

S7-200	缺省地址
STEP7-Micro/WIN	0
HMI	1
S7-200CPU	2

3．为网络选择通信协议

S7-200CPU 支持通信协议中的一种或多种点对点接口（PPI）、多点接口（MPI）、PROFIBUS、自由口模式协议，它允许配置网络实现应用要求。

7.2.1.2　S7-200PLC 网络通信协议

在开放系统互联七层模式通信结构基础上，这些通信协议在一个令牌环网络上实现。令牌环网络符合欧洲标准 EN50170 中定义的 PROFIBUS 标准。这些协议是非同步的字符协议。如果使用相同波特率，这些协议可以在同一个网络中同时运行而不互相干扰。

1．点对点接口协议（PPI）

PPI 是一种主——从协议：主站设备发送要求到从站设备，从站设备响应。从站不发信息，只是等待主站要求和对要求作出响应。一些 S7-200CPU 在 RUN 模式下可以作为主站，它们可以用网络读（NETR）和网络写（NETW）指令读写其他 CPU 中的数据。

2．多点接口协议（MPI）

MPI 可以是主/主、主/从协议。MPI 在相互两个通信的设备之间建立连接，一个连接可能是两个设备之间的非公用连接；另一个主站不能干涉两个设备之间已经建立的连接。

3．PROFIBUS 协议

PROFIBUS 协议用于分布式 I/O 的高速通信。S7-200PLC 需通过 EM277PR0FIBUS-DP 模块接入 PROFIBUS 网络，网络通常有一个主站和几个 I/O 从站。

4．自由口协议

通过使用接收中断、发送中断、字符中断、发送指令（XMT）和接收指令（RCV），自由端口通信可以控制 S7-200CPU 通信口的操作模式。利用自由口端口模式，可以实现用户定义的通信协议，连接多种智能设备。通过 SMB30，允许 CPU 处于 RUN 模式时通信口 0 使用自由口端口模式。CPU 处于 STOP 模式时，停止自由端口通信，通信口强制转换为 PPI 协议模式，从而保证编程软件对可编程控制器的编程和控制功能。

7.2.1.3　网络通信组态

表 7-3 给出了支持的可能硬件组态和波特率。

表 7-3　网络通信硬件组态和波特率

支持的硬件	型号	支持的波特率	说明
PC/PPI 电缆	到通信口的电缆连接器	9.6 k 波特 19.2 k 波特	支持 PPI 协议
CP5511	PCMCIA- 卡	9.6 k 波特 19.2 k 波特 187.5 k 波特	支持用于笔记本 PC 的 PPI 和 PROFIBUS 协议
CP5611	PCI- 卡		
MPI	集成的 PCISA- 卡		支持用于 PC 的 PPEMPI 和 PROFIBUS 协议

S7-200 的通信口 0 只支持 9.6 k 波特率，支持的协议有 PPI、MPI 和 PROFIBUS。西门子提供几种可以插入个人计算机或 SIMATIC 编程器的网络接口卡（CP 或 MPI 卡），这些卡使得计算机或编程器作为主站，而且可以在几个波特率上支持不同协议。在 STEP7-MicroWIN32 中利用 PG/PC 接口可以设定特定的卡和协议。每个卡提供一个连到 PROFIBUS 网络的 RS-485 接口，另一端连到网络编程器的接口。

图 7-7 所示为计算机与 PLC 之间通过 PC/PPI 电缆连接，上位机为主站。

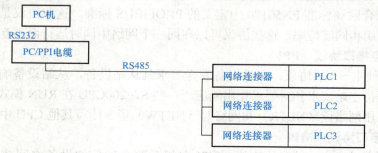

图 7-7　计算机与 PLC 之间 PC/PPI 电缆连接

7.2.1.4　网络部件

1．通信口

S7-200CPU 的通信口是符合欧洲标准的 EN50170 中的 PROFIBUS 的 RS485 兼容 9 针 D 型连接器。图 7-8 所示为通信接口的物理连接口，表 7-4 给出了通信口的 31 脚分配。

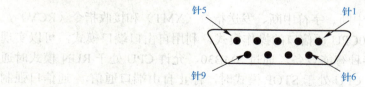

图 7-8　S7-200CPU 通信口引脚分配

表 7-4　S7-200 通信口引脚分配

针	PROFIBUS 名称	端口 0/ 端口 1
1	屏蔽	机壳接地
2	24 V 返回	逻辑地
3	RS485 信号 B	RS485 信号 B
4	发送申请	RTS （TTL）
5	5 V 返回	逻辑地
6	+5 V	+5 V，100 Ω 串联电阻
7	+24 V	+24 V
8	RS485 信号 A	RS-485 信号 A
9	不用	10 位协议选择（输入）
连接器外壳	屏蔽	机壳接地

2. 网络连接器

利用西门子提供的两种网络连接器可以很容易地把多个设备连接到网络中。两种连接器都有两种螺栓端子，可以连接网络的输入和输出。两种连接器还有网络偏置和终端匹配的选择开关，一个连接器仅连接到 CPU 的接口，另一个连接器增加了一个编程接口，如图 7-9 所示。

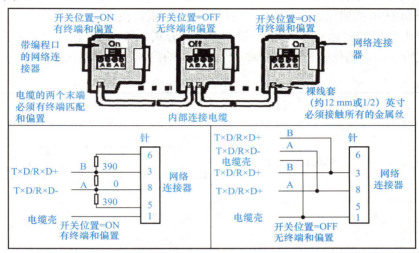

图 7-9　两种网络连接器的用法

7.2.1.5　通信协议的相关指令

1. PPI 协议的相关指令

PPI 通信是通过网络读（NETR）和网络写（NETW）指令初始化通信操作。它们最多可以从远程点上读写 16 个字节的信息。通过指定端口（PORT）从远程设备上接收数据并形成表（TABLE）；指令通过指定端口（PORT）向远程设备写表（TABLE）中的数据。图 7-10 所示为 NETW 和 NETR 指令用到的 TABLE 的定义。

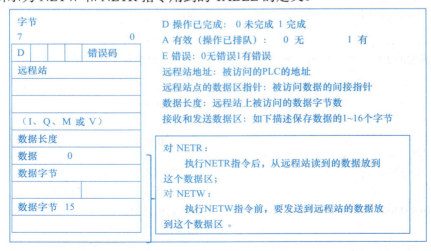

图 7-10　NETW 和 NETR 指令用到的 TABLE 的定义

2. 自由口通信协议的相关指令

当使用自由口通信指令，CPU 串行通信口可由用户程序控制，梯形图程序可以使用接收中断、发送中断、发送指令（XMT）和接收指令（RCV）来控制通信操作。在此模式下，通信协议完全由梯形图程序控制。SMB30（用于端口 0）和 SMB130（用于端口 1）用于选择波特率和奇偶校验。只有处于 RUN 模式时，才能进行自由端口通信。通过向 SMB30 或 SMB130 的协议选择区置 1，可以允许自由端口模式。

（1）自由端口的初始化。SMB30 和 SMB130 分别配置通信端口 0 和 1，为自由端口通信选择波特率、奇偶校验和数据位数。自由端口的控制字节描述见表 7-5。

表 7-5　特殊存储器位 SMB30 和 SMB130

端口 0	端口 1	描述
SMB30 格式	SMB130 格式	MSB　　　　　　　　　　　　　　　　　LSB | p | p | d | b | b | b | m | m | 自由口模式控制字节
SM30.6 和 SM30.7	SM130.6 和 SM130.7	PP 奇偶选择 00= 无奇偶校验 01 = 偶校验 10= 无奇偶校验 11= 奇校验
SM30.5	SM130.5	d 每个字符的数据位 0= 每个字符 8 位 1= 每个字符 7 位
SM30.2 到 SM30.4	SM130.2 到 SM130.4	Bbb 自由口波特率 000=38 400 波特 001=19 200 波特 010=9 600 波特 011=4 800 波特 100=2 400 波特 101=1 200 波特 110=600 波特 111=300 波特
SM30.0 和 SM30.1	SM130.0 和 SM130.1	Mm 协议选择 00= 点到点接口协议（PPI 从站模式） 01= 自由口协议 10=PPI/ 主站模式 11= 保留
注：每个配置都有一个停止位。		

（2）用 XMT 指令发送数据。可以用 XMT 指令方便地发送数据。XMT 指令发送一个或多个字符。最多有 255 个字符的 XMT 缓冲区。如果一个中断程序连接到发送结束事件上，在发完缓冲区的最后一个字符时，则会产生一个中断。XMT 缓冲区（字节区）格式如下：

计数	M	E	S	S	A	G	E

（3）用 RCV 指令接收数据。可以用 RCV 指令方便地接收信息。RCV 指令可以接收一个或多个字符，最多 255 个字符，这些字符存储在 RCV 缓冲区中。如果有一个中断程序连在接收完成事件上，在接收到缓冲区最后一个字符时，则会产生一个中断。RCV 指令允许选择信息开始和信息结束条件。RCV 缓冲区格式如下：

字符数	起始字符	M	E	S	S	A	G	E	结束字符

● 【任务实施】

7.2.2 PLC 控制网络的总体结构设计

主机遥控系统的设计选用了两台 S7-200PLC，其中一台用于主机启停和转速调节控制，放在集控室；另一台用于完成电子调速器的任务，存放在机舱。还有一个 PC 作为监视平台，用来监视整个系统的重要信号。

7.2.2.1 确定网络的通信方式

1. 本次设计的通信要求

本次网络的通信中有两个 S7-200PLC，一个是负责启停和转速控制的 1#PLC；另一个是负责电子调速器控制的 2#PLC。由 1#PLC 控制 2#PLC，而 2#PLC 只是响应 1#PLC 的控制，并不控制 1#PLC，整个网络的监控设备用于监视整个系统重要的信号，这些信号全是 1#PLC 的一些重要输入、输出、模拟等信号，与 2#PLC 没有直接的联系，因此，PC 只需要和 1#PLC 进行通信。

2. 通信方式的确定

本次设计所用的 S7-200PLC 的 CPU 的型号为 CPU214，这种型号的 CPU 支持 PPI 主从协议、自由口模式通信等，它只有一个通信口 0。从上面通信要求可知，1#PLC 控制 2#PLC，2#PLC 只是接收数据不控制 1#PLC。这样，两台 PLC 之间采用 PPI 主从通信协议正符合要求。主站可以发送数据给从站，而从站只是响应主站。另外，主站 PLC 作为整个网络的主站，作为监视平台的 PC 也就只是主站的一个终端，由于设计时硬件有限，只有网络连接器，没有 CP 卡，因此对于一个通信口的主站与从站为 PPI 方式通信，则与

PC 机之间就不可能再选用 PPI 协议。由于网络通信中只要波特率相同，允许在同一网络中采用不同的通信协议，因此选用自由口模式通信作为主站和 PC 机之间的通信方式。当然，波特率必须相同。

7.2.2.2 通信协议的实现

1. PPI 协议的实现

主站与从站之间确定为 PPI 主从通信协议，首先要确定站地址，主站 PLC 的地址为 2，从站 PLC 的地址为 3。根据 PPI 协议的规定，传输的数据位为 8 位，由于主站与从站之间是不间断地在传送，因此采用无奇偶校验。

2. 自由口协议的实现

自由口通信是在 PC 机和主站 PLC 之间交换命令和应答帧实现的。当然这里不涉及应答帧。在一次交换中，从主站 PLC 传输到 PC 机的命令称为命令帧。每个帧以设备号和标题开始，以检验码 FCS 及结束符结束。一个命令帧最多可以包含 131 个数据字符，命令格式如下：

@ 标志符	设备识别号	正文	FCS 检验码	结束符

@ 符号必须置于每个命令的开头作为自由口通信的标志，设备识别号作为识别接收命令的微型机，FCS 检验码为从帧开始到帧正文结束所有字符 ASC 码执行"异或"操作结果。每次接收到一帧，先要计算 FCS，与帧中所包含的 FCS 作比较，就能检查数据传输的正确与否。

根据自由口的控制字节的定义。自由口协议定义：一个字符为 8 位数据位，无奇偶校验，而有帧校验。@ 为标志符，START 为设备识别符，结束符选为常用的回车符。格式如下：

@	START	正文	FCS 检验码	回车结束符

波特率的选择：由于 CPU2.14 型只有一个通信口，如果需要进行两种方式的通信，波特率必须一致。由于 CPU2.14 在自由口通信方式下的最高速率是 9 600，因此将波特率选择为 9 600。

7.2.2.3 PLC 控制网络的总体设计结构图

根据总体通信设计思路，总体设计结构图如图 7-11 所示。

主站 PLC 通信口总线分别通过网络连接器和 PC/PPI 电缆与从站 PLC 及计算机通信。主从站之间通过 RS-485 总线进行 PPI 协议通信，主站和计算机终端通过 PC/PPI 电缆进行自由口通信。从主站 PLC 通信口出来连接网络连接器，是为了隔离，以免计算机 RS-232 口损坏。通过网络连接器及 RS-485 信号 A 和 B 通过比较高低电平与从站进行通信。同时，通过 PC/PPI 电缆的连接口引出 5 针通过 RS-485 和 RS-232 转换成 3 条线分别为接收、发送和地线，与计算机进行通信。

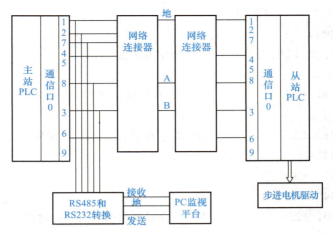

图 7-11　PLC 控制网络的总体设计结构图

7.2.2.4　通信程序的设计及调试

在 S7-200 网络通信中，可以实现两种通信协议进行通信而不互相干扰。但前提是两种协议的波特率必须相同，由于只有一个通信口，波特率只支持 9 600，因此在多协议通信时，波特率设置为 9 600。对于多协议的组合方式，人们采用了总线分时法，在总线分时控制中，通过几个定时器组成矩形波，从而形成高低不同时段分别进行 PPI 通信和自由口通信。

1. 多通信协议的主程序流程及程序设计

（1）主程序流程（图 7-12）。

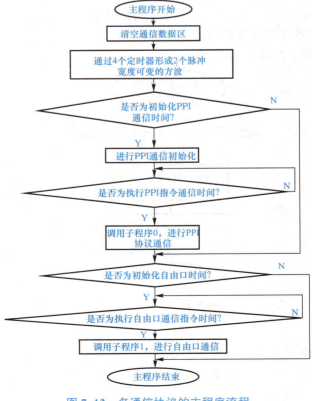

图 7-12　多通信协议的主程序流程

（2）主程序。

```
LD        SM0.1
FILL      +0, VW110, 10              // 清空数据区
LDNT33
TON       T34, +15                   // 与 netw4 用 T33 和 T34 构成矩形脉冲
LD        T34
TON       T35, +20                   // 用于设置初始 PPI 的时间
LD        T34
TON       T33, +50
LDN       T34
TON       T36, +20                   // 用于设置初始自由口的时间
LD        T34
MOVB      1, SMB30                   // 初始化 PPI 通信，设置通信 PPI 的时间
LD        T34
A         T35
MOVW      IW0, QW0
MOVD      VD100, VD200               // 把给定转速放入发送缓冲区
CALL      SBR0                       // 调用子程序 0 进行 PPI 通信
LDN       T34
A         T36
MOVB      9, SMB30                   // 进行自由口初始化
CALL      SBR1                       // 进行自由口通信
```

（3）多通信协议的子程序流程图及程序设计。

子程序 0 流程如图 7-13 所示。

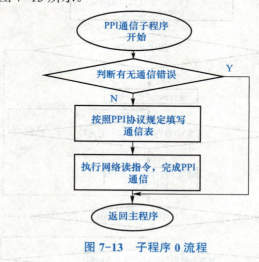

图 7-13　子程序 0 流程

子程序 0：

```
LD        SM0.0
AN V110.6                            // 协议有效且无错
```

```
AN     V110.5
MOVB   3, VB111                      // 从站地址
MOVD   &VB10, VD112 // 从站数据接收地址
MOVB   4, VB116                      // 发送数据长度
MOVD   VD100, VD117
NETW   VB110, 0
```

子程序 1 流程如图 7-14 所示。

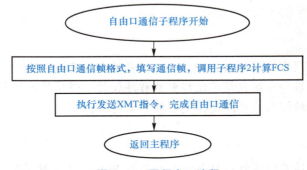

图 7-14 子程序 1 流程

子程序 1:
```
LD     SM0.0
MOVB   31, VB149                      // 一共传送 31 位数据
MOVB   16#40, VB150                   // 依次放入传送数据 @START 等
MOVB   16#53, VB151
MOVB   16#54, VB152
MOVB   16#41, VB153
MOVB   16#52, VB154
MOVB   16#54, VB155
MOVW   IW0, VW156                     //IW0 放在 VW156 中
MOVW   QW0, VW158                     //QW0 放在 VW158 中
MOVW   MW2, VW162                     //MW2 放在 VW162 中
MOVD   VD100, VD164                   // 给定转速放在 VD164 中
MOVD   VD300, VD168                   // 反馈转速放在 VD168 中
CALL   SBR13                          // 调用子程序 13 计算 FCS
MOVB   16#0D, VB180                   // 停止位按 Enter 键
XMT    VB149, 0                       // 发送指令
```
子程序 2:
```
LD     SM0.0
MOVW   VW158, VW172                   // 通过异或各个数据字计算 FCS
MOVW   VW162, VW174
MOVW   VW168, VW176
XORW   VW156, VW172
XORW   VW160, VW174
```

```
XORW      VW164,VW176
```

以上是整个 PLC 网络通信程序，采用总线分时法进行多协议通信，经过调试，能够实现整个 PLC 网络通信的要求。

任务 7.3   主机遥控的启停控制系统

【任务描述】

在设计遥控系统网络的总体结构和通信方案基础上，完成主机的启停自动控制及安保系统设计，主机遥控启停系统包括启动控制的程序设计、慢转控制的程序设计、停车控制的程序设计、重复启动控制的程序设计及安保系统的设计。

【任务分析】

实现主机遥控启停系统设计，首先选择合适的 PLC，根据控制要求进行 I/O 分配，然后进行硬件连接和程序设计。程序设计可根据系统功能分模块设计，每个模块要先设计流程图，然后编写代码程序。

7.3.1   主机遥控的启停控制系统

本次主机遥控系统的研究对象是最常见的 B&W 低速机，油气分开型。由于是低速机，额定转速只有 100 r/min，因此没有制动控制部分。调速系统采用的是电子调速器。车令信号的产生来自后面的转速控制系统的处理环节，模拟量输入模块将车令电位器的电压信号读入后，进行处理得到车令的 3 种状态，即正车、倒车及停车。本次主机遥控的启停控制系统主要包括启动控制、慢转控制、停车控制、重复启动控制、安保系统设计五部分。由于选择的气动系统可同时完成换向和启动的任务，因此没有专门的换向电磁阀，而是采用正车启动电磁阀和倒车启动电磁阀来完成整个启动控制的任务。图 7-15 所示为主站 PLC 的输入 / 输出点。

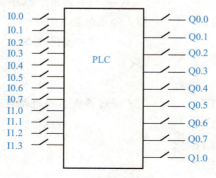

图 7-15   主站 PLC 的输入输出点

主站 PLC 的输入 / 输出点的功能见表 7-6。

表 7-6　主站 PLC 的输入 / 输出点的功能

I0.0	凸轮轴正车	Q0.0	启动故障报警
I0.1	凸轮轴倒车	Q0.1	电源出错
I0.2	盘车机接通	Q0.2	正车启动电磁阀
I0.3	紧急停车	Q0.3	倒车启动电磁阀
I0.4	紧急操纵	Q0.4	停车电磁阀
I0.5	控制空气故障	Q0.5	慢转电磁阀
I0.6	启动空气 < 1.5 MPa	Q0.6	调速器停
I0.7	润滑油压力低	Q0.7	故障报警
I1.0	凸轮轴压力低	Q1.0	扩展块出错
I1.1	推力轴承高温		
I1.2	曲柄箱油雾浓度高		
I1.3	驾越		

7.3.2　主机遥控的启停控制系统的设计

7.3.2.1　启动控制的程序设计

1. 正车启动控制的流程（图 7-16）

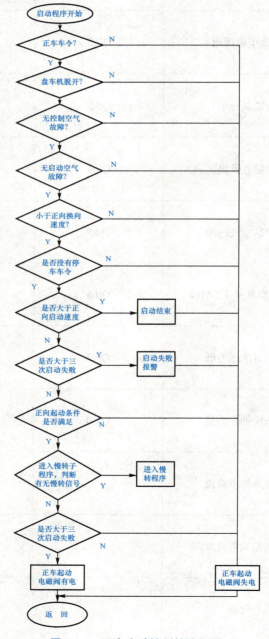

图 7-16　正车启动控制的流程图

2. 正车启动控制程序的设计

正车启动的条件类似双稳态的触发器原理，有置位端和置零端。其中，置位端所有信号之间是与的关系，表示满足启动的条件。置零端所有信号之间是或的关系，表示不允许启动的条件，只要有一个条件出现，则停止启动。具体的各个条件可以从图7-16看出。表7-7是正车启动所用到的各个信号。

表7-7 正车启动控制信号

元件	功能	元件	功能
M0.2	正车车令	M4.0	反馈速度为零
M0.4	停车车令	M4.2	正向速度小于正向换向速度
M3.0	启动条件满足	SM0.0	特殊位，始终为1
M0.5	启动时间大于4 s	SM0.4	特殊位，30 s 为高 30 s 为低
M1.1	自动重启	SM0.1	特殊位，首次扫描为1
M1.2	正向速度大于启动速度	M1.3	正向速度大于慢转速度

正车启动程序如下：

```
LD      M0.2        // 正车车令
AN I0.2             // 盘车机脱开
LD      M4.2        // 反馈速度小于正常换向速度
ALD
AN I0.5             // 无空气故障信号
AN I0.6             // 无启动空气故障信号
AN SM0.1            // 非首次扫描时始终为1
LD      Q0.0        // 大于3次启动失败报警信号
O       M1.2        // 启动结束信号
O       M0.4        // 停车车令
O       SM0.1       // 首次扫描为1，清零
NOT                 // 以上4项为停止启动的置零信号
LPS
A       M3.0        //M3.0 为正车启动条件满足的位信号
=       M3.0
LPP
```

```
ALD
O          M3.0
=          M3.0
LD         M4.0            // 判断是否停车 30 min；M4.0 为反馈速度为 0
AM 3.0
A          SM0.4
LD         M1.3
CTU        C5, +30
LD         C5              // 慢转电磁阀有电
AN 10.4
LD         M3.0
ALD
=          Q0.5
LD         M3.0            // 正向启动电磁阀有电
AN Q0.5
O          M1.1            // 自动重启
=          Q0.2
LD         Q0.2            // 此时为启动开始，启动时间监控时间 4 s
A          10.0
TON        T97,+400
LD         M0.2            // 此时换向开始，换向时间监控时间 2 s
A          10.1
TON        T99,+200
LD         T97
O          T99
LD         M0.4
CTU        C4,+3           // 启动失败 3 次
LDT97
=          M0.5            // 启动时间超过 4 s 的位信号
LD         M0.5
TON        T98,+200        // 启动间隙时间 2 s
LD         C4
=          Q0.0            // 启动失败 3 次报警信号
LD         T98             // 自动重启位信号
=          M1.1
```

倒车启动控制的流程图及程序与正车情况类似，在此不再赘述。

7.3.2.2 慢转控制的程序设计

1. 慢转控制流程

慢转控制如图 7-17 所示。

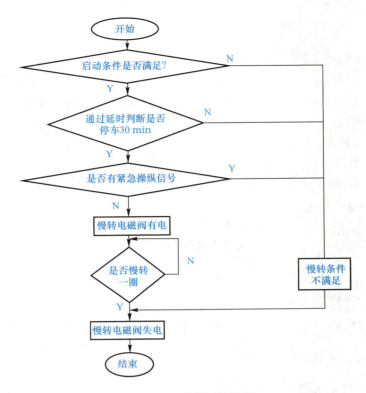

图 7-17   慢转控制的流程

2. 慢转电磁阀控制程序设计

慢转电磁阀控制程序如下：

```
LD      M0.2        // 正车车令
O       M0.3        // 或倒车车令
AN 10.2             // 盘车机脱开
LD      M4.2        // 小于正常换向速度
O       M4.3
ALD
AN 10.5             // 无控制空气故障
AN 10.6             // 无启动空气故障
AN SM0.1
LD      Q0.0        // 停车车令、大于启动速度、大于 3 次启动失败构成慢转
O       M1.2        // 不满足条件
O       M1.5
O       M0.4
O       SM0.1
NOT
LPS
A       M3.0
=       M3.0
```

223

```
LPP
ALD
O          M3.0
=          M3.0
LD         M4.0        // 是否停车 30 min; M4.0 为反馈速度为 0
A          M3.0
A          SM0.4
LD         M1.3
O          M1.7
CTU        C5, +30
LD         C5          // 停车 30 min
AN I0.4                // 无紧急操纵信号
LD         M3.0
O          M3.1
ALD
=          Q0.5        // 慢转电磁阀有电
```

7.3.2.3 停车控制的程序设计

1. 停车控制的流程图

停车控制的流程如图 7-18 所示。

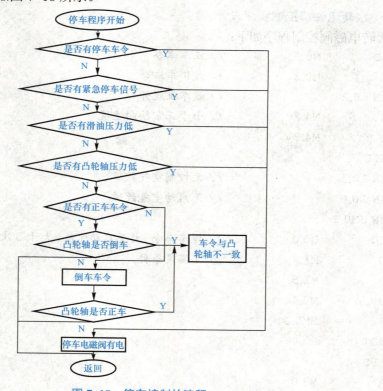

图 7-18　停车控制的流程

224

2. 停车控制的程序设计

根据流程图，表 7-8 所示是程序中所用到的位信号等。

表 7-8　停车控制程序中所用位信号

元件	功能	元件	功能
M0.2	正车车令	I0.7	润滑油压力低
M0.3	倒车车令	I1.0	凸轮轴压力低
M0.4	停车车令	M1.4	车令与凸轮轴不一致
I0.0	凸轮轴正车	Q0.4	停车电磁阀
I0.1	凸轮轴倒车	Q0.6	调速器停止
I0.3	紧急停车		

停车控制的程序如下：

```
LD      M0.2        // 车令与凸轮轴不一致条件
A       10.1
LD      M0.4
A       10.0
OLD
=       M1.4
LD      10.7        // 润滑油压力低
O       11.0        // 凸轮轴压力低
AN 11.3             // 且无驾越信号，故障停车才有效
LD      M0.3        // 停车车令
O       10.3        // 紧急停车信号
O       M1.4        // 车令与凸轮轴不一致信号
OLD
=       Q0.4        // 停车电磁阀有电
=       Q0.6        // 调速器停止
```

7.3.2.4　重复启动控制的程序设计

1. 换向时间监视程序控制的设计

（1）换向时间监视控制的要求。本电路需要完成的功能：从换向机构准备动作时开始，如果在整定的延时时间内，换向结束就是成功；反之就是失败。

（2）换向时间监视控制的流程。在本次设计中，把换向监视时间定为 2 s。程序中 T99 用于计时（图 7-19）。

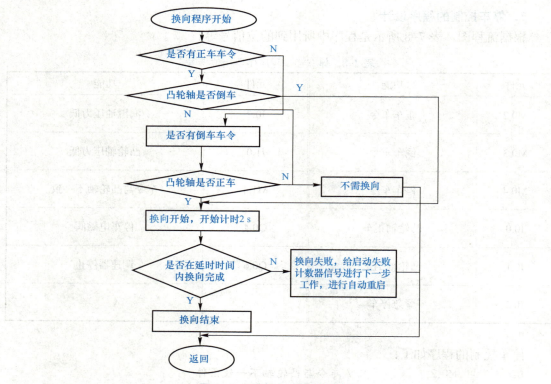

图 7-19　重复启动控制的流程

（3）换向时间控制程序设计。

LD	M0.2	// 装载正车车令
A	10.1	// 且凸轮轴倒车
LD	M0.3	// 装载倒车车令
A	10.0	// 且凸轮轴正车
OLD		// 两种情况相或
TON	T99, +200	// 延时 2 s 计数器
LD	T99	// 换向失败时,T99 为 1,给启动失败计数器计数
LD	M0.4	// 启动失败计数器的复位信号
CTU	C4, +3	// 启动失败 3 次
LD	T99	
=	M0.5	// 换向时间超过 2 s 的位信号
LD	M0.5	
TON	T98, +200	// 启动间隙时间 2 s
LD	C4	
=	Q1.0	// 启动失败 3 次报警信号
LD	T98	// 自动重启位信号
=	M1.1	

当换向失败后，这里的 T99 将给启动失败次数计数器发出一次启动失败信号，从而再继续自动重启。

2. 启动时间监视程序控制的设计

（1）启动时间监视控制的要求。本电路需要完成的功能：从启动机构准备动作时开始，如果在整定的延时时间内，启动结束就是成功；反之就是失败。

（2）启动时间监视控制的流程（图 7-20）。

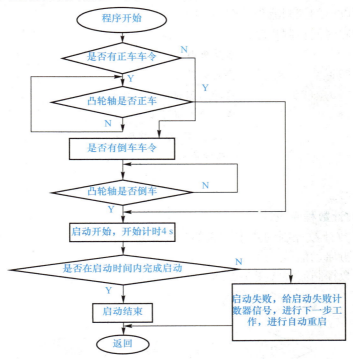

图 7-20　启动时间监视程序控制流程

（3）启动时间控制程序设计。

```
LD       Q0.2
A        10.0
O        Q0.3
A        10.1            // 此时为启动开始，启动时间监控时间 4 s
TON      T97, +400
LD       T97
LD       M04
CTU      C4, +3          // 启动失败 3 次
LD       T97
=        M0.5            // 启动时间超过 4 s 的位信号
LD       M0.5
TON      T98, +200       // 启动间隙时间 2 s
LD       C4
=        Q0.0            // 启动失败 3 次报警信号
LD       T98
=        M1.1            // 自动重启位信号
```

3. 启动间歇时间控制程序设计

（1）启动间歇时间控制的要求。本电路需要完成的任务：
每次启动失败一次暂停 2 s，不断重复发送启动和停止启动的
信号，直至启动次数寄存器累积到 3 次启动失败为止。

（2）启动间歇时间控制流程（图 7-21）。

（3）启动间歇时间控制程序设计。

```
LD      T97         // 启动失败
O       T99         // 换向失败
TON     T98, +200   // 启动间隙时间 2 s 延时
LD      T98         // 延时后自动重启
ON T97              // 或没有启动失败时自动重
                      启信号有效
ON T99
=       M1.1
```

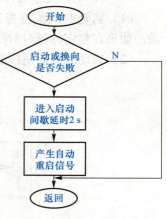

图 7-21　启动间歇控制流程

4. 启动次数计数程序设计

（1）启动次数计数控制的要求。它的功能是寄存重复启动次数，当连续 3 次失败以
后，便发出停止再启动信号。

（2）启动计数控制流程（图 7-22）。

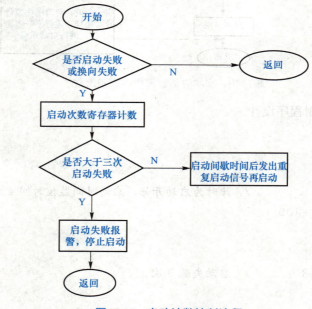

图 7-22　启动计数控制流程

（3）启动次数计数程序设计。

```
LD      T97
O       T99
LD      M0.4
CTU     C4, +3
LD      C4
```

228

```
=          Q0.0              // 启动失败 3 次报警信号
LD         T97               // 启动失败
O          T99               // 换向失败
TON        T98,+200          // 启动间隙时间 2 s 延时
LD         T98               // 延时后自动重启
ON T97                       // 或没有启动失败时自动重启信号有效
ON T99
=          M1.1              // 自动重复启动
```

7.3.2.5 安保系统的设计

为了保护主机安全运转，免遭损坏，根据主机发生的故障情况，分别采取故障减速和故障停车两种措施进行处理。

1. 故障减速

当发生润滑油温度高，气缸和活塞冷却水温度高，主机扫气温度高，废气透平温度高，曲柄箱油雾浓度高等不正常情况时，应发出故障减速信号。但是当有紧急操纵的信号时，故障减速信号应失效，这是因为在紧急情况下，应该采取"舍机保船"。

（1）故障减速控制流程（图 7-23）。

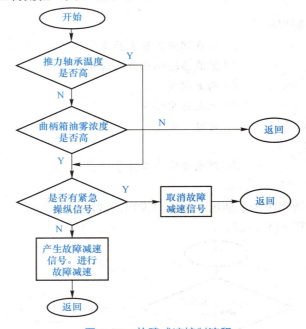

图 7-23 故障减速控制流程

（2）故障减速控制程序设计。

```
LD         11.1              // 装载推力轴承温度高
LD         11.2              // 装载曲柄箱油雾浓度高
OLD                          // 两种情况相或
AN 10.4                      // 且无紧急操纵信号
=          M4.4
```

2. 故障停车

当发生润滑油压力低，活塞冷却水压力低时，不允许主机继续运转，应由故障停车电路经 5 s 短延时后，发出停车指令，主机断油减速，使转速降为 0。

（1）故障停车控制流程（图 7-24）。

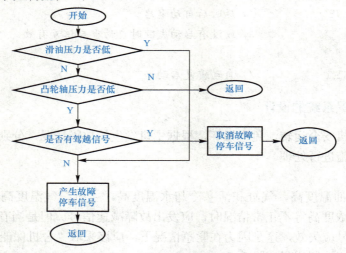

图 7-24　故障停车控制流程

（2）故障停车控制程序。

```
LD          10.7          // 装载润滑油压力低信号
LD          11.0          // 装载凸轮轴压力低信号
OLD                       // 两者相或
AN 11.3                   // 且无驾越信号
TON         T100，500     // 延时 5 s
LD          T100
=           M4.5          // 产生故障停车信号
```

3. 硬件故障

硬件故障主要是指当车令手柄出现故障时发出的故障信号。

（1）硬件故障流程（图 7-25）。

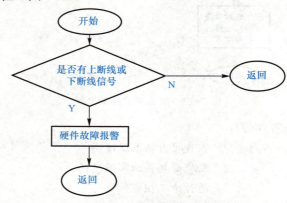

图 7-25　硬件故障控制流程

（2）硬件故障程序设计。

```
LD      M0.0            // 上断线信号
O       M0.1            // 下断线信号
=       Q0.7            // 硬件故障报警信号
```

7.3.2.6　特殊情况下的处理

1．紧急操纵情况下的特殊处理

当出现紧急操纵情况时，表示此时情况很紧急，主机不能按照正常的控制程序运行，它与正常情况的区别如下：

（1）在紧急操纵时，取消慢转；

（2）在紧急操纵时，当出现了故障减速信号时，不执行故障减速。

2．驾越信号出现情况下的特殊处理

驾越信号出现时，由于出现的情况比紧急停车还要严峻，因此当驾越信号出现时将取消故障停车信号，使之无效。

任务 7.4　主机转速控制系统的程序设计

【任务描述】

掌握 EM235 模拟量扩展模块的功能用法，实现主机转速控制系统硬件设计和软件设计。

【任务分析】

主机转速控制系统需要用到模拟量，本系统选择 S7–200 PLC 系列 EM235 模拟量扩展模块。掌握 EM235 模拟量扩展模块的输入输出技术数据、数据字格式，设计主机转速控制系统的硬件电路，设计主机转速控制系统流程图，编写程序代码。

7.4.1　EM235 模拟量扩展模块

7.4.1.1　模拟量输入 / 输出的功能

模拟量扩展模块提供了模拟量输入 / 输出的功能，优点如下：

（1）最佳适应性。可适用复杂的控制场合。直接与传感器和执行器相连，12 位的分辨率和多种输入输出范围能够不用外加放大器而与传感器和执行器直接相连，如 EM235 模块可直接与 PT 热电阻相连。

（2）灵活性。当实际应用变化时，PLC 可以相应地进行扩展，并可非常容易地调整用户程序。

7.4.1.2 EM235 模拟量扩展模块技术数据

EM235 模拟量扩展模块功耗为 2 W，为四路模拟量输入、两路模拟量输出。

（1）模拟量输入特性。单极性电压输入范围为：$0 \sim 10\,V$，$0 \sim 5\,V$，$0 \sim 1\,V$，$0 \sim 500\,mV$，$0 \sim 100\,mV$，$0 \sim 50\,mV$。电流输入范围为：$0 \sim 20\,mA$。

（2）分辨率。单极性电压输入分辨率：$12.5\,\mu V$，$25\,\mu V$，$125\,\mu V$，$250\,\mu V$，$1.25\,mV$，$2.5\,mV$。电流输入分辨率：$5\,\mu A$。

（3）模数转换时间 $< 250\,\mu s$，模拟量输入响应：$1.5\,ms \sim 95\%$

（4）输入输出参数。输入阻抗：大于等于 $10\,000\,\Omega$；最大输入电压：$30\,V$；最大输入电流：$32\,mA$。

（5）模拟量输出特性。模拟量输出点数为 1；电压信号范围为 $\pm 10\,V$，电流为 $0 \sim 20\,mA$；数据字格式为 $-32\,000 \sim +32\,000$（电压），$0 \sim +32\,000$（电流）；分辨率：12 位（电压），11 位（电流）；精度（25 ℃，入满量程的 0.5%）；稳定时间：$100\,\mu s$（电压），$2\,ms$（电流）。

7.4.1.3 EM235 输入 / 输出数据字格式

EM235 输入数据字格式如下：

1514	32				0
数据值 12 位		0	0		0

值得注意的是，模拟量到数字量转换器的 12 位读数，其格式是左对齐的。最高有效位是符号位，0 表示是正值数据字，对单极性格式，3 个连续的 0 使得 ADC 计数数值每变化 1 个单位则数据字的变化是以 8 为单位变化的。

EM235 输出数据字格式如下：

MSB 1514			3	2	1	LSB 0
0	数据值 12 位			0	0	0

与输入数据字格式一样要注意，数字量到模拟量转换器的 12 位读数，其输出数据格式是左对齐的，最高有效位：0 表示正值数据字，数据在装载到 DAC 寄存器之前，4 个连续的 0 是被截断的，这些位不影响输出信号值。

● 【任务实施】

7.4.2　主机转速控制系统的程序设计

7.4.2.1 外围电路设计

模拟量输入扩展模块 EM235 与 S7-200 PLC 通过扩展口连接在一起，外接电位器作为车令手柄，电位器的电压变化通过滤波处理后作为转速指令信号，发送给从机PLC，进而控制主机的转速。

考虑到断线故障的实时监测，电位器的外围电路如图7-26所示，R_1=40 kΩ，R=120 kΩ，R_2=40 kΩ，则R_1上有效电压为1 V，R_2上有效电压为1 V，而电位器R上获得的有效电压为3 V。当滑头位于电位器的最下端时电压等于1 V，当滑头位于电位器的最上端时，电压等于4 V，这就是模拟量扩展模块的有效输入电压。在电位器的滑头滑动过程中，如果电压等于5 V，就意味着R_1产生断线故障，电压等于0 V时就意味着R_2产生断线故障，当电压输入模拟量扩展模块，PLC中的程序检测到这两个电压值就显示电路有断线故障，这样就实现了车令手柄的断线故障的检测。

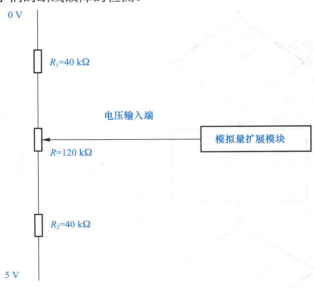

图 7-26　电位器的外围电路

7.4.2.2　输入量的读取及数据格式转换

本程序描述了模拟量模块 EM235 4AI 1AQ 的功能，从 AIW0 里取输入值，为了增加稳定性而求多次采样值的平均值，再依据计算出的平均值在 AQW0 中输出模拟电压。模拟量模块经过测试可提供模块错误信息，如果第一个扩展模块不是模拟量模块，Q1.0 接通，另外，若模拟量模块检查到的错误是电源错误，则将 CPU 上 Q1.1 接通。模拟量模块上有 EXTF 字样。

本程序中所用的除法是简单的移位除法。因为移位只花费较短的扫描时间，该数能从2 变化到 32 768。输入字长是 12 位长，如果采样次数大于 16，那么和的长度将大于一个字。于是需要用双字存储采样和。为把输入值加到采样和中，还应当把它转换成双字。

总程序结构如图7-27所示。先是第一次扫描，调用子程序0初始化模拟量扩展单元，接着调用子程序1检查模拟量扩展模块是否有错误，若扩展块没有错误，则调用子程序2把当前采样值加到采样和中，采样计数器加1，判断采样计数器是否等于预置次数，若是，就取采样平均值，调用子程14输出模拟电压；若不是，则返回继续判断上述条件。上述过程中，只要出现错误或条件不满足就结束主程序。

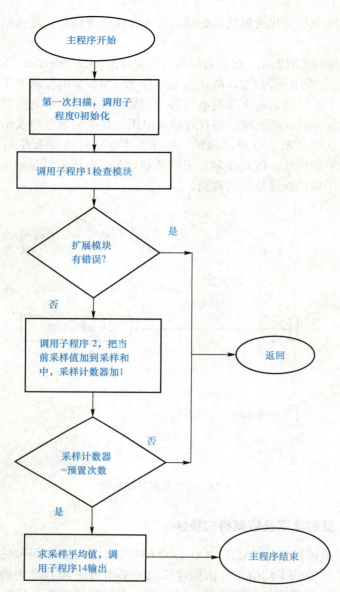

图 7-27 输入量的读取及数据格式转换总程序结构

转换程序如下：

```
LD      SM0.1       // 初始化
CALL    SBR_0
LD      SM0.0       // 检查模块
CALL    SBR_1
LDN     Q1.0
AN Q1.1
CALL    SBR_2       // 采样模拟量输入
CALL    SBR_14          // 输出所要电压
END
```

子程序 0 和子程序 1 的流程如图 7-28 所示。

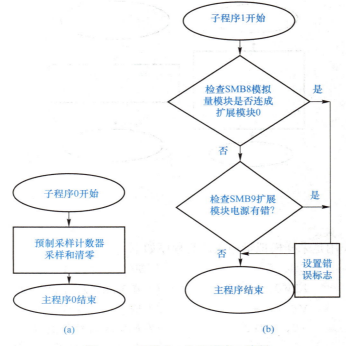

图 7-28 子程序 0 和子程序 1 流程
（a）子程序 0 流程；（b）子程序 1 流程

子程序 0 的程序功能是对模拟量扩展模块进行初始化。

```
SER_0:
LD              SM0.0
MOVW            +0, VW0          // 计数器清零
MOVW            +128, VW2        // 预置采样次数
MOVD            +0, VD10         // 当前采样值清零
MOVD            +0, VD14         // 当前采样和清零
MOVD            +0, VD18         // 平均值清零
CRET
```

子程序 1 的程序功能是检查模块是否有错误。

```
SBR_1:
LDB=SMB8,       16#19            // 检查第一个扩展模块是否存在
NOT
S               Q0.0, 1
LDB=            SMB9, 16#00      // 检查第一个扩展模块是否有错
NOT
AB=             SMB9, 16#04      // 检查电源是否正常
S               Q1.1, 1
CRET
```

子程序 2 和子程序 14 的流程如图 7-29 所示。

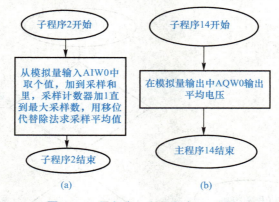

图 7-29　子程序 2 和子程序 14 流程

（a）子程序 2 流程图；（b）子程序 14 流程图

子程序 2 的作用是采样模拟量输入，其程序如下：

```
LD          SM0.0              //SM0.0 总为 1
MOVW        AIW0, VW12         // 在 VW12 放置模拟输入
LDW>=       VW12, +0           // 检查输入信号
MOVW        +0, VW10           // 把输入值转换成双字
NOT                            // 即 VD10= 当前采样值
MOVW        16#FFFF, VW10
LD          SM0.0
+D          VD10, VD14         // 把当前采样值加到采样和
INCW        VW0                // 采样计数器加 1
LDW>=       VW0, VW2           // 若达到采样次数
MOVD        VD14, VD18         // 则把采样和 VD14 复制到 VD18 中
ENCO        VW2, AC1           // 计算移位数
SRD         VD18, AC1          // 用移位实现除法，即求采样平均值
MOVD        +0, VD14           // 重新初始化
MOVW        +0, VW0            // 采样计数器清零
CRET                           // 子程序 2 结束，模拟量输入平均值 =VW20
```

子程序 14 是用来模拟快输出模拟量的，其程序如下：

```
SBR_14:
LD          SM0.0
MOVW        VW20, AQW0
CRET
```

至此，整个模拟量的读取和输出结束。

7.4.2.3　模拟量输入的处理

CPU 每扫描一次，车令信号与不同的加速速率设置区作比较，当输入符合某个子程序条件时，输出便按此子程序设定的加速速率通过 PPI 协议发送信号给从机。处理过程中，

会出现一些故障报警、过程状态等，因为输出是从 VW20 读取的，所以当进行模拟量处理时，直接取 VD20 里的值与设定程序进行比较，当符合某个条件时，便执行该程序，并将对应的状态设置成高电平，通过自由口通信指令发送到监视平台，使整个加速过程能很直观地从监视平台观测到。

从模拟量扩展模块输出的电压存储在变量 VD20 里，经过程序处理后最终送到变量 VD100 里，电子调速器从变量 VD100 里取值去对主机转速进行控制。

整个加速阶段分 5 个过程，设定最大转速为 100。首先由气动启动，当达到发火转速，并且启动成功后转为转速控制系统控制转速。所以由发火转速开始，以 4 r/s 的加速度使系统加速，当达到临界转速区时，为了避开这个转速区，使速率维持在临界区的下限一段时间，然后以最快的速率即瞬时速率加速到临界区的上限，避开这个临界区后接着以 4 r/s 的加速度继续加速，在系统转速达到最大转速的 80% 后到达负荷限制加速区，在这个区域内，系统每隔 1 s 就立即加速 1 转，这样以脉冲的方式给系统加速，直至达到最大转速，整个加速过程就结束。

先在处理程序中设置各个速度所对应的电压值，使输入模拟电压时与之进行比较，然后按照对应的速率发送加速指令。各个电压所对应的转速如下：

```
MOVR        2.5, VD24          // 车令零位
MOVR        2.55，VD28         // 死区上限
MOVR        2.45，VD32         // 死区下限
MOVR        2.8，VD44          // 正向最小转速限制
MOVR        2.2，VD48          // 反向最小转速限制
MOVR        3.475，VD60        // 正向临界区上限
MOVR        1.525，VD64        // 正向临界区下限
MOVR        3.625，VD68        // 反向临界区上限
MOVR        1.375，VD72        // 反向临界区下限
MOVR        3.7，VD76          // 达到正向 80% 转速
MOVR        1.3，VD80          // 达到反向 80% 转速即最大转速
MOVR        4.0，VD84          // 正向最大转速
MOVR        0.0，VD92          // 下断线时对应电压
MOVR        5.0，VD96          // 上断线时对应电压
MOVR        3.4，VD104         //60% 转速
MOVR        2.8，VD108         //20% 转速
```

1. 正车信号的处理及各个限制环节

扫描转速指令，看是否有断线故障，若有即停止加速，并报警，否则判断是否达到发火转速，达到后开始进行快加速阶段 I。再判断指令信号是否进入临界转速区，如是就进行临界转速处理，否则返回继续进行快加速阶段 I。扫描继续判断输入是否增大并达到快加速阶段 II，条件满足就处理并输入信号和状态量，否则返回进行临界转速的处理。扫描继续判断输入是否增大并达到负荷限制加速区，条件满足就处理并输出信号和状态量。否则返回继续进行快加速阶段 II 的处理。最后判断输入是否增大并达到最大转速，条件满足就停止加速，否则返回负荷限制加速。流程如图 7-30 所示。

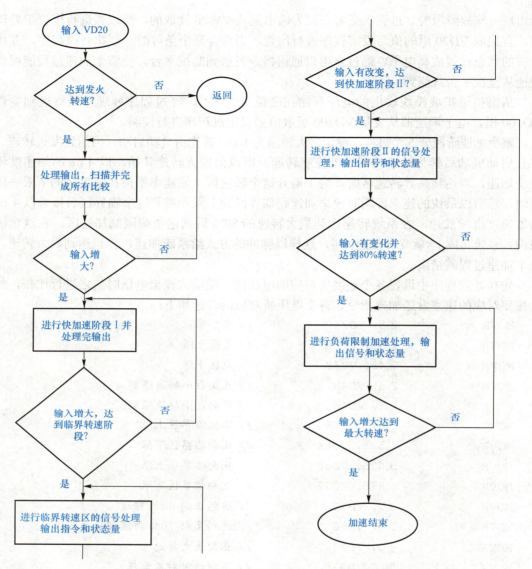

图 7-30　正车信号的处理及各个限制环节流程

（1）断线故障的处理。

变量 VD20 与最大设定电压相比较，

```
LDD<=VD20,VD92          // 上断线故障
=          M0.0          // 位 M0.0 置 1,表示上断线故障
```

当从电位器取到的电压大于等于 4 V 时，则意味着车令手柄的另一段断线，

```
LDD>=VD20,VD96
=          M0.1          // 位 M0.1 置 1,表示下断线故障
```

（2）正车启动。系统启动时先由气动启动，启动过程中当启动转速达到最大转速的 30% 时则启动成功，若达不到 30% 则重复启动，3 次都达不到时则启动失败。所以，在程序中设置一个比较程序，扭动电位器，当从电位器取得的电压经过模拟块处理完和设定值相比较，当 3 次比较过程中电位器取得的电压都小于启动电压时则停止启动，故障显示。

```
LDD>=VD20，VD28
=          M0.2                      // 位 M0.2 置 1，表示正车启动
```

（3）正向快加速阶段 I。正车启动成功后，系统就以 4 r/s 的加速度给系统加速。

```
LDD>=     VD20,VD52
AD<=      VD20,VD60
=         M0.6                      // 位 M0.6 置 1，表示该系统正处在快加速 I 阶段
MOVB      100, SMB34
ATCH      1NT_0, 10                 // 设中断，当条件满足后，中断结束
ENI
INT_0:
LD        SM0.0
MOVR      0.006,VD92
+R        VD92,VD20                 // 让 VD20 每秒加 4 转
MOVD      VD20,VD100                // 相加后，把 VD20 送到输出区
LDD>=     VD100,VD60                // 不断加速后，输入与变量 VD60 比较当输入大于
                                       等于变量 VD60（临界转速下限）后便停止加速
CRETI
```

（4）临界加速区。电位器继续移动，由于电压的不断增大，转速便落在临界转速区内，由于要避免船体的共振，所以要避免这段临界转速区，当转速落在临界转速区下限时使停止加速，让转速恒定一段时间，然后直接让转速指令跳至临界转速区上限，所以设置一个定时器：

```
LDD>=     VD20,VD60
AD<=      VD20,VD68                 // 让 VD20 与临界区的上限和下限比较
=         M0.7                      // 符合条件则位 M0.7 置 1
TON       T37,+50                   // 设置定时器，定时 5 s
LD        T37
MOVD      VD68,VD20                 // 时间到后，直接将临界上限值赋给变量
MOVD      VD20,VD100                // 将处理后的值输出
```

（5）正向快加速阶段 II。当转速避开转速临界区后仍然 4 r/s 的加速度继续加速。

```
LDD>=     VD20,VD68
AD<=      VD20,VD76
=         M0.6
MOVB      100,SMB34
ATCH      INT_2, 10
INT_2:
LD        SM0.0
MOVR      0.006,VD92
+R        VD92,VD20
MOVD      VD20,VD100
LDD>=     VD100,VD76
CRETI
```

但是与快加速阶段Ⅰ不同的是，这次比较的是不同的上限，这次是与80%的额定转速比较。当VD100大于等于VD76后停止这段加速到达负荷限制加速区。

（6）负荷限制加速区。在这个阶段内，系统每隔1 s就立即加速1转，这样以脉冲的方式给系统加速，直至达到最大转速，整个加速过程就结束。

```
LDD>=      VD20,VD76
AD<=       VD20,VD84
=          M1.0
ATCH       INT_1,10
INT_1:
LD         SM0.0
MOVR       0.0015,VD96
+R         VD96,VD20
MOVD       VD20,VD100
LDD>=      VD100,VD84
CRETI
```

加速到最大转速停止加速，主机正常运行。整个加速阶段如前所述。倒车阶段和正车过程相同，在此不再赘述。

（7）故障限速和故障停车。在主机运行过程中，为了保护主机安全运转，免遭损坏，根据主机发生的故障情况，分别采取减速或者停车措施进行处理。

当发生润滑油温度高，气缸和活塞冷却水温度高，废气透平温度高，曲柄箱油雾浓度高，废气锅炉有故障等不正常情况时，应发出故障减速信号。当读取到故障信号便对之进行处理，使主机运行在60%的转速上不变：

```
LD         M4.4                // 如果有故障信号
MOVR       VD110,VD20          // 限制速度在60%转速上
MOVR       VD20,VD100          // 输出给电子调速器
```

当发生润滑油压力低或气缸和活塞冷却水压力过低时，不允许主机继续运转，应由故障停车电路经短时间延时，使转速给定值降到零，主机便断油停车。

```
LD         M4.5
MOVR       VD24,VD20
MOVR       VD20,VD100
```

（8）最大转速限制。当主机加速到100转时，达到最大转速，正常情况下应停止继续加速。

```
LDD>=      VD20,VD84
MOVR       VD84,VD20
```

（9）最小转速限制。在主机运行过程中，为了防止主机运行速度过低，设置一个最小转速保护，当实际转速小于这个转速时，便使输出设定在20%最大转速上。

```
LDD>=      VD20,VD28           // 大于死区
AD<=       VD20,VD108          // 小于20%
MOVR       VD108,VD20
MOVR       VD20,VD100          // 输出
```

240

2．停车信号的处理

考虑到电位器扭动过程中会出现机械性以及时间上的误差，现令 2.5 ～ 2.55 V 为停车灵敏度死区，在这个区间内，车令相当于停车。

```
LDD>=      VD20,VD32
AD<=       VD20,VD28
=          M0.4                          // 位 M0.4 置 1，表示停车状态
```

3．车令与反馈产生的状态信息

设计过程中采用电位器模拟实际转速的方法，本环节的作用是使模拟生成的反馈转速与车令给定进行比较，得出 3 个状态信息，即给定指令值与实际反馈值的比较。一个是换向条件是否满足；二是启动成功是否满足；三是慢转条件是否达到。但是与车令输入模拟量的读取有所不同，这里没有设双电位器进行断线故障的检测，而是直接根据最大电压和最小电压判断是否断线。再一个就是，反馈输入没有经过任何处理直接输入，作用只是把实际输入电压转换成模拟电压。反馈处理后输出的模拟电压值放置在变量 VD220 里。由于是用同一个模拟量扩展模块对两路输入进行处理，所以本环节的模拟量读入和输出需要设置不同的地址。

（1）模拟量输入。

```
LD         SM0.0
MOVW       AIW2,VW212
LDW>=      VW212,+0
MOVW       +0,VW210
NOT
MOVW       16#FFFF,VW210
LD         SM0.0
+D         VD210,VD214
INCW       VW200
LDW>=      VW200,VW202
MOVD       VD214,VD218
ENCO       VW202,AC2
SRDVD      218,AC2
MOVD       +0,VD214
MOVW       +0,VW200
```

（2）模拟量输出。

```
LD         SM0.0
MOVW       VW220,AQW2
```

本环节各速度对应的电压值设置如下：

```
MOVR       0.0,VD224                     // 电位下限
MOVR       5.0,VD228                     // 电位上限
MOVR       2.65,VD232                    // 正向换向转速
MOVR       2.35,VD236                    // 反向换向转速
MOVR       2.625,VD240                   // 正向慢转速度
```

```
MOVR                2.375,VD244                // 反向慢转速度
MOVR                2.75,VD248                 // 正向换向转速
MOVR                2.25,VD252                 // 反向换向转速
MOVR                3.25,VD256                 // 正向发火转速
MOVR                1.75,VD260                 // 反向发火转速
```

①断线故障。

```
LDD<=               VD220,VD224
=                   M0.0                       // 上断线故障
LDD>=               VD220,VD228
=                   M0.1                       // 下断线故障
```

②慢转条件。

```
LDD>=               VD220,VD240   // 正向慢转转速条件
=                   M1.3
LDD<=               VD220,VD244   // 反向慢转转速条件
=                   M1.7
```

③启动成功条件。

```
LDD>=               VD220,VD256   // 反馈的正向转速大于正向启动转速
=                   M1.2
LDD<=               VD220,VD260   // 反馈的反向转速大于反向启动转速
=                   M1.5
```

④换向对应的转速条件。

```
LDD<=               VD220,VD248   // 反馈的正向转速小于换向转速
AD>=                VD220,VD28
=                   M4.2
LDD<=               VD220,VD32                 // 反馈的反向转速小于换向转速
AD>=                VD220,VD252
=                   M4.3
```

● 【项目小结】

　　本设计为基于 PLC 工业控制网络的主机遥控系统的设计，重点是 PLC 控制网络的总体结构设计及主机启停及转速控制系统的设计。本设计发挥了 PLC 的优点，系统构成简洁，外围电路简单，线路少，可实现 PC 的监控，特别适用在中、小型船舶，另可应用在航船舶的主机遥控系统的改造设计中。

● 【项目评价】

　　船舶主机遥控电气控制系统考核表见表 7-9。

表 7-9　船舶主机遥控电气控制系统考核表

项目	配分	技能考核标准	扣分	得分
某船舶主机遥控系统要求及其分析	20	归纳总结系统控制要求（10分）； 输入输出信号（10分）		
系统的硬件配置	10	选型、配置		
系统的程序流程图	30	主程序流程图、子程序流程图		
梯形图的编写	10	程序编写简明、结构合理、功能正确。不合理，视情况扣 1 ～ 10 分		
系统工作过程分析	10	系统工作过程，包括步骤和内容		
实训报告	20	没按照报告要求完成实训报告或内容不正确的，视程度扣 2 ～ 15 分		
合计				

● 【练习与思考】

1．简述船舶主机遥控系统的基本控制要求。
2．绘制 PLC 控制网络的总体设计结构图。
3．绘制多通信协议的主程序流程图并设计对应的梯形图程序。
4．设计主机倒车启动控制的流程图并编写对应的梯形图程序。
5．设计输入量的读取及数据格式转换流程图并编写对应的梯形图程序。

附录一 三菱 FX2N 的基本指令和应用指令

附表 1 基本指令一览

符号名称	功能	电路表示和目标元件
[LD] 取正	运算开始 常开触点	XYMSTC
[LDI] 取反	运算开始 常闭触点	XYMSTC
[LDP] 取上升沿脉冲	运算开始 上升沿触点	XYMSTC
[LDF] 取下降沿脉冲	运算开始 下降沿触点	XYMSTC
[AND] 与	串联 常开触点	XYMSTC
[ANI] 与非	串联 常闭触点	XYMSTC
[ANDP] 与脉冲	串联 上升沿触点	XYMSTC
[ANDF] 与脉冲（F）	串联 下降沿触点	XYMSTC
[OR] 或	并联 常开触点	XYMSTC
[ORI] 或非	并联 常闭触点	XYMSTC
[ORP] 或脉冲	并联上升沿触点	XYMSTC
[ORF] 或脉冲（F）	并联下降沿触点	XYMSTC

符号名称	功能	电路表示和目标元件
[ANB] 逻辑块与	块串联	
[ORB] 逻辑块或	块并联	
[OUT] 输出	线圈驱动指令	YMSTC
[SET] 置位	保持指令	SET　　YMS
[RST] 复位	复位指令	RST　　YMSTCDD
[PLS] 脉冲	上升沿检测指令	PLS　　YM
[PLF] 脉冲（F）	下降沿检测指令	PLF　　YM
[MC] 主控	主控 开始指令	MC　　N　　YM
[MCR] 主控复位	主控 复位指令	MCR　　N
[MPS] 进栈	进栈指令 （PUSH）	MPS
[MRD] 读栈	读栈指令	MRD
[MPP] 出栈	出栈指令 （POP 读栈且复位）	MPP
[INV] 反向	运算结果的反向	INV
[NOP] 无	空操作	程序清除或空格用
[END] 结束	程序结束	程序结束，返回 0 步

245

分类	FNC NO.	指令符号	功能	D 指令	P 指令
程序流	00	CJ	有条件跳	—	○
	01	CALL	子程序调用	—	○
	02	SRET	子程序返回	—	—
	03	IRET	中断返回	—	—
	04	EI	开中断	—	—
	05	DI	关中断	—	—
	06	FEND	主程序结束	—	—
	07	WDT	监视定时器刷新	—	—
	08	FOR	循环区起点	—	—
	09	NEXT	循环区终点	—	—
传送比较	10	CMP	比较	○	○
	11	ZCP	区间比较	○	○
	12	MOV	传送	○	○
	13	SMOV	移位传送	—	○
	14	CML	反向传送	○	○
	15	BMOV	块传送	—	○
	16	FMOV	多点传送	○	○
	17	XCH	交换	○	○
	18	BCD	BCD 转换	○	○
	19	BIN	BIN 转换	○	○
四则逻辑运算	20	ADD	BIN 加	○	○
	21	SUB	BIN 减	○	○
	22	MUL	BIN 乘	○	○
	23	DIV	BIN 除	○	○
	24	INC	BIN 增 1	○	○
	25	DEC	BIN 减 1	○	○
	26	WAND	逻辑字"与"	○	○
	27	WOR	逻辑字"或"	○	○
	28	WXOR	逻辑字异或	○	○
	29	NEG	求补码	○	○

分类	FNC NO.	指令符号	功能	D 指令	P 指令
移位指令	30	ROR	循环右移	○	○
	31	ROL	循环左移	○	○
	32	RCR	带进位右移	○	○
	33	RCL	带进位左移	○	○
	34	SFTR	位右移	—	○
	35	SFTL	位左移	—	○
	36	WSFR	字右移	—	○
	37	WSFL	字左移	—	○
	38	SFWR	"先进先出"写入	—	○
	39	SFRD	"先进选出"读出	—	○
数据处理	40	ZRST	区间复位	—	○
	41	DECO	解码	—	○
	42	ENCO	编码	—	○
	43	SUM	ON 位总数	○	○
	44	BON	ON 位判别	○	○
	45	MEAN	平均值	○	○
	46	ANS	报警器置位	—	—
	47	ANR	报警器复位	—	○
	48	SOR	BIN 平方根	○	○
	49	FLT	浮点数与十进制数间转换	○	○
高速处理	50	REF	刷新	—	○
	51	REFE	刷新和滤波调整	—	○
	52	MTR	矩阵输入	—	—
	53	HSCS	比较置位（高速计数器）	○	—
	54	HSCR	比较复位（高速计数器）	○	—
	55	HSZ	区间比较（高速计数器）	○	—
	56	SPD	速度检测	—	—
	57	PLSY	脉冲输出	○	—
	58	PWM	脉冲幅宽调制	—	—
	59	PLSR	加减速的脉冲输出	○	—
分类	FNC NO	指令符号	功能	D 指令	P 指令

分类	FNC NO.	指令符号	功能	D 指令	P 指令
方便指令	60	IST	状态初始化	—	—
	61	SER	数据搜索	○	○
	62	ABSD	绝对值式凸轮顺控	○	—
	63	INCD	增量式凸轮顺控	—	—
	64	TTMR	示教定时器	—	—
	65	STMR	特殊定时器	—	—
	66	ALT	交替输出	—	—
	67	RAMP	斜坡信号	—	—
	68	ROTC	旋转台控制	—	—
	69	SORT	列表数据排序	—	—
外部设备（I/O）	70	TKY	0～9 数字键输入	○	—
	71	HKY	16 键输入	○	—
	72	DSW	数字开关	—	—
	73	SEGD	7 段编码	—	○
	74	SEGL	带锁存的 7 段显示	—	—
	75	ARWS	矢量开关	—	—
	76	ASC	ASCII 转换	—	—
	77	PR	ASCII 代码打印输入	—	—
	78	FROM	特殊功能模块读出	○	○
	79	TO	特殊功能模块写入	○	○
外部设备（SER）	80	RS	串行数据传送	—	—
	81	PRUN	并联运行	—	—
	82	ASCI	HEX → ASCII 转换	—	○
	83	HEX	ASCII → HEX 转换	—	○
	84	CCD	校正代码	—	○
	85	VRRD	FX-8AV 变量读取	—	○
	86	VRSC	FX-8AV 变量整标	—	○
	87				
	88	PID	PID 运算	○	○
	89				
浮点数	110	ECMP	二进制浮点数比较	○	○
	111	EZCP	二进制浮点数区比较	○	○
	118	EBCD	二进制浮点数→十进制浮点数变换	○	○
	119	EBIN	十进制浮点数→二进制浮点数变换	○	○
	120	EADD	二进制浮点数加	○	○
	121	ESUB	二进制浮点数减	○	○
	122	EMUL	二进制浮点数乘	○	○
	123	EDIV	二进制浮点数除	○	○

分类	FNC NO.	指令符号	功能	D 指令	P 指令
浮点运算	127	ESOR	二进制浮点数开平方	○	○
	129	INT	二进制浮点数→BIN 整数转换	○	○
	130	SIN	浮点数 SIN 运算	○	○
	131	COS	浮点数 COS 运算	○	○
	132	TAN	浮点数 TAN 运算	○	○
	147	SWAP	上下字节转换	—	○
分类	FNC NO	指令符号	功能	D 指令	P 指令
时钟运算	160	TCMP	时钟数据区比较	—	○
	161	TZCP	时钟数据区间比较	—	○
	162	TADD	时钟数据加	—	○
	163	TSUB	时钟数据减	—	○
	166	TRD	时钟数据读出	—	○
	167	TWR	时钟数据写入	—	○
格雷码	170	GRY	格雷码转换	○	○
	171	GBIN	格雷码逆转换	○	○
节点比较	224	LD=	(S1)=(S2)	○	—
	225	LD＞	(S1)＞(S2)	○	—
	226	LD＜	(S1)＜(S2)	○	—
	228	LD＜＞	(S1)≠(S2)	○	—
	229	LD＜=	(S1)≤(S2)	○	—
	230	LD＞=	(S1)≥(S2)	○	—
	232	AND=	(S1)=(S2)	○	—
	233	AND＞	(S1)＞(S2)	○	—
	234	AND＜	(S1)＜(S2)	○	—
	236	AND＜＞	(S1)≠(S2)	○	—
	237	AND＜=	(S1)≤(S2)	○	—
	238	AND＞=	(S1)≥(S2)	○	—
	240	OR=	(S1)=(S2)	○	—
	241	OR＞	(S1)＞(S2)	○	—
	242	OR＜	(S1)＜(S2)	○	—
	244	OR＜＞	(S1)≠(S2)	○	—
	245	OR＜=	(S1)≤(S2)	○	—
	246	OR＞=	(S1)≥(S2)	○	—

参考文献

[1] 史宜巧，孙业明，景绍学. PLC 技术及应用项目教程［M］.北京：机械工业出版社，2009.

[2] 张永平. 现代电气控制与 PLC 应用项目教程［M］.北京：北京理工大学出版社，2014.

[3] 赵俊生. 电气控制与 PLC 技术项目化理论与实训［M］.北京：电子工业出版社，2009.

[4] 何献忠. 电气控制与 PLC 应用技术［M］.2 版.北京：化学工业出版社，2018.

[5] 于晓云，许连阁. 可编程控制技术应用项目化教程［M］.北京：化学工业出版社，2011.

[6] 廖常初. PLC 基础及应用［M］.2 版.北京：机械工业出版社，2012.

[7] 耿淬，熊家慧. PLC 控制技术项目训练教程［M］.2 版.北京：高等教育出版社，2015.

[8] 王书福. 可编程序控制器及其应用［M］.北京：机械工业出版社，2010.

[9] 何琼. 可编程控制器技术［M］.北京：高等教育出版社，2014.

[10] 孙振强. 可编程控制器原理及其应用教程［M］.北京：清华大学出版社，2008.

[11] 西门子（中国）有限公司自动化与驱动集团. 深入浅出西门子 S7-200PLC［M］.3 版.北京：北京航空航天大学出版社，2007.

[12] 戴一平. 可编程序控制器技术及应用［M］.2 版.北京：机械工业出版社，2012.

[13] 李世臣，等. 船舶机舱自动化［M］.大连：大连海事大学出版社，2013.

[14] 卢冠钟. 船舶电气与自动化［M］.大连：大连海事大学出版社，2014.

[15] 林叶锦. 轮机自动化［M］.大连：大连海事大学出版社，2013.

[16] 赵殿礼. 船舶辅机电气控制系统［M］.2 版.大连：大连海事大学出版社，2002.

[17] 郑华耀. 船舶电气设备及系统［M］.2 版.大连：大连海事大学出版社，2007.

[18] 徐小华. 基于 PLC 技术的船舶辅助机械自动控制系统的研究［D］.上海：上海海事大学，2004.

[19] 杨少峰. PLC 在船舶主机遥控系统中的应用设计与研究［D］.大连：大连海事大学，2005.

[20] 冯志超. 基于 PLC 与组态软件的船舶锅炉监控系统［D］.大连：大连海事大学，2008.